罗洛·梅文集

郭本禹 杨韶刚 主编

权力与无知

寻求暴力的根源

POWER AND INNOCENCE

A Search for the Sources
of Violence

[美]罗洛·梅 著
ROLLO MAY

郭本禹 方红 译

中国人民大学出版社
·北京·

总　序

罗洛·梅（Rollo May，1909—1994）被称为"美国存在心理学之父"，也是人本主义心理学的杰出代表。20世纪中叶，他把欧洲的存在主义哲学和心理学思想介绍到美国，开创了美国的存在分析学和存在心理治疗。他著述颇丰，其思想内涵带给现代人深刻的精神启示。

一、罗洛·梅的学术生平

罗洛·梅于1909年4月21日出生在俄亥俄州的艾达镇。此后不久，他随全家迁至密歇根州的麦里恩市。罗洛·梅幼时的家庭生活很不幸，父母都没有受过良好的教育，而且关系不和，经常争吵，两人后来分居，最终离婚。他的母亲经常离家出走，不照顾孩子，根据罗洛·梅的回忆，母亲是"到处咬人的疯狗"。他的父亲同样忽视子女的成长，甚至将女儿患心理疾病的原因归于受教育太多。由于父亲是基督教青年会的秘书，因而全家经常搬来搬去，罗洛·梅称自己总是"圈子中的新成员"。作为家中的长子，罗洛·梅很早就承担起家庭的重担。他幼年时最美好的记忆是离家不远的圣克莱尔河，他称这条河是自己"纯洁的、深切的、超凡的和美丽的朋友"。在这里，他夏天游泳，冬天滑冰，或是坐在岸边，看顺流而下运矿石的大船。不幸的早年生活激发了罗洛·梅日后对心理学和心理咨询的兴趣。

罗洛·梅很早就对文学和艺术产生了兴趣。他在密歇根州立学院读书时，最感兴趣的是英美文学。由于他主编的一份激进的文学刊物惹恼了校方，所以他转学到俄亥俄州的奥柏林学院。在此，他投身于艺术课程，学习绘画，深受古希腊艺术和文学的影响。1930年获得该校文学学士学位后，他随一个艺术团体到欧洲游历，学习各国的绘画等艺术。他在由美国人在希腊开办的阿纳托利亚学院教了三年英文，这期间他对古希腊文明有了更深刻的体认。罗洛·梅终生保持着对文学和艺术的兴趣，这在他的著作中也充分体现出来。

1932年夏，罗洛·梅参加了阿德勒（Alfred Adler）在维也纳山区一个避暑胜地举办的暑期研讨班，有幸结识了这位著名的精神分析学家。阿德勒是弗洛伊德（Sigmund Freud）的弟子，但与弗洛伊德强调性本能的作用不同，阿德勒强调人的社会性。罗洛·梅在研讨班中与阿德勒进行了热烈的交流和探讨。他非常赞赏阿德勒的观点，并从阿德勒那里接受了许多关于人的本性和行为等方面的心理学思想。可以说，阿德勒为罗洛·梅开启了心理学的大门。

1933年，罗洛·梅回到美国。1934—1936年，他在密歇根州立学院担任学生心理咨询员，并编辑一本学生杂志。但他不安心于这份工作，希望得到进一步的深造。罗洛·梅原本希望到哥伦比亚大学学习心理学，但他发现那里所讲授的全是行为主义的观点，与自己的兴趣不合。于是，他进入纽约联合神学院学习神学，并于1938年获得神学学士学位。罗洛·梅在这里做了一个迂回。他先学习神学，之后又转回心理学。这个迂回对罗洛·梅至关重要。他在这里学习到有关人的存在的知识，接触到焦虑、爱、恨、悲剧等主题，这些主题在他日后的著作中都得到了阐释。

在联合神学院，罗洛·梅还结识了被他称为"朋友、导师、精神之父和老师"的保罗·蒂利希（Paul Tillich），他对罗洛·梅学术生涯的发展产生了至关重要的影响。蒂利希是流亡美国的德裔存在主义哲学家，罗洛·梅常去听蒂利希的课，并与他结为终生好友。从蒂利希那里，罗洛·梅第一次系统地学习了存在主义哲学，了解到存在主义鼻祖克尔凯郭尔（Soren Kierkegaard）和存在主义大师海德格尔（Martin Heidegger）的思想。罗洛·梅思想中的许多关键概念，如生命力、意向性、勇气、无意义的焦虑等，都可以看到蒂利希的影子。为纪念这位良师诤友，罗洛·梅出版了三部关于蒂利希的著作。此外，罗洛·梅还受到德国心理学家戈德斯坦（Kurt Goldstein）的影响，接受了他关于自我实现、焦虑和恐惧的观点。

从纽约联合神学院毕业后，罗洛·梅被任命为公理会牧师，在新泽西州的蒙特克莱尔做了两年牧师。他对这个职业并不感兴趣，最终还是回到了心理学领域。在这期间，罗洛·梅出版了自己的第一部著作《咨询的艺术：如何给予和获得心理健康》（*The Art of Counseling: How to Give and Gain Mental Health*，1939）。20世纪40年代初，罗洛·梅到纽约城市学院担任心理咨询员。同时，他进入纽约著名的怀特精神病学、心理学和精神分析研究院（下称怀特研究院）学习精神分析。他在怀特研究院受到精神分析社会文化学派的影响。当时，该学派的成员沙利文（Harry Stack Sullivan）为该研究院基金会主席，另一位成员弗洛姆（Erich Fromm）也在该研究院任教。社会文化学派与阿德勒一样，也不赞同弗洛伊德的性本能观点，而是重视社会文化对人格的影响。该学派拓展了罗洛·梅的学术视野，并进一步确立了他对存在的探究。

通过在怀特研究院的学习，罗洛·梅于 1946 年成为一名开业心理治疗师。在此之前，他已进入哥伦比亚大学攻读博士学位。但1942 年，他感染了肺结核，差点死去。这是他人生的一大难关。肺结核在当时被视作不治之症，罗洛·梅在疗养院住院三年，经常感受到死亡的威胁，除了漫长的等待之外别无他法。但难关同时也是一种契机，他在面临死亡时，得以切身体验自身的存在，并以自己的理论加以观照。罗洛·梅选择了焦虑这个主题为突破点。结合深刻的焦虑体验，他仔细阅读了弗洛伊德的《焦虑的问题》（*The Problem of Anxiety*）、克尔凯郭尔的《焦虑的概念》（*The Concept of Anxiety*），以及叔本华（Arthur Schopenhauer）、尼采（Friedrich Wilhelm Nietzsche）等人的著作。他认为，在当时的疾病状况下，克尔凯郭尔的话更能打动他的心，因为它触及焦虑的最深层结构，即人类存在的本体论问题。康复之后，罗洛·梅在蒂利希的指导下，以其亲身体验和内心感悟写出博士学位论文《焦虑的意义》（*The Meaning of Anxiety*）。1949 年，他以优异成绩获得哥伦比亚大学授予的第一个临床心理学博士学位。博士学位论文的完成，标志着罗洛·梅思想的形成。此时，他已届不惑之年。

自 20 世纪 50 年代起，罗洛·梅的学术成就突飞猛进。他陆续出版多种著作，将存在心理学拓展到爱、意志、权力、创造、梦、命运、神话等诸多主题。同时，他也参与到心理学的历史进程中。这一方面表现在他对发展美国存在心理学的贡献上。1958 年，他与安杰尔（Ernest Angel）和艾伦伯格（Henri Ellenberger）合作主编了《存在：精神病学和心理学的新方向》（*Existence: A New Dimension in Psychiatry and Psychology*），向美国的读者介绍欧洲的存在心理学和存在心理治疗思想，此书标志着美国存在心理学本土化的完成。1958—1959 年，罗洛·梅组织了两次关于存在心理学的专题讨论会。第一次专题讨论会后形成了美国心理治疗家学院。第二次是 1959 年在美国心理学会辛辛那提年会上举行的存在心理学特别专题讨论会，这是存在心理学第一次出现在美国心理学会官方议事日程上。这次会议的论文集由罗洛·梅主编，并以《存在心理学》（*Existential Psychology*，1960）为名出版，该书推动了美国存在心理学的进一步发展。1959 年，他开始主编油印的《存在探究》杂志，该杂志后改为《存在心理学与精神病学评论》，成为存在心理学和精神病学会的官方杂志。正是由于这些工作，罗洛·梅被誉为"美国存在心理学之父"。另一方面，罗洛·梅积极参与人本主义心理学的活动，推动了人本主义心理学的发展。1963 年，他参加了在费城召开的美国人本主义心理学会成立大会，此次会议标志着人本主义心理学的诞生。1964 年，他参加了在康涅狄格州塞布鲁克召开的人本主义心理学大会，此次会议标志着人本主义心理学为美国心理学界所承认。他曾对行为主义者斯金纳（Burrhus Frederic

Skinner）的环境决定论和机械决定论提出严厉的批评，也不赞成弗洛伊德精神分析的本能决定论和泛性论观点，将精神分析改造为存在分析。他还通过与其他人本主义心理学家争论，推动了人本主义心理学的健康发展。其中最有名的是他与罗杰斯（Carl Rogers）的著名论辩，他反对罗杰斯的性善论，提倡善恶兼而有之的观点。

20世纪50年代中期，罗洛·梅积极参与纽约州立法，反对美国医学会试图把心理治疗作为医学的一个专业，只有医学会的会员才能具有从业资格的做法。在60年代后期和70年代早期，罗洛·梅投身反对越南战争、反核战争、反种族歧视运动以及妇女自由运动，批评美国文化中欺骗性的自由与权力观点。到了70年代后期和80年代，罗洛·梅承认自己成为一名更加温和的存在主义者，反对极端的主观性和否定任何客观性。他坚持人性中具有恶的一面，但对人的潜能运动和会心团体持朴素的乐观主义态度。

1948年，罗洛·梅成为怀特研究院的一名成员；1952年，升为研究员；1958年，担任该研究院的院长；1959年，成为该研究院的督导和培训分析师，并一直工作到1974年退休。罗洛·梅曾长期担任纽约市的社会研究新学院主讲教师（1955—1976），他还先后做过哈佛大学（1964）、普林斯顿大学（1967）、耶鲁大学（1972）、布鲁克林学院（1974—1975）的访问教授，以及纽约大学的资深学者（1971）和加利福尼亚大学圣克鲁斯分校董事教授（1973）。此外，他还担任过纽约心理学会和美国精神分析学会主席等多种学术职务。

1975年，罗洛·梅移居加利福尼亚，继续他的私人临床实践，并为人本主义心理学大本营塞布鲁克研究院和加利福尼亚职业心理学学院工作。

罗洛·梅与弗洛伦斯·德弗里斯（Florence DeFrees）于1938年结婚。他们在一起度过了30年的岁月后离婚。两人育有一子两女，儿子罗伯特·罗洛（Robert Rollo）曾任阿默斯特学院的心理咨询主任，女儿卡罗林·简（Carolyn Jane）和阿莱格拉·安妮（Allegra Anne）是双胞胎，前者是社会工作者、治疗师和画家，后者是纪录片创作者。罗洛·梅的第二任妻子是英格里德·肖勒（Ingrid Scholl），他们于1971年结婚，7年后分手。1988年，他与第三任妻子乔治亚·米勒·约翰逊（Georgia Miller Johnson）走到一起。乔治亚是一位荣格学派的分析心理学治疗师，她是罗洛·梅的知心伴侣，陪伴他走过了最后的岁月。1994年10月22日，罗洛·梅因多种疾病在加利福尼亚的家中逝世。

罗洛·梅曾先后获得十多个名誉博士学位和多种奖励，他尤为得意的是两次获得克里斯托弗奖章，以及美国心理学会颁发的临床心理学科学和职业杰出贡献奖与美国心理学基金会颁发的心理学终身成就奖章。

1987年，塞布鲁克研究院建立了罗洛·梅中心。该中心由一个图书馆和一个研究项目组成，鼓励研究者秉承罗洛·梅的精神进行研究和出版作品。1996年，美国心理学会人本主义心理学分会设立了罗洛·梅奖。这表明罗洛·梅在今天依然产生着影响。

二、罗洛·梅的基本著作

罗洛·梅一生著述丰富，出版了20余部著作，发表了许多论文。他在80岁高龄时，仍然坚持每天写作4个小时。我们按他思想发展的历程来介绍其主要作品。

罗洛·梅的两部早期著作是《咨询的艺术：如何给予和获得心理健康》（1939）和《创造性生命的源泉：人性与神的研究》（*The Springs of Creative Living: A Study of Human Nature and God*，1940）。《咨询的艺术：如何给予和获得心理健康》一书是罗洛·梅于1937年和1938年在教会举行的"咨询与人格适应"研讨会上的讲稿。该书是美国出版的第一部心理咨询著作，具有重要的学术意义。该书再版多次，到1989年已印刷15万册。在这部著作中，罗洛·梅提倡在理解人格的基础上进行咨询实践。他认为，人格是生活过程的实现，它围绕生活的终极意义或终极结构展开。咨询师通过共情和理解，调整患者人格内部的紧张，使其人格发生转变。该书虽然明显有精神分析和神学的痕迹，但已经在一定程度上表现出罗洛·梅的后期思想。《创造性生命的源泉：人性与神的研究》一书与前一部著作并无大的差异，只是更明确地表述了健康人格和宗教信念。在与里夫斯（Clement Reeves）的通信中，罗洛·梅表示拒绝该书再版。这一时期出版的著作还有《咨询服务》（*The Ministry of Counseling*，1943）一书。

罗洛·梅思想形成的标志是《焦虑的意义》（1950）一书的问

世。该书是在他的博士学位论文基础上修改而成的。在这部著作中，罗洛·梅对焦虑进行了系统研究。他在考察哲学、生物学、心理学和文化学的焦虑观基础上，通过借鉴克尔凯郭尔的观点，结合临床案例，提出了自己的观点。他将焦虑置于人的存在的本体论层面，视作人的存在受到威胁时的反应，并对其进行了详细的描述。通过焦虑研究，罗洛·梅逐渐形成了以人的存在为核心的思想。在这种意义上，该书为罗洛·梅此后的著作奠定了框架基础。

1953年，罗洛·梅出版了《人的自我寻求》(*Man's Search for Himself*)，这是他早期最畅销的一本书。他用自己的思想对现代社会进行了整体分析。他以人格为中心，探究了在孤独、焦虑、异化和冷漠的时代自我的丧失和重建，分析了现代社会危机的心理学根源，指出自我的重新发现和自我实现是其根本出路。该书涉及自由、爱、创造性、勇气和价值等一系列重要主题，这些主题是罗洛·梅此后逐一探讨的问题。可以说，该书是罗洛·梅思想全面展开的标志。

在思想形成的同时，罗洛·梅还积极推进美国存在心理学的发展。这首先反映在他与安杰尔和艾伦伯格合作主编的《存在：精神病学和心理学的新方向》(1958)中。该书是一部译文集，收录了欧洲存在心理学家宾斯万格(Ludwig Binswanger)、明可夫斯基(Eugene Minkowski)、冯·格布萨特尔(V. E. von Gebsattel)、斯特劳斯(Erwin W. Straus)、库恩(Roland Kuhn)等人的论文。罗洛·梅撰写了两篇长篇导言：《心理学中的存在主义运动的起源与意义》和《存在心理治疗的贡献》。这两篇导言清晰明快地介绍了存在心理学的思想，其价值不亚于后面欧洲存在心理学家的论文。该书被誉为美国存在心理学的"圣经"。罗洛·梅对美国存在心理学发展的推进还反映在他主编的《存在心理学》中。书中收入了罗洛·梅的两篇论文:《存在心理学的产生》和《心理治疗的存在基础》。

1967年,罗洛·梅出版了《存在心理治疗》(*Existential Psychotherapy*),该书由罗洛·梅为加拿大广播公司系列节目《观念》所做的六篇广播讲话结集而成。该书简明扼要地阐述了罗洛·梅的许多核心观点,其中许多主题在罗洛·梅以后的著作中以扩展的形式出现。次年,他与利奥波德·卡利格(Leopold Caligor)合作出版了《梦与象征:人的潜意识语言》(*Dreams and Symbols: Man's Unconscious Language*)。他们在书中通过分析一位女病人的梦,阐发了关于梦和象征的观点。在他们看来,梦反映了人更深层的关注,它能够使人超越现实的局限,达到经验的统一。同时,梦能够使人体验到象征,象征则是将各种分裂整合起来的自我意识的语言。罗洛·梅关于象征的观点还见于他主编的《宗教与文学中的象征》(*Symbolism in Religion and Literature*,1960)一书,该书收入了他的《象征的意义》一文,该文还收录在《存在心理治疗》中。

1969年,罗洛·梅出版了《爱与意志》(*Love and Will*)。该书是罗洛·梅最富原创性和建设性的著作,一经面世,便成为美国最受欢迎的畅销书之一,曾荣获爱默生奖。写作该书时,罗洛·梅与第一任妻子的婚姻正走向尽头。因此,该书既是他对自己生活的反思,也是他对现代社会的深刻洞察。该书阐述了他对爱与意志的心理学意义的看法,分析了爱与意志、愿望、选择和决策的关系,以及它们在心理治疗中的应用。罗洛·梅将这些主题置于现代社会情境下，揭示了人们日趋恶化的生存困境，并呼吁通过正视自身、勇于担当来成长和发展。

从 20 世纪 70 年代起，罗洛·梅开始将自己的思想拓展到诸多领域。1972 年，他出版了《权力与无知：寻求暴力的根源》(*Power and Innocence: A Search for the Sources of Violence*)。正如其副标题所示，该书目的在于探讨美国社会和个人的暴力问题，阐述了在焦虑时代人的困境与权力的关系。罗洛·梅从社会中的无力感出发，认为当无力感导致冷漠，而人的意义感受到压抑时，就会爆发不可控制的攻击。因此，暴力是人确定自我进而发展自我的一种途径，当然这并非整合性的途径。围绕自我的发展，罗洛·梅又陆续出版了《创造的勇气》(*The Courage to Create*，1975) 和《自由与命运》(*Freedom and Destiny*，1981)。在《创造的勇气》中，罗洛·梅探讨了创造性的本质、局限以及创造性与潜意识和死亡等的关系。他认为，只有通过需要勇气的创造性活动，人才能表现和确定自己的存在。在《自由与命运》中，罗洛·梅将自由与命运视作矛盾的两端。人是自由的，但要受到命运的限制；反过来，只有在自由中，命运才有意义。在二者间的挣扎和奋斗中，凸显人自身以及人的存在。在《祈望神话》(*The Cry for Myth*，1991) 中，罗洛·梅将主题拓展到神话上。这是他生前最后一部重要的著作。罗洛·梅认为，神话能够展现出人类经验的原型，能够使人意识到自身的存在。在现代社会中，人们遗忘了神话，与此同时也意识不到自身的存在，由此导致人的迷失。

罗洛·梅还先后出版过两部文集，分别是《心理学与人类困境》（*Psychology and the Human Dilemma*，1967）和《存在之发现》（*The Discovery of Being*，1983）。《心理学与人类困境》收录了罗洛·梅20世纪五六十年代发表的论文。如书名所示，该书探讨了在焦虑时代生命的困境，阐明了自我认同客观现实世界的危险，指出自我的觉醒需要发现内在的核心性。从这种意义上，该书是对《人的自我寻求》中主题的进一步深化。罗洛·梅将现代人的困境追溯到人生存的种种矛盾上，如理性与非理性、主观性与客观性等。他对当时的心理学尤其是行为主义对该问题的忽视提出严厉批评。《存在之发现》以他在《存在：精神病学和心理学的新方向》中的导言为主题，较全面地展现了他的存在心理学和存在治疗思想。该书是存在心理学和存在心理治疗最简明、最权威的导论性著作。

罗洛·梅深受存在哲学家保罗·蒂利希的影响，先后出版了三本回忆保罗·蒂利希的书，它们分别是《保卢斯①：友谊的回忆》（*Paulus: Reminiscences of a Friendship*，1973）、《作为精神导师的保卢斯·蒂利希》（*Paulus Tillich as Spiritual Teacher*，1988）和《保卢斯：导师的特征》（*Paulus: The Dimensions of a Teacher*，1988）。

罗洛·梅积极参与人本主义心理学运动，他与罗杰斯和格林（Thomas C. Greening）合著了《美国政治与人本主义心理学》（*American Politics and Humanistic Psychology*，1984），还与罗杰斯、马斯洛（Abraham Maslow）合著了《政治与纯真：人本主义的争论》（*Politics and Innocence: A Humanistic Debate*，1986）。

---

① 保卢斯是保罗的爱称。

1985 年，罗洛·梅出版了自传《我对美的追求》（*My Quest for Beauty*，1985）。作为一位学者，他在回顾自己的一生时，以自己的理论对美进行了审视。贯穿全书的是他早年就印刻在内心的古希腊艺术精神。在他对生活的叙述中，不断涉及爱、创造性、价值、象征等主题。

罗洛·梅的最后一部著作是与他晚年的朋友和追随者施奈德（Kirk J. Schneider）合著的《存在心理学：一种整合的临床观》（*The Psychology of Existence: An Integrative, Clinical Perspective*，1995）。该书是为新一代心理治疗实践者所写的教科书，可视作《存在：精神病学和心理学的新方向》的延伸。在该书中，罗洛·梅提出了整合、折中的存在心理学观点，并把他的人生体验用于心理治疗，对自己的思想做了最后的总结。

此外，罗洛·梅还经常发表电视和广播讲话，留下了许多录像带和录音带，如《意志、愿望和意向性》（*Will, Wish and Intentionality*，1965）、《意识的维度》（*Dimensions of Consciousness*，1966）、《创造性和原始生命力》（*Creativity and the Daimonic*，1968）、《暴力和原始生命力》（*Violence and the Daimonic*，1970）、《发展你的内部潜源》（*Developing Your Inner Resources*，1980）等。

三、罗洛·梅的主要理论

罗洛·梅的思想围绕人的存在展开。我们从以下四方面阐述他的主要理论观点。

（一）存在分析观

在人类思想史上，存在问题一直是令人困扰的谜团。古希腊哲学家亚里士多德说过："存在之为存在，这个永远令人迷惑的问题，自古以来就被追问，今日还在追问，将来还会永远追问下去。"有时，我们也会产生如古人一样惊讶的困惑：自己居然活在这个世界上。但对这个困惑的深入思考，主要是存在主义哲学进行的。丹麦哲学家克尔凯郭尔是存在主义的先驱，他在反对哲学家黑格尔（G. W. F. Hegel）的纯粹思辨的形而上学的基础上，提出关注现实的人的存在，如人的焦虑、烦闷和绝望等。德国哲学家海德格尔第一个真正地将存在作为问题提了出来。他从区分存在与存在者入手，认为存在只能通过存在者来存在。在诸种存在者中，只有人的存在最为独特。这是因为，只有人的存在才能将存在的意义彰显出来。与海德格尔同时代的萨特（Jean-Paul Sartre）、梅洛－庞蒂（Maurice Merleau-Ponty）、雅斯贝尔斯（Karl Jaspers）和蒂利希等人都对存在主义进行了阐发，并对罗洛·梅产生了重要影响。当然，罗洛·梅着重于人的存在的心理层面，不同于哲学家们的思辨探讨，具有自身独特的风格。

1. 存在的核心

罗洛·梅关于人的存在的观点最为核心的是存在感。所谓存在感，就是指人对自身存在的经验。他认为，人不同于动物之处，就在于人具有自我存在的意识，能够意识到自身的存在，这就是存在感。存在感和我们日常较为熟悉的自我意识是较为接近的，但他指出，自我意识并非纯知性的意识，如知道我当前的工作计划。自我意识是对自身的体验，如感受到自己沉浸到自然万物之中。

罗洛·梅认为，人在意识到自身的存在时，能够超越各种分离，实现自我整合。只有人的自我存在意识才能够使人的各种经验得以连贯和统整，将身与心、人与自然、人与社会等连为一体。在这种意义上，存在感是通向人的内心世界的核心线索。看待一个人，尤其是其心理健康状况如何，应当视其对自身的感受而定。存在感越强、越深刻，个人自由选择的范围就越广，人的意志和决定就越具有创造性和责任感，人对自己命运的控制能力就越强。反之，一个人丧失了存在感，意识不到自我的存在价值，就会听命于他人，不能自由地选择和决定自己的未来，就会导致心理疾病。

2. 存在的本质

当人通过存在感体验到自己的存在时，他首先会发现，自己是活在这个世界之中的。存在的本质就是存在于世（being-in-the-world）。人存在于世界之中，与世界密不可分，共同构成一个整体，在生成变化中展现自己的丰富面貌。中国俗语"人生在世"就说明了这一点。人的存在于世意味着：（1）人与世界是不可分的整体。世界并非外在于人的存在，并非如行为主义所说的，是客观成分（如引起人的反应的刺激）的总和。事实上，人在世界之中，与事物存在独特的意义关联。比如，人看到一块石头，石头并非客观的刺激，它对人有着独特的意义，人的内心也许会浮起久远的往事，继而欢笑或悲伤。（2）人的存在始终是现实的、个别的和变化的。

人一生下来，就存在于世界之中，与具体的人或物打交道。换句话说，人是被抛到这个世界上的，人要现实地接受世界中的一切，也就是接受自己的命运。而且，人的存在始终在生成变化之中。人要在过去的基础上，朝向未来发展。人在变化中展现出不同于他人的自己独特的经验。（3）人的存在又是自己选择的。人在世界中并非被动地承受一切，而是通过自己的自由选择，并勇于承担由此带来的责任，发展自己，实现自己的可能性。

3. 存在的方式

人存在于世表现为三种存在方式。（1）存在于周围世界（Umwelt）之中。周围世界是指人的自然世界或物质世界，它是宇宙间自然万物的总和。人和动物都拥有这个世界，目的在于维持生物性的生存并获得满足。对人来说，除了自然环境外，还有人的先天遗传因素、生物性的需要、驱力和本能等。（2）存在于人际世界（Mitwelt）之中。人际世界是指人的人际关系世界，它是人所特有的世界。人在周围世界中存在的目的在于适应，而在人际世界中存在的目的在于真正地与他人交往。在交往中，双方增进了解并相互影响。在这种方式中，人不仅仅适应社会，而且更主动地参与到社会的发展中。（3）存在于自我世界（Eigenwelt）之中。自我世界是指人自己的世界，是人类所特有的自我意识世界。它是人真正看待世界并把握世界意义的基础。它告诉人，客体对自己来说具有怎样的意义。要把握客体的意义，就需要自我意识。因此，自我世界需要人的自我意识作为前提。现代人之所以失落精神活力，就在于放弃了自我世界，缺乏明确而坚强的自我意识，由此导致人际世界的表面化和虚伪化。人可以同时处于这三种方式的关系中，例如，人在进晚餐时（周围世界）与他人在一起（人际世界），并且感到身心愉悦（自我世界）。

4. 存在的特征

罗洛·梅认为，人的存在具有如下六种基本特征：（1）自我核心，指人以其独特的自我为核心。罗洛·梅坚持认为，每个人都是一个与众不同的独立存在，每个人都是独一无二的，没有人可以占有其他人的自我，心理健康的首要条件就在于接受自我的这种独特性。在他看来，神经症并非对环境的适应不良。事实上，它是一种逃避，是人为了保持自己的独特性，企图逃避实际的或幻想的外在环境的威胁，其目的依然在于保持自我核心性。（2）自我肯定，指人保持自我核心的勇气。罗洛·梅认为，人的自我核心不会自然发展和成长，人必须不断地鼓励自己、督促自己，使自我的核心性趋于成熟。他把这种督促和鼓励称为自我肯定，这是一种勇气的肯定。自我肯定是一种生存的勇气，没有它，人就无法确立自己的自我，更不能实现自己的自我。（3）参与，指在保持自我核心的基础上参与到世界中。罗洛·梅认为，个体必须保持独立，才能维护自我的核心性。但是，人又必须生活于世界之中，通过与他人分享和沟通，共享这一世界。人的独立性和参与性必须适得其所，平衡发展。一方面，过分的参与必然导致远离自我核心。现代人之所以感到空虚、无聊，在很大程度上就是由于顺从、依赖和参与过多，脱离了自我核心。另一方面，过分的独立会将自己束缚在狭小的自我世界内，缺乏正常的交往，必然损害人的正常发展。（4）觉知，指人与世界接触时所具有的直接感受。觉知是自我核心的主观方面，人通过觉知可以发现外在的威胁或危险。动物身上的觉知即警觉。罗洛·梅认为，觉知一旦形成习惯，往往变成自动化的行为，会在不知不觉中进行，因此它是比自我意识更直接的经验。觉知是自我意识的基础，人必须经过觉知才能形成自我意识。（5）自我意识，指人特有的觉知现象，是人能够跳出来反省自己的能力。它是人类最显著的本质特征，也是人不同于其他动物的标志。它使得人能够超越具体的世界，生活在"可能"的世界之中。此外，它还使得人拥有抽象观念，能用言语和象征符号与他人沟通。正是有了自我意识，人才能在面对自己、他人或世界时，从多种可能性中进行选择。（6）焦虑，指人的存在面临威胁时所产生的痛苦的情绪体验。罗洛·梅认为，每个人都不可避免地会产生焦虑体验。这是因为，人有自由选择的能力，并需要为选择的结果承担责任。潜能的衰弱或压抑会导致焦虑。在现实世界中，人常常感觉无法完美地实现自己的潜能，这种不愉快的经验会给人类带来无限的烦恼和焦虑。此外，人对自我存在的有限性即死亡的认识也会引起极度的焦虑。

（二）存在人格观

在罗洛·梅看来，人格所指的是人的整体存在，是有血有肉、有思想、有意志的人。他强调要将人的内在经验视作心理学研究的首要对象，而不应仅仅专注于外显的行为和抽象的理论解释。他曾指出，要想正确地认识人的真相，揭示人的存在的本质特征，必须重新回到生活的直接经验世界，将人的内在经验如实描述出来。

1. 人格结构

罗洛·梅在《咨询的艺术：如何给予和获得心理健康》一书中阐释了人格的本质结构。他认为，人的存在的四种因素，即自由、个体性、社会整合和宗教紧张感构成人格结构的基本成分。(1)自由。自由是人格的基本条件，是人整个存在的基础。罗洛·梅认为，人的行为并非如弗洛伊德所认为的那样，是盲目的；也非如行为主义所认为的那样，是环境决定的。人的行为是在自由选择的过程中进行的。他深信，自由选择的可能性不仅是心理治疗的先决条件，同时也是使病人重获责任感，重新决定自己生活的唯一基础。当然，自由并不是无限的，它受到时空、遗传、种族、社会地位等方面的限制。人恰恰是在利用现实限制的基础上进行自由选择，实现自己的独特性。(2)个体性。个体性是自我区别于他人的独特性，它是自我的前提。罗洛·梅强调，每一个自由的个体都是独立自主、与众不同的，而且在形成他独特的生活模式之前，人必须首先接受他的自我。人格障碍的主要原因之一就是自我无法个体化，丧失了自我的独特性。(3)社会整合。社会整合是指个人在保持自我独立性的同时，参与社会活动，进行人际交往，以个人的影响力作用于社会。社会整合是完整存在的条件。罗洛·梅在这里使用"整合"而非"适应"，目的在于表明人与社会的相互作用。他反对将社会适应良好作为心理健康的最佳标准。他认为，正常的人能够接受社会，进行自由选择，发掘社会的积极因素，充实和实现自我。(4)宗教紧张感。宗教紧张感是存在于人格发展中的一种紧张或不平衡状态，是人格发展的动力。罗洛·梅认为，人从宗教中能够获得人生的最高价值和生命的意义。宗教能够提升人的自由意志，发展人的道德意识，鼓励人负起自己的责任，勇敢地迈向自我实现。宗教紧张感的明显证明是人不断体验到的罪疚感。当人不可能实现自己的理想时，人就会体验到罪疚感。这种体验能够使人不断产生心理紧张，由此推动人格发展。

2. 人格发展

罗洛·梅以自我意识为线索，通过人摆脱依赖、逐渐分化的程度，勾勒出人格发展的四个阶段。

第一阶段为纯真阶段，主要指两三岁之前的婴儿时期。此时人的自我尚未形成，处于前自我时期。人的自我意识也处于萌芽状态，甚至可以称处于前自我意识时期。婴儿在本能的驱动下，做自己必须做的事情以满足自己的需要。婴儿虽然被割断了脐带，从生理上脱离了母体，甚至具有一定程度的意志力，如可以通过哭喊来表明其需要，但在很大程度上受缚于外界尤其是自己的母亲，并未在心理上"割断脐带"。婴儿在这一阶段形成了依赖性，并为此后的发展奠定基础。

第二阶段为反抗阶段，主要指两三岁至青少年时期。此时的人主要通过与世界相对抗来发展自我和自我意识。他竭力去获得自由，以确立一些属于自己的内在力量。这种对抗甚至夹杂着挑战和敌意，但他并未完全理解与自由相伴随的责任。此时的人处于冲突之中。一方面，他想按自己的方式行事；另一方面，他又无法完全摆脱对世界特别是父母的依赖，希望父母能给他们一定的支持。因此，如何恰当地处理好独立与依赖之间的矛盾，是这一阶段人格发展的重要问题。

第三阶段为平常阶段，这一阶段与上一阶段在时间上有所交叉，主要指青少年时期之后的时期。此时的人能够在一定程度上认识到自己的错误，原谅自己的偏见，在选择中承担责任。他能够产生内疚感和焦虑以承担责任。现实社会中的大多数人都处于这一阶段，但这并非真正成熟的阶段。由于伴随着责任的重担，此时的人往往采取逃避的方式，依从传统的价值观。所以，社会生活中的很多心理问题都是这一阶段的反映。

第四阶段为创造阶段，主要指成人时期。此时的人能够接受命运，以勇气面对人生的挑战。他能够超越自我，达到自我实现。他的自我意识是创造性的，能够超越日常的局限，达到人类存在最完善的状态。这是人格发展的最高阶段。真正达到这一阶段的人是很少的。只有那些宗教与世俗中的圣人以及伟大的创造性人物才能达到这一阶段。不过，常人有时在特殊时刻也能够体验到这一状态，如听音乐或是体验到爱或友谊时，但这是可遇而不可求的。

（三）存在主题观

罗洛·梅研究了人的存在的诸多方面，涉及大量的主题。我们以原始生命力、爱、焦虑、勇气和神话五个主题，来展现罗洛·梅丰富的理论观点。

1.原始生命力

原始生命力（the daimonic）是一种爱的驱动力量，是一个完整的动机系统，在不同的个体身上表现出不同的驱动力量。例如，在愤怒中，人怒气冲天，完全失去了理智，完全为一种力量所掌控，这就是原始生命力。在罗洛·梅看来，原始生命力是人类经验中的基本原型功能，是一种能够推动生命肯定自身、确证自身、维护自身、发展自身的内在动力。例如，爱能够推动个体与他人真正地交往，并在这种交往中实现自身的价值。

原始生命力具有如下特征：（1）统摄性。原始生命力是掌控整个人的一种自然力量或功能。例如，人们在生活中表现出强烈的性与爱的力量，人们在生气时的怒发冲冠、在激动时的慷慨激昂，人们对权力的强烈渴望等，都是原始生命力的表现。实际上，这就是指人在激情状态下不受意识控制的心理活动。（2）驱动性。原始生命力是使每一个存在肯定自身、维护自身、使自身永生和增强自身的一种内在驱力。在罗洛·梅看来，原始生命力可以使个体借助爱的形式来提升自身生命的价值，是用来创造和产生文明的一种内驱力。（3）整合性。原始生命力的最初表现形态是以生物学为基础的"非人性的力量"，因此，要使原始生命力在人类身上发挥积极的作用，就必须用意识来加以整合，把原始生命力与健康的人类之爱融合为一体。只有运用意识的力量坦然地接受它、消化它，与它建立联系，并把它与人类的自我融为一体，才能加强自我的力量，克服分裂和自我的矛盾状态，抛弃自我的伪装和冷漠的疏离感，使人更加人性化。（4）两重性。原始生命力既具有创造性又具有破坏性。如果个体能够很好地使用原始生命力，其魔力般的力量便可在创造性中表现出来，帮助个体实现自我；若原始生命力占据了整个自我，就会使个体充满破坏性。因此，人并非善的，也并非恶的，而是善恶兼而有之。（5）被引导性。由于原始生命力具有两重性，就需要人们有意识地对它加以指引和开导。在心理治疗中，治疗师的作用就是帮助来访者学会对自己的原始生命力进行正确的引导。

罗洛·梅的原始生命力概念隐含着弗洛伊德的本能的痕迹。原始生命力如同本能一样，具有强大的力量，能够将人控制起来。不过，罗洛·梅做出了重大的改进。原始生命力不再像本能那样是趋乐避苦的，它具有积极和消极两重性，而且，通过人的主动作用，能够融入人自身中。由此也可以看出罗洛·梅对精神分析学说的扬弃。

2. 爱

爱是一种独特的原始生命力，它推动人与所爱的人或物相联系，结为一体。爱具有善和恶的两面，它既能创造和谐的关系，也能造成人们之间的仇恨和冲突。

罗洛·梅关于爱的观点经历了一个发展过程。早期，他对爱进行了描述性研究，指出爱具有如下特征：爱以人的自由为前提；爱是实现人的存在价值的一种由衷的喜悦；爱是一种设身处地的移情；爱需要勇气；最完满的爱的相互依赖要以"成为一个自行其是的人"的最完满的创造性能力为基础；爱与存在于世的三种方式都有联系，爱可以表现为自然世界中的生命活力、人际世界中的社会倾向、自我世界中的自我力量；爱把时间看作定性的，是可以直接体验到的，是具有未来倾向的。

后来，罗洛·梅在《爱与意志》中，将爱置于人的存在层面，把它视作人存在于世的一种结构。爱指向统一，包括人与自己潜能的统一、与世界中重要他人的统一。在这种统一中，人敞开自己，展现自己真正的面貌，同时，人能够更深刻地感受到自己的存在，更肯定自己的价值。这里体现出前述存在的特征：人在参与过程中，保持自我的核心性。罗洛·梅还进一步区分出四种类型的爱：（1）性爱，指生理性的爱，它通过性活动或其他释放方式得到满足；（2）厄洛斯（Eros），指爱欲，是与对象相结合的心理的爱，在结合中能够产生繁殖和创造；（3）菲利亚（Philia），指兄弟般的爱或友情之爱；（4）博爱，指尊重他人、关心他人的幸福而不希望从中得到任何回报的爱。在罗洛·梅看来，完满的爱是这四种爱的结合。但不幸的是，现代社会倾向于将爱等同于性爱，现代人将性成功地分离出来并加以技术化，从而出现性的放纵。在性的泛滥的背后，爱却被压抑了，由此人忽视了与他人的联系，忽视了自身的存在，出现冷漠和非人化。

3. 焦虑

在罗洛·梅看来，个体作为人的存在的最根本价值受到威胁，自身安全受到威胁，由此引起的担忧便是焦虑。焦虑和恐惧与价值有着密切的关系。恐惧是对自身一部分受到威胁时的反应。当然，恐惧存在特定的对象，而焦虑没有。如前所述，焦虑是存在的特征之一。在这种意义上，罗洛·梅将焦虑视作自我成熟的积极标志。但是，在现代社会中，由于文化的作用，焦虑逐渐加剧。罗洛·梅特别指出，西方社会过分崇拜个人主义，过于强调竞争和成就，导致了从众、孤独和疏离等心理现象，使人的焦虑增加。当人试图通过竞争与奋斗克服焦虑时，焦虑反而又加剧了。20世纪文化的动荡，使得个人依赖的价值观和道德标准受到削弱，也造成焦虑的加剧。

罗洛·梅区分出两种焦虑：正常焦虑和神经症焦虑。正常焦虑是人成长的一部分。当人意识到生老病死不可避免时，就会产生焦虑。此时重要的是直面焦虑和焦虑背后的威胁，从而更好地过当下的生活。神经症焦虑是对客观威胁做出的不适当的反应。人使用防御机制应对焦虑，并在内心冲突中出现退行。罗洛·梅曾指出，病态的强迫性症状实际是保护脆弱的自我免受焦虑。为了建设性地应对焦虑，罗洛·梅建议使用以下几种方法：用自尊感受到自己能够胜任；将整个自我投身于训练和发展技能上；在极端的情境中，相信领导者能够胜任；通过个人的宗教信仰来发展自身，直面存在的困境。

4.勇气

在存在的特征中，自我肯定是指人保持自我核心的勇气。因此，勇气也与人的存在有着密切的关联。罗洛·梅指出，勇气并非面对外在威胁时的勇气，它是一种内在的素质，是将自我与可能性联系起来的方式和渠道。换句话说，勇气能够使得人面向可能的未来。它是一种难得的美德。罗洛·梅认为，勇气的对立面并非怯懦，而是缺乏勇气。现代社会中的一个严峻的问题是，人并非禁锢自己的潜能，而是人由于害怕被孤立，从而置自己的潜能于不顾，去顺从他人。

罗洛·梅区分出四种勇气：（1）身体勇气，指与身体有关的勇气。它在美国西部开发时代的英雄人物身上体现得最为明显，他们能够忍受恶劣的环境，顽强地生存下来。但在现代社会中，身体勇气已退化成为残忍和暴力。（2）道德勇气，指感受他人苦难处境的勇气。具有较强道德勇气的人能够非常敏感地体验到他人的内心世界。（3）社会勇气，指与他人建立联系的勇气，它与冷漠相对立。罗洛·梅认为，现代人害怕人际亲密，缺乏社会勇气，结果反而更加空虚和孤独。（4）创造勇气，这是最重要的勇气，它能够用于创造新的形式和新的象征，并在此基础上推进新社会的建立。

5. 神话

神话是罗洛·梅晚年思考的一个重要主题。他认为，20世纪的一个重大问题是价值观的丧失。价值观的丧失使得个人的存在感面临严峻的威胁。当人发现自己所信赖的价值观念忽然灰飞烟灭时，他的自身价值感将受到极大的挑战，他的自我肯定和自我核心等都会出现严重的问题。在这种情境下，现代人面临如何重建价值观的问题。在这方面，神话提供了一条可行的途径。罗洛·梅认为，神话是传达生活意义的主要媒介。它类似分析心理学家荣格（Carl Gustav Jung）所说的原型。但它既可以是集体的，也可以是个人的；既可以是潜意识的，也可以是意识的。如《圣经》就是现代西方人面对的最大的神话。

神话通过故事和意象，能够给人提供看待世界的方式，使人表述关于自身与世界的经验，使人体验自身的存在。《圣经》通过其所展现的意义世界，能够为人的生活指引道路。正是在这种意义上，罗洛·梅认为，神话是给予我们的存在以意义的叙事模式，能够在无意义的世界中让人获得意义。他指出，神话的功能是，能够提供认同感、团体感，支持我们的道德价值观，并提供看待创造奥秘的方法。因此，重建价值观的一项重要的工作，就是通过好的神话来引领现代人前进。罗洛·梅尤其提倡鼓励人们运用加强人际关系的神话，以这类神话替代美国流传已久的分离性的个体神话，能够推动人们走到一起，重建社会。

（四）存在治疗观

1. 治疗的目标

罗洛·梅认为，心理治疗的首要目的并不在于症状的消除，而是使患者重新发现并体认自己的存在。心理治疗师不需要帮助病人认清现实，采取与现实相适应的行动，而是需要加强病人的自我意识，与病人一起，发掘病人的世界，认清其自我存在的结构与意义，由此揭示病人为什么选择目前的生活方式。因此，心理治疗师肩负双重任务：一方面要了解病人的症状；另一方面要进一步认清病人的世界，认识到他存在的境况。后一方面比前一方面更难，也更容易为一般的心理治疗师所忽视。

具体来说，存在心理治疗一般强调两点。首先，患者通过提高觉知水平，增进对自身存在境况的把握，从而做出改变。心理治疗师要提供途径，使病人检查、直面、澄清并重新进入他们对生活的理解，探究他们生活中遇到的问题。其次，心理咨询师使病人提高自由选择的能力并承担责任，使病人能够充分觉知到自己的潜能，并在此基础上变得更敢于采取行动。

2.治疗的原则和方法

罗洛·梅将心理治疗的基本原则归纳为四点：（1）理解性原则，指治疗师要理解病人的世界，只有在此基础上，才能够使用技术。（2）体验性原则，指治疗师要促进患者对自己存在的体验，这是治疗的关键。（3）在场性原则，治疗师应排除先入之见，进入与病人间的关系场中。（4）行动原则，指促进患者在选择的基础上投身于现实行动。

存在心理治疗从总体上看是一系列态度和思想原则，而非一种治疗的方法或体系，过多使用技术会妨碍对患者的理解。因此，罗洛·梅提出，应该是技术遵循理解，而非理解遵循技术。他尤其反对在治疗技术选择上的折中立场。他认为，存在心理治疗技术应具有灵活性和通用性，随着病人及治疗阶段的变化发生变化。在特定时刻，具体技术的使用应依赖于对病人存在的揭示和阐明。

3.治疗的阶段

罗洛·梅将心理治疗划分为三个阶段：（1）愿望阶段，发生在觉知层面。心理治疗师帮助患者，使他们拥有产生愿望的能力，以获得情感上的活力和真诚。（2）意志阶段，发生在自我意识层面。心理治疗师促进患者在觉知基础上产生自我意识的意向，例如，在觉知层面体验到湛蓝的天空，现在则意识到自己是生活于这样的世界的人。（3）决心与责任感阶段。心理治疗师促使患者从前两个层面中创造出行动模式和生存模式，从而承担责任，走向自我实现、整合和成熟。

四、罗洛·梅的历史意义

（一）开创了美国存在心理学

在罗洛·梅之前，虽然已有少数美国学者研究存在心理学，但主要是对欧洲存在心理学的引介。罗洛·梅则形成了自己独特而系统的存在心理学理论体系。前已述及，他对欧洲心理学做了较全面的介绍，通过1958年的《存在：精神病学和心理学的新方向》一书，使得美国存在心理学完成了本土化。他还从存在分析观、存在人格观、存在主题观、存在治疗观四个层面系统展开，由此形成了美国第一个系统的存在心理学理论体系。在此基础上，罗洛·梅还进一步提出"一门研究人的科学"，这是关于人及其存在整体理解与研究的科学。这门科学不是停留在了解人的表面，而是旨在理解人存在的结构方式，发展强烈的存在感，促使其重新发现自我存在的价值。罗洛·梅与欧洲存在心理学家一样，以存在主义和现象学为哲学基础，以人的存在为核心，以临床治疗为方法，重视焦虑和死亡等问题。但他又对欧洲心理学进行了扬弃，生发出自己独特的理论观点。他不像欧洲存在心理学家那样过于重视思辨分析，他更重视对人的现实存在尤其是现代社会境遇下人的生存状况的分析。尤为独特的是，他更重视人的建设性的一面。例如，他强调人的潜能观点。正是在这种意义上，他给存在心理学贴上了美国的"标签"，使得美国出现了真正本土化的存在心理学。他还影响了许多学者，推动了美国存在心理学的发展和深化。布根塔尔（James

Bugental）、雅洛姆（Irvin Yalom）和施奈德等人正是在他的基础上，将美国存在心理学推向了新的高度。

（二）推进了人本主义心理学

罗洛·梅在心理学史上的另一突出贡献是推进了人本主义心理学的发展。从前述他的生平中可以看出，他亲自参与并推进了人本主义心理学的历史进程。从思想观点上看，他以探究人的经验和存在感为目标，重视人的自由选择、自我肯定和自我实现的能力，将人的尊严和价值放在心理学研究的首位。他对传统精神分析进行了扬弃，将其引向人本主义心理学的方向，并对行为主义的机械论进行了批判。因此，罗洛·梅开创了人本主义心理学的自我选择论取向，这不同于马斯洛和罗杰斯强调人本主义心理学的自我实现论取向，从而丰富了人本主义心理学的理论体系。正是在这种意义上，罗洛·梅成为与马斯洛和罗杰斯并驾齐驱的人本主义心理学的三位重要代表人物之一。

罗洛·梅还通过理论上的争论，推进了人本主义心理学的健康发展。前面提到，他从原始生命力的两重性，引出人性既有善的一面又有恶的一面。他不同意罗杰斯人性本善的观点。他重视人的建设性，同时也注意到人的不足尤其是破坏性的一面。与之相比，罗杰斯过于强调人的建设性，将消极因素归因于社会的作用，暗含着将人与社会对立起来的倾向。罗洛·梅则一开始就将人置于世界之中，不存在这种对立倾向。所以，罗洛·梅的思想更为现实，更趋近于人本身。除了与罗杰斯的论战外，罗洛·梅在晚年还对人本主义心理学中分化出来的超个人心理学提出告诫，并由此引发了争论。他认为，超个人心理学强调人的积极和健康方面的倾向，存在脱离人的现实的危险。应该说，他的观点对于超个人心理学是具有重要警戒意义的。

（三）首创了存在心理治疗

罗洛·梅在从事心理治疗的实践中，形成了自己独特的思想，这就是存在心理治疗。它以帮助病人认识和体验自己的存在为目标，以加强病人的自我意识、帮助病人自我发展和自我实现为己任，重视心理治疗师和病人的互动以及治疗方法的灵活性。它尤其强调提升人面对现实的勇气和责任感，将心理治疗与人生的意义等重大问题联系起来。罗洛·梅是美国存在心理治疗的首创者，在他之后，布根塔尔和施奈德等人做了进一步发展，使得存在心理治疗成为人本主义心理治疗的重要组成部分。当前，存在心理治疗与来访者中心疗法、格式塔疗法一起，成为人本主义心理治疗领域最为重要的三种方法。

（四）揭示了现代人的生存困境

罗洛·梅不只是一位书斋式的心理学家，他还密切关注现代社会中人的种种问题。他深刻地批判了美国主流文化严重忽视人的生命潜能的倾向。他在进行临床实践的同时，并不仅仅关注面前的病人。他能够从病人的存在境况出发，结合现代社会背景来揭示现代人的生存困境。他从人的存在出发，揭示现代人在技术飞速发展的同时，远离自身的存在，从而导致非人化的生存境况。罗洛·梅指出，现代人在存在的一系列主题上都表现出明显的问题。个体难以接受、引导并整合自己的原始生命力，从而停滞不前，无法激发自己的潜能，从事创造性的活动。他还指出，现代人把性从爱中成功地分离出来，在性解放的旗帜下放纵自身，却遗忘了爱的真正含义是与他人和世界建立联系，从而导致爱的沦丧。现代人逃避自我，不愿承担自己作为一个人的责任，在面临自己的生存处境时感到软弱无能，失去了意志力。个体不敢直面自己的生存境况，不能合理利用自己的焦虑，而是躲避焦虑以保护脆弱的自我，结果使得自己更加焦虑。个体顺从世人，不再拥有直面自己存在的勇气。个体感受不到生活的意义和价值，处于虚空之中。在这种意义上，罗洛·梅不仅是一位面向个体的心理治疗师，还是一位对现代人的生存困境进行诊断的治疗师、一位现代人症状的把脉者。当然，罗洛·梅在揭示现代人的生存困境的同时，也建设性地指出了问题的解决之道，提供了救赎现代人的精神资料。不过，他留给世人的并非简易的行动指南，而是丰富的精神养分，需要世人认真地消化和吸收，由此才能返回到自身的存在中，勇敢地担当，积极地行动，重塑自己的未来。

罗洛·梅在著作中考察的是 20 世纪中期的人的存在困境。现在，当时光已经过去半个多世纪后，人的生存境遇依然没有得到根本的改观，甚至更加恶化。社会的竞争越来越激烈，人们的生活节奏越来越快，个体所承受的压力也越来越大，内心的焦虑、空虚、孤独等愈发严重。人在接受社会各种新事物的同时，自身的经验却越来越多地被封存起来。与半个世纪前相比，人似乎更加远离自身的存在。从这个意义上说，罗洛·梅更是一位预言家，他所展现的现代人的生存图景依然需要当代人认真地对待和思考。

正因为如此，罗洛·梅在生前和逝后并未被人们忽视或遗忘。越来越多的人发现了他思想的价值，并投入真正的行动中。罗洛·梅的大多数著作都被多次重印或再版，并被翻译成多国文字出版。进入 21 世纪以来，这种趋势依然在延续。也正是基于此，我们推出这套"罗洛·梅文集"，希望能有更多的中国读者听到罗洛·梅的声音，分享他的精神资源。

郭本禹

南京师范大学

2008 年 9 月 1 口

前　言

年轻的时候，我对无知（innocence）极为看重。不管是理论层面还是实践层面上的权力，我都不喜欢，而且，我还十分痛恨暴力。30 岁刚出头时，我患上了肺结核，在当时，这种病尚无药可医。有一年半的时间，我不知道自己能否活下来。我所能做的，就是尽可能遵照医嘱。就像我自己当时所解释的，这就意味着接受医生的休养方案，并将自己的康复完全交与他人。我只能躺在床上，注视着房间天花板上的光影变化，等待着一个月一次的 X 光检查，这种检查会告诉我肺部的空洞是变大还是变小了。

但是，我发现，肺部的那些细菌正是利用了我的这种无知而恣意肆虐，这一发现让我在道德和理智上都感到很惊慌。这种无知已经把我的无助变成了被动，而这种被动性则公开地邀请细菌来伤害我的身体。同时，我还看到，我之所以会感染肺结核，首要原因正是我的绝望和失败主义的态度。因此，我身上所存在的缺乏自我肯定和自信（虽然无知已很便捷地将其合理化），只能导向一个结果。在疗养院我周围那些明显无知的患者身上，我可以看到，在面对疾病时，被动地接受自己的无能为力便意味着走向死亡。

直到我发展出了某种"战斗力"，对于是我（I）感染上了肺结核，是我自己决意要活下去这种事实产生了某种个人的责任感，我的健康状况才持续地好转。我学会了以诸如冥想（meditation）这样的内观（inner concentration）来倾听自己身体的声音，指导自己何时该锻炼，何时该休息。我认识到，康复与治愈是需要我自己参与的积极主动的过程。

此番道理虽然是我在康复过程中亲身体验到的，但却并不非常管用，因为我从未对其加以系统的阐释。后来，当我发现一些接受精神分析治疗的患者描述了相似的经验时，才被迫深入地思考了这个问题。实际上，所有的患者前来寻求帮助，都是因为他们感到很无力，或处于无能为力的境况。他们没有与其生活中的重要他人之间建立有效的桥梁，当他人（如我比喻的肺结核细菌）暴力相向时，他们只能消极被动地承受着。而这座他们与重要他人之间的桥梁，弗洛伊德（Freud）从未直接面对过。沙利文（Sullivan）曾提到了这座桥梁，但却从未详细地阐述其本质。事实上，它就是权力（power）。不过，这种权力比较类似于个体用来战胜肺结核的康复力量，而不同于战场上一位将军手握的军事权力，也不同于企业领导的经济权力。

接下来，我必须直面我自己与权力的关系。我再也无法将对于那些掌权之人的嫉妒隐藏在自己的无知背后。我发现，这只不过是遵循了我们文化中的常规程序而已：权力被广泛地觊觎，却很少被享有。通常情况下，那些掌权者会压抑自己对于这一事实的察觉。而正是我们社会中的那些被剥夺者（以"妇女权力""黑人权力"等运动参与者为代表），一旦他们有了能力，便会迫使我们直接面对这个议题。

当我们参与面对权力这一议题（这显然是我们必须这么做的）时，便会发现自己马上就要面对暴力（violence）这个议题。暴力和无知也有关系吗——或者，就像我在本书后面部分提出的，无知会葬送自己吗？这将我们引向了让人着迷却难以回答的问题。我们只能同意雅各布·布罗诺夫斯基（Jacob Bronowski）[在《暴力的面貌》（*The Face of Violence*）中] 所言不虚：

> 暴力就在这里，
> 就在常人的世界里，
> 暴力就是一种征兆。
> 在失败者猛然而用力的哭声中，我听到了暴力。
> 在男孩子的噩梦中，我看到了暴力，
> 这些青涩的少年在重蹈着历史的覆辙。

不过，一旦这些哭泣的人和做梦的青少年能够实现其权力，他们便能够在某种程度上使自己的暴力具有建设性的用途，而他们的梦想和幻想将转变为社会利益以及他们自身的利益。我希望本书提出的一些方法不是围绕着权力与无知的问题，而是能够透析这些问题。

为了理解权力和暴力的根源，我们必须提出一些更为深刻的问题。我们必须探究成为一个人意味着什么这个问题。

撰写本书的艰难与孤独，由于多位好友的陪伴而得以减轻，他们或与我讨论本书的一些主题，或阅读我写好的一些章节，或二者兼而有之。安东尼·阿索斯（Anthony Athos）本人也从事这一主题的研究，他与我对于这一主题的讨论远超过了友谊的感召。我还非常感谢艾伯塔·绍利塔（Alberta Szalita）、达夫妮·格林（Daphne Greene）、戴维·巴茨隆（David Bazelon）、莱斯利·H.法贝尔（Leslie H. Farber）以及斯坦利·库尼茨（Stanley Kunitz），感谢他们给我提出了宝贵的意见。感谢耶鲁大学上我关于这一主题的研讨班的学生，他们的洞见为我揭开了权力心理学的其他维度。我的患者一直都是——在本书中，也一如既往——我学习的最为丰富的资源，在此对他们表示衷心的感谢。

罗洛·梅
于新罕布什尔州霍德尼斯

目　录

第三部分

第一部分

第一章

疯狂与无能

找到生命，我便找到了权力意志（will to power）。
——弗里德里希·尼采（Friedrich Nietzsche），摘自《查拉图斯特拉如是说》（*Thus Spake Zarathustra*）

对于一切生物而言，权力是根本。尤其是人类，一千多万年前被抛到了这个贫瘠的地球表面，希望能够存活下来，也必须存活下来，他们发现，在每一次与天地以及同伴的斗争中，都必须运用自己的权力对抗相反的势力。虽然一直以来人类都感到不安全，被各种局限和脆弱折磨着，会被疾病以及最终的死亡击倒，但是他们反而因此肯定了自己的创造力。其产物之一就是文明。

权力（power）这个词源自拉丁语 posse，意思是"能够……"。从婴儿呱呱坠地开始——在他想要喝奶的哭声和舞动的小手中，我们便可以看到权力出现的各种变迁。存在之合作与关爱的一面与竞争、权力同时存在，不过，若要使生活让人感到满足，则二者都不能忽视。我们对大地的感激以及对同伴的支持，并不是通过放弃自己的权力，而是对这些权力加以合作性的运用来实现的。

婴儿妥善处理生活所需的能力，到了成年期，便成了为获得自尊和作为一个人的意义感而努力奋斗的能力。与婴儿期的生物原因相比，后者是人类生存的心理原因。人对认可（recognition）的渴求成了最为重要的心理渴求：我必须能够说出我的现状，能够在这个世界中肯定我自己，并且通过坚持自己权利的能力，给这个世界赋予了意义、创造了意义。而且，我必须在大自然对我的努力奋斗极度冷漠的情况下做到这一点。

在尼采的"权力意志"宣言中，重要的是，我们必须提醒自己，他所说的既不是现代竞争意义上的"意志"，也不是此种意义上的"权力"，而是指自我完成（self-realization）和自我实现（self-actualization）。如果我们能够不从贬低的意义上来思考权力，便更能够赞同尼采的观点。

我没有把权力仅仅当作一个辱骂性的字眼、一个用于敌人身上的字眼（也就是说，他们是受权力驱使的，而我们只受到仁慈、理性和道德的激发），而是把它当成一种对生活过程某个基本方面的描述。它并不等同于生活本身；人类存在中有很多东西——如好奇心、爱、创造力——也许与权力有关，而且通常也确实与权力有关，但这些东西本身不能称为权力。但是，如果我们忽略了权力这个因素（就像我们现在反对滥用权力所造成之破坏性后果的倾向），那么，我们将失去对于人之存在来说非常重要的价值观。[1]

大量的人类生活都可以被视为权力（即影响他人的有效方法，在人际关系中获得自我的意义感）与无能之间的冲突。在这种冲突中，我们的努力由于以下这一事实而变得更为困难：我们将两边都堵死了，我们之所以将权力这一边堵死，是因为"权力动机"具有邪恶的内涵，而我们堵死无能这一边，是因为无能让我们感觉过于痛苦而难以面对。事实上，人们不愿面对整个权力问题的主要原因在于，如果他们真的这么做了，那他们就将不得不面对自身的无能。

一旦用其更为贴切的名称——无助（helplessness）和软弱（weakness）来谈论无能，许多人便会因此而感受到沉重的负担。阿瑟·施莱辛格（Arthur M. Schlesinger, Jr.）写道："事实上，现在最为普遍的社会情绪莫过于认为个人是无能的这种信念了，这是一种被困扰、被围攻、被迫害的感觉。"[2] 汉斯·摩根索（Hans Morgenthau）给出了政治层面的评论："几个世纪以来人们一直争取的大多数统治，已经使得人们比150年前更无力、更无能去影响政府了。"[3] 政府的主宰力量继续运作，根本不会注意到你我。现在，大多数人必须习惯不再自信"美国是世界上最强大的国家"，这曾是一种常见的自信，虽然不切实际，但许多人都依附于这样一种自信来感受过去的个人地位。

要承认我们自己的个人无能感——我们无法影响很多人；我们无足轻重；我们的父母一生矢志不渝的价值观对我们而言毫无意义、没有价值；我们感觉自己就像是 W. H. 奥登（W. H. Auden）笔下的"无名的他者"（faceless Others），对他人来说无足轻重，因而对自己而言也没有什么价值——真的难以让人接受。在过去的四十年间，关于个体能力与潜能的言论非常多，而个体对于他自己在心理和政治方面发挥作用之能力的信心却少得可怜。这样的言论至少有一部分是基于补偿的心理，因为我们不安地觉察到了自己权力的丧失。

因此，在这个过渡的年代，当我们用指尖便可以摧毁彼此，让对方从地球上消失时，有人提议人类放弃这一恐怖的人体实验，是可以理解的。肯尼斯·克拉克（Kenneth B. Clark）博士在美国心理学会的主席就职演讲中说："我们生活的这个年代太危险了，以致我们不能相信人类个体的心境或选择……我们再也不能控制当权者，因而我们必须靠镇静剂来控制我们的领导者。"[4] 考虑到克拉克博士非常熟悉哈莱姆（Harlem①）和黑人的无力感才提出了此种提议这一背景，我们便可以理解他的这种绝望了。但是，当我们带着沉重的心情阅读号称能治愈现代人之攻击性并发展其"合作性"人格的化学药物的新发现的相关介绍时，这并不能阻止我们同时认识到：这些化学物质的使用会导致人格解体（depersonalization）以及个人责任感的丧失。这种取舍实际上意味着人性的逐渐丧失。

其他一些心理学家，因为注意到我们在控制自我方面表现不是很好，因此便提议以操作性条件作用的形式来让我们进行控制。我们听说过一些养育孩子的新方法，这些新方法可以磨掉他们的攻击倾向，使他们变得安静而听话。我担心地问自己：在这种绝望中，大家是否忘了H. G. 威尔斯（H. G. Wells）的《时光机器》（*The Time Machine*，在其中，人被极端地分成了两个群体，大多数人被驯服得非常温顺，像母牛一样顺从，他们的肉又软又嫩，然后被另一群强悍的工程师群体宰杀）呢？

---

① 美国纽约市黑人居住区。——译者注

神经失调（failure-of-nerve）理论源自所观察到的一种真实情况，即权力的实施已经给现代世界造成了巨大的伤害。这些说法既能吸引人们表达对权力的反抗，同时又能吸引人们对乌托邦产生期待。遭受无能威胁的人以及希望有某种东西能够替代权力的人，会强烈地支持这些理论。正如戴维·麦克莱伦（David McClellan）所说："美国对权力可能被滥用之情况的关心程度，有时候甚至到了神经性强迫症的地步。"[5] 不过，重要的问题并不在于这些理论是对是错，而在于我们是否会为了尽力地消除自己的攻击倾向，而任性地置那些根本价值于不顾，如我们的自我肯定、自信等。这样是否又会极大地加剧我们的无能感，并因而为那些阻碍一切之暴力的喷发铺好道路呢？

因为无能和情感淡漠是孕生暴力的温床。是的，攻击性常常会逐步升级为暴力，所以，人人都因为它而感到沮丧和恐惧，这一点是可以理解的。但是，我们没有看到的一点是，无能的状态（这种状态会导致情感淡漠，也可能会因为上述根除攻击性的计划而产生）是暴力的源头。在我们使人们变得无能为力时，我们是制造而不是控制了这些人的暴力。我们社会中的暴力行为在很大程度上都是由那些试图建立自尊、保护自我形象，以及想证明自己也很重要的人实施的。不管这些动机是多么偏颇，对这些动机的使用是多么错误，也不管这些动机的表现是多么具有破坏力，它们依然是积极人际需要的呈现。我们不能忽视这样一个事实，即虽然改变这些需要非常困难，但这些需要本身确实具有建设性的潜能。暴力不是来自权力的过剩，而是来自无能。汉娜·阿伦特（Hannah Arendt）说得很好：暴力是无能的表现。

1. 无能在腐化

多年以前当我开始心理治疗师的职业生涯时，无能与精神病之间的关系就给我留下了非常深刻的印象。心理治疗师在精神受到困扰的人身上可以看到我们每个人都会有的极端行为和体验。这就证明了埃德加·弗里登伯格（Edgar Z. Friedenberg）所说的话："一切的软弱都会倾向于腐化，而无能则绝对会腐化。"[6]

年轻的音乐家普瑞希拉（Priscilla）是我最早的患者之一。根据给她实施罗夏墨迹测验的人所述，她"有一只脚踏入了精神分裂症的泥潭，还有一只脚踩在了香蕉皮上"。在我和她的面谈中，她总是热衷于长篇大论地比较从纽瓦克（Newark）开出的火车的音符色彩与从新不伦瑞克（New Brunswick）开出的火车的音符色彩有什么不同。对于她大多数时间所谈论的内容，我一点头绪都没有——这一点，她也知道。但是，她似乎就需要有我这么一个愿意倾听、愿意努力理解她的人，而不管我是否真的理解她。她也是一个相当高贵、具有幽默感的女人，这些特质在后来帮了我们很大的忙。

但是，她从不生气。无论是对我，对她的父母，还是对其他任何人，都是如此。她的自尊薄弱模糊得就好像几乎不存在一样。有一次，一位和她同属一个合唱团的年轻男士，邀请她一起参加音乐会。她接受了。但是，第二天，她突然产生了强烈的自我怀疑，于是打电话对他说："如果你不愿意，就不用带我去了。"她不能肯定自己，自信心不足，不觉得有人会愿意跟她一起去参加音乐会。在她八九岁的时候，曾和一个比她稍微大一点儿的男孩一起踢足球，那个男孩重重地撞到了她，让她受了伤。要是其他孩子的话，可能会冲那个男孩大吼大叫，或者打架、哭闹，或者不愿继续玩游戏，这些反应，不管好坏，都是应对的方式。但是，普瑞希拉完全不能使用这些方式，她只能坐在地上，看着那个男孩，心里想着：他不应该这么用力地撞她。

当在性和经济方面被利用（她经常遭遇被利用的情况）时，她完全没有防卫的能力，不知道如何坚决地说"不"，因为她没有感觉到愤怒以支持她说"不"（任谁都会觉得这种人被利用几乎是自找的——至少在利用与被利用之间有某种关联并有所表示）。紧随她无法生气这种情况而来的是，她产生了一种深深的无能体验，以及完全没有能力在人际关系中影响他人（这是一个必然的结果）。

但是，这种人有完全不同的另外一面，这一点我在尔后与边缘性患者共处的过程中得到了确认。普瑞希拉的梦不是分尸并将尸块装进袋子里，就是血腥与战争，简而言之，她的意识生活有多温顺，她的梦就有多暴力。

从那个时候起，我就经常思考无能与疯狂之间的关系，这有一部分就缘于这位年轻的女士。在此，我想特意强调一下疯狂（mad）这个词的双重含义：一是从个人的意义上讲，指愤怒已达暴力的程度；二是从精神病学历史的意义上讲，指的是精神病。这二者之间存在着一定的关系，而且对于这一术语的双重使用将引导我们进入问题的核心。

我们知道，精神病患者有一个共同的特征，那就是他们的无能，与这种无能相伴随的还有一种持续的焦虑，而焦虑既是无能的原因，又是无能造成的结果。这些患者非常坚定地认为自己是无足轻重的，以至于他们接受这是与生俱来的，在人生的历程中，常常用可悲、可怜的姿态去获得那么一丁点的重要性。一天中午，一位正值青春期的女孩前来找我咨询，她竟然穿着一件带裙衬的晚礼服，这很可能是她最漂亮的衣服了，她以这样一种姿态向我表明她是多么需要我的注意和关注，但是她却没有意识到这么做很可能会被认为不合时宜。

当一个像普瑞希拉这样的人再也不能以这种方式生活时，她内心的某种东西便会"垮掉"，然后，她有可能进入一种疯狂的状态。之后，这个人就好像完全变了个人。普瑞希拉梦里的暴力现在成了她清醒时的生活内容。这个当事人看起来似乎完全疯了，这无疑就是几个世纪以来精神病会被称为"疯病"的原因所在。当事人此时会对所有人都发疯，包括对她自己，她会发出要自杀的威胁或试图自杀，她会割腕，然后把血涂抹在医院的门上，以戏剧性的方式凸显出她自己对医护人员的需要。她会公然对自己以及属于她投射范围之内的所有人都做出暴力行为。

我们在其他患者身上也看到了同样的举动。在描述自己所患精神分裂症的自传体小说《我从未承诺给你一座玫瑰花园》（*I Never*

Promised You a Rose Garden）中，女主角汉娜·格林（Hannah Green）16岁就被送到了栗树小屋（Chestnut Lodge）疗养院。她是顺从温和的典范，从来都不表现出一丁点的愤怒。不管什么时候，只要她有这个需要，她就会退缩到自己的私密精神神话世界中，和神话中的人物说话。在栗树小屋疗养院给她治疗的精神病医生弗雷达·弗洛姆－理查曼（Frieda Fromm-Reichman）尊重汉娜的神话，并保证只要汉娜需要，就不会剥夺她的神话。但是，在弗洛姆－理查曼医生去欧洲的那个夏天，医院指派了另一个年轻一点的医生治疗汉娜。他乐观而勇敢地闯进了汉娜的神话世界，并粉碎了它。结果极具破坏性。汉娜的暴力一下子迸发了出来，她在疗养院里放火烧自己和随身的物品，要给自己的生命烙下疤痕。这个年轻医生所犯的错误在于，他没有体会到正是神话给予了汉娜之存在以意义。问题的关键并不在于神话从理论上看是对还是错，而在于它对汉娜有用。这位看似无力做出任何攻击行为的温和的患者，一下子从温顺变得非常暴力。

这看起来感觉像是对医护人员所施展的权力，但实际上它是一种虚假的权力（pseudopower），是无能的一种表现。现在，我们可以说这位患者"疯了"，意思是说，她不符合我们社会公认的标准（我们社会像所有社会一样，都偏爱顺从温和的"脸孔"）。重要的是要看到这一点，即暴力是被压抑的怨气和愤怒，以及患者经常因无能而产生的恐惧所导致的最终结果。在疯狂的虚假权力背后，我们经常可以看到，有一个人正奋力地追求某种意义感，正寻求某种方法来使自己发挥作用，并建立某种自尊。

普瑞希拉在接受我的治疗期间，收到了一份从家乡寄来的报纸，报上说她们村里有一个男人自杀了。她对我说："要是那个镇上有其他人了解他就好了，这样他就不会自杀了。"请注意，她说的不是"如果他了解其他人"，而是说"如果有其他人了解他"。我认为，她是在告诉我，只要我继续陪着她，她就不会以暴力的方式结束自己的生命。不过，她同时也描述了某件对人类来说至关重要的事情——人人都有被倾听、认可和理解的需要。这样，人们才能确信自己是有价值的，自己的存在与其他人一样重要。此外，这也给了他们某种方向，让他们在这个无意义的世界上可以找到一点意义。

普瑞希拉能够对我发火的那一天是值得祝贺的日子，因为我知道，从那个时候起，她在这个广袤的世界中，已经开始能够在人际交往中保护自己了。更为重要的是，她敢于做一个真正的、可爱的，同时也会爱人的人。

2. 疯狂与社会

我们在普瑞希拉身上看到的这种消极 / 疯狂模式与我们社会中的暴力（暴力已成为当代男女的严重问题）有什么样的关系呢？

我有一个朋友（他绝没有接受分析，也绝不是精神病患者），他在告诉我与妻子吵架之后所感受到的那种愤怒时是这样说的：

这种愤怒与暂时性精神病太像了！当我沿着那条看似遥

无止境的街道的人行道行走时，我无法思考；我感到目眩头晕。不过，这种模糊只是外在的——在内心，我是非常敏锐的，能够觉察到每个念头和感受，就好像自己身处一个明亮的世界，所有的一切都非常真实。唯一的困扰是，这种内在的明亮实际上与外在的世界没有任何的关联。

对于外在的世界，我感到有点羞愧——羞愧且无力防备。如果有人嘲笑我，或者突然非常需要我（比如街上发生了一起车祸），我将无力做出反应。或者说，如果我确实做出了反应，我将不得不摆脱我的"疯狂"；我必须突破它。

街道是陌生的。虽然人们一如既往地在路上走着，但这些街道却看起来空荡荡的。对于这些街道，我感觉不那么熟悉（虽然我已见过几千次）。

我像一个醉汉一样往前走着，把腿抬起来，然后又不自然地放下。我走进了一家餐馆，害怕收银的女孩认不出我了——我的肤色不一样了，或者她会认为出了什么事情（她确实认出了我，并对我像往常一样友好）。

我去了男厕所，不带任何情绪地读着如厕区上方的涂鸦。我依然害怕有人会要求我做些什么事情或者攻击我，而我却无力保护自己。我回到了座位上，盯着餐馆尽头的窗子往外看。我感觉与这个世界只有模糊的关联。食物端上来了，我对于吃和味道没有太大的兴趣，我只是糊里糊涂地吃着。

我试图回想我们争吵的细节，但却徒劳——有两三件事情非常清楚地浮现在眼前；其他的则是一团乱麻。我吃得很少。

一位服务员走了过来，他是一位中年的中国人，他对我说："我能看出来你想太多了，"他用手指了指自己的前额，"你遇到什么难题了吗？"我笑着点了点头。他继续说："这年头每个人都会遇到一些难题。"很奇怪，他的话竟让我感到很安慰。他摇着头走开了。这是我第一次突破外部世界。我开心地大笑了起来，这对我的帮助超乎了一般人的想象。

我了解，当这种状态的持续时间相对持久时，人们就会做出伤害自己的事情来，例如，走到汽车的前面等着被撞。他们会这么做，大多是因为他们对自己周围的真实世界缺乏觉察。他们也可能会出于报复而这么做。要不然，他们就会拿把枪来杀人了。

这种陷入愤怒的体验与历史上所说的"疯狂"体验非常相似。

例如，对于什么是"疯狂"，居住在哈莱姆的一个年轻黑人是这么说的：

> 那些白人警察，他们残酷成性……我们哈莱姆这个地方不需要他们！……他们引起的暴力比其他任何人都多……当我们因为无家可归而在街上跳舞时，就会出现一个警察，他想把所有人都赶走。他疯了。我的意思是说他疯了！……他加紧了对邻近地区的巡查，疯了。[7]

这个黑人是说，警察的"疯狂"与哈莱姆地区的暴力事件之间存在着某种关系。这个警察是不是通过激起暴力反应，将他自己的愤怒当作一种刺激，以维护他所认定的法律和秩序呢？这是不是人们把警察作为职业首选的原因之一呢？难道他只要紧紧抓住一种为文化所接受的精神病，并利用这种精神病与现状结成统一战线，就可以让自己在执勤时有权拿着警棍和警枪来发泄他自己的暴力吗？

犯罪学教授汉斯·托赫（Hans Toch）的速记报告《暴力的人》（*Violent Men*），让我们可以更为细致地思考这些问题。例如，托赫认为：

> 黑人小孩和白人警察——他们的骄傲、恐惧、孤立，以及证明自己的需要，尤其是被尊重的需要——有着奇异的相似之处：他们都是受害者，都受制于不断升级但却不是由他们自己造成，也不是他们自己能够控制的冲突。[8]

就像他们自己的报告所表明的，这些警察觉得他们必须维护"法律和秩序"，而且，他们把此举等同于他们个人的自尊和男子气概。随着时间的推移，有一点变得非常明确：警察一直以来都在内心进行一场无能与力量的战争，而且，他们把这场战争延伸并投射到了"法律和秩序"的概念中。警察会把对他们的冒犯解释为对国法的冒犯。于是，他们必须坚持让"嫌疑犯"尊重他们的权威和权力。否则，他们就会觉得，自己的男子气概受到了挑战，而且，他们的声誉（他们的自尊就是建立在这种声誉的基础之上）也岌岌可危了。一种典型的例子是，一名警察在接到有关家庭纠纷的电话后，看到一个黑人坐在车里，便会认为对方可以提供一些有关这起口角事件的线索：

这名警察通常会要求这个黑人下车。这个黑人往往会回答说："你不能叫我这么做，我是在我私人的领地。"这名警察报告说，这个黑人看起来让人非常反感，他的"态度让我很恼火"。

这个黑人最终下了车，但是他的双手一直插在风衣的口袋里。此举也让警察很恼火，于是他让黑人把手拿出来。由于黑人一再拒绝配合，这名警察于是叫来了另一名警察，他们一起强迫黑人把手从口袋里拿了出来。

警察认为，黑人的做法是对他的权威的藐视，是不可原谅的。他必须不惜一切代价维护警察的权威……（"我觉得，我必须把他的手从口袋里拽出来……我们抓住他时，他对我们恶言相向……我们逮捕他，并把他关到了巡逻车的后座，他便开始威胁我们，说要把尿尿到座位上，并对玻璃窗又踢又敲。"）[9]

在这个案例中，这个黑人认为，警察（在他看来，警察是白人政府的武装，是整个黑人种族的敌人）随心所欲地羞辱了他。从警察必须靠恐吓他来维持其权威的意义上说，他这么认为确实没错。二者都是"暴力的人"。这个实例中，警察的蓝色势力（Blue Power）与黑人的黑色势力（Black Power），乃是一枚硬币的两面。各自都不遗余力地保护自我的形象，保护自己作为"一个人"的存在感。不过，警察凭借着法律执行者的身份，以及所佩戴的警枪、警徽，因而拥有一种特别的优势。托赫写道，警察队伍中的"暴力的人是专门把人际冲突升级到爆炸性情势的专家"。"嫌疑犯"往往会觉得处境对自己不利，他的"决斗"对手常常以他的警徽和警枪为掩护，而且，这个"嫌疑犯"通常会挑战警察，要他拿掉他的警徽，以"男人对男人"的方式来解决他们之间的分歧。

手的放置位置、身体的接触，以及其他方面的触碰（touching），都具有十分重要的意义。"嫌疑犯"必须保护他的身体，使其不受侵犯。警察则觉得，他必须侵犯"嫌疑犯"的身体，用不必要的粗暴手段把他推来推去，目的是让这个"嫌疑犯"顺从于自己的权威。

这种类型的警察几乎都报告说，他会要求查看黑人的身份证，注意到这一点非常重要。身份是极为私人的事。从心理学上看，要求查看身份证就像是要求一个人脱光衣服一样；这使得一个原本就被认为下等的人，更增添了一种羞辱感。这会激起黑人的愤怒感，而警察会发现，他要求验明身份的简单举动却已经把情势推到了暴乱的边缘。

在这些暴力的行为中，值得注意的是，在监狱里度过余生的人往往会通过自己的行动，试图保护其自我形象、声誉或权利。几乎所有的人都会以某种形式，努力地建立或保护自尊，以及作为一个人的意义感。警察和"嫌疑犯"都在内心深处进行着一场证明自己有能力的战斗。他们都会以自己的方式（尽管他们的方式完全相反）来诠释这场战斗。是的，这场战斗可以被放大到让人意想不到的比例，而冒犯则完全是出于想象，或者，它也可能表现为恃强欺弱或其他形式的幼稚行为。不过，为了看清暴力的根源，我们必须深入到这些心理动力之下，在个体努力地建立并保护其自尊的斗争中，寻找其根源。从本质上说，这是一种正向的需要——它具有建设性的潜能。根据托赫的资料，监狱不能阻止犯罪，"因为暴力的滋长靠的是低自尊和自我怀疑，而监狱则是使男人失去男子气概和失去人性的地方；暴力以剥削和滥用为基础，而监狱则是以权力为中心的丛林"[10]。

似乎有越来越多的证据表明，警察、狱警和囚犯实际上属于同一种人格类型。托赫写道："我们的研究表明，法律执行者的官阶就包含了暴力的人的成分。这些警察的人格、样貌和行为，与我们案例中的另一群人（即被逮捕的那群人）相似。他们表现出了同样的恐惧和不安，抱着同样脆弱、自我中心的观点。他们表现出了与我们的其他被试同样的恐吓与吓唬、惊恐与惩罚、仇恨与报复……虽然警察的暴力大多数是出于对警务工作的适应，而不是由于婴儿期的问题造成的，但是，从实际上看，结果几乎没什么两样。"[11]

对于权能的需要，是我们所有人所共有的，这也是为获得自尊而做出努力的另一种表现。我们在纽约阿提卡（Attica）监狱的叛乱中，可以看到其明确的表现形式，那里带头叛乱的囚犯声称："我们再也不想被当作统计数字、号码来对待……我们要求被当作人来对待，我们将会被当作人来对待。"另一个囚犯比前面一个年长一些，他的观点更为现实："如果我们无法活得像个人，那么，我们至少会尽力地死得像个人。"根据史料记载，这些囚犯中有 28 个真的在几天之后就死了，当时，部队冲进了这座监狱，并开枪扫射。不过狱警和囚犯之间是一种很奇妙的伙伴关系，他们都"身处监狱"，而且，有着同样的人格类型——史料也记载，有些囚犯是因为挺身保护狱警才被子弹射死的。

3. 无能与药物

药物成瘾是无能可能导致的另一个后果。确信自己的无能，对年轻人的影响尤其深远，这也是为什么在年轻人中间药物成瘾最为普遍。他们的药物成瘾其实是暴力的一种形式，之所以这么说，是因为首先他们违背了自己的思想——而这实际上正是服用药物的目的所在；接踵而来的便是吸毒者犯下的大大小小的罪行。[12]

成瘾的根源是"极度的软弱"和"受阻的愤怒"。[13] 软弱通常会以"我无法满足家人的需要""我找不到工作""我性无能""我'不是人'"的形式表现出来。而愤怒的表现往往是吸毒者对家人和这个世界的报复，因为他觉得是家人和这个世界迫使他陷入了这种痛苦的无能处境。性无能的出现通常早于使用药物；大多数的吸毒者报告说，他们深受早泄或根本无法勃起的痛苦。他们害怕自己"不够男人"，无法满足女人的需要。

海洛因可以将长期软弱所带来的不爽一扫而空。它可以让人麻醉（一部分是通过化学作用，还有一部分是通过心理作用），让原本至深且长的痛苦得到完全的缓解。不再感到自卑，不再担心职场上的失败，不再害怕成为战场上的懦夫，也不再让父母失望，所有这些压抑的感受都消失了。

一位白人吸毒者的典型情况大致是这样的：他在郊区长大，他的母亲常常通过给他喂食物来减轻她自己的焦虑（这是一种"吃吧，宝贝，吃吧，吃了就证明你爱我"综合征）。他的父亲在赚钱方面挺成功的，但在其他方面却相当软弱。他有两辆凯迪拉克，但他在家里却只能以大声骂人或其他掩饰自己软弱的方式来展现他的分量。这个儿子后来被征了兵，去了越南，他在那里开始吸食毒品。在回家乡的路上，他把勋章扔进了太平洋，这象征着他确信这场战争完全是无用、疯狂的。回家后，他找不到工作，在家里闲荡了六个月，与父母的冲突越来越大。由于越来越强烈地感觉自己没有价值，他开始注射海洛因。他发现，海洛因给他带来了极大的慰藉，同时也很快发现自己有了生活的目标，主要是偷父母的钱来买毒品。他的父亲最终发现他染上了毒瘾，把他赶出了家门，并且告诉他，除非他戒除毒瘾，否则就别想再回家。在这整个让人感到难过的故事中，显露无遗的是这个年轻人的无能感和缺乏目的感。

这种无能感的根源，通常在于这个年轻人缺乏与一个强而有力的父亲之间的关系（有时候，这也可以归咎于他与母亲之间的关系，但这种情况不太常见）。由于没有可以认同的男性，因而，他没有方向，没有生活结构（这本应该是父亲从外部世界带进他内心的），没有可以给他指导或让他反抗的价值观。在年轻黑人中，这种缺乏一个强而有力的父亲的情况，通常被视为理所当然。黑人吸食海洛因有更多现实的原因——他们的问题都是客观化的，因而，黑人的药物成瘾比起白人不算是多严重的疾病。药物成瘾的白人似乎没有想要努力超越父亲的俄狄浦斯动机（这种动机可以为发展提供一种建设性的动力），但是却通过吸毒的方式来报复父亲。

海洛因成瘾为年轻人打造了一种生活方式。在长期饱受无目的之苦后，现在，他的生活结构包括如何躲避警察、如何弄到所需的钱、到哪里去注射下一支毒品等所有这一切让他拥有了一张新的活力网，取代了他原先那个毫无结构的世界。

治疗的方法从这种无能处境中产生。与锡南浓（Synanon）戒毒机构一样，凤凰屋（Phoenix House）治疗中心也将大部分的权力下放给了会心小组（encounter groups），这种权力旨在满足对绝对真诚的需要。这些会心小组的成员生活在一起，治疗师鼓励他们在坚持诚实的原则下，尽可能以直接的方式对待彼此（但不允许有身体暴力）。例如，他们可以用"吸毒鬼"（dope fiend）这样的字眼，因为这个字眼非常直接，一点都不掩饰实情；他们如有任何遮掩事实的举动，便会遭到他人语言上的攻击，就算是整理房间这样的小事也可以被大做文章。这种方式显然为他们提供了一个无可逃避的结构；强而有力的父亲角色则由小组领导或某个成员来承担。治疗中心要求每个人在住所都必须各司其职；他们可以获得升职，并且对赏罚十分敏感。

这似乎又回到对个人权力以及如何善用权力的再发现问题上。

臭名昭著的放任自流（这在数十年前是大家绝对遵从的）已经过时，现在流行的是能赋予个人权力的东西。甚至是斗争（striving）、竞争（competition）这样令人厌恶的字眼也回来了。在安排治疗的过程中，所有能够使成瘾者恢复某种权力感的东西都用上了，这种权力感是他的康复所必需的。成瘾者的愤怒与他的能量有关；他越愤怒，意思是说他的怒气以直接而非报复或其他间接的方式表达出来，就越有可能获得康复。成瘾者原本就是很有能量的人，不过却因为药物而减弱能量。当他戒掉毒瘾时，就很容易拥有巨大的愤怒能量；他的康复正是取决于这种"愤怒能量"（angry energy）。不过，这里所强调的是权力的社会方面。这个大家都强调的重点似乎与阿尔弗雷德·阿德勒（Alfred Adler）的"社会兴趣"（social interest）概念相符。

4. 对意义的渴求

我说过，权力与意义感是交织在一起的。它们分别是同一经验的客观形式和主观形式。权力通常是外显的，而意义感则绝不可能外显，不过却可通过冥想或其他内倾的、主观的方法表现出来（并获得）。不过，当事人还是会把它体验为一种权力感，因为它不仅帮助他整合了自我，而且让他在随后的人际关系中更得心应手。

权力总是具有人际关系的本质。如果它纯粹是个人性质的，那么我们便可以称之为"力量"（strength）。因此，汉娜·阿伦特坚持认为，伯特兰·尤韦纳尔（Bertrand Juvenal）的观点是正确的：权力是社会的，是由行动"一致"的一群人所组成的。这就是哈里·斯塔克·沙利文（Harry Stack Sullivan）的人际观点如此重要的原因所在，沙利文的人际观点是精神分析文化学派的根基。沙利文认为，感觉到自己在与重要他人的人际关系中有影响力而产生的权力感，对于自尊的维系和成熟的过程来说非常重要。当这种意义感丧失时，个人通常会把自己的注意力转移到不同的且往往是歪曲或神经症的权力形式上，以获得某种东西来代替意义。

在当代美国，我们的特殊问题是个体意义感的普遍丧失，这是一种内心觉得无能的丧失。在我们这个时代，一种比暴力更为悲惨的处境是，太多人觉得自己没有权力，也无法拥有权力，甚至连自我肯定也被否定，他们再也没有什么东西可以坚持，因此，除了宣泄暴力之外，别无他途。我们来看一看哥伦比亚大学某个激进的学生老做的一个噩梦。在梦中，这个学生卡尔是这样的：

（他）放学回家，按响了家里的门铃。他母亲说不认识他，他也不属于那里。他去了亲戚家，他们也跟他说了同样的话。最后，他横穿美国，到了加利福尼亚州父亲的住处，他父亲也说不认识他，说他不属于那里。梦的最后，他消失在了太平洋中。[14]

根据这种类型的梦境——"父母亲不认得我了，他们当着我的面把门关上""我不属于任何地方"——在治疗中出现的频率来做出判断，这似乎是理解我们这个时代的一条重要线索。做这个梦的学生曾是革命运动的成员，这绝非偶然。暴力或类似暴力的行为会赋予当事人某种重要感、成就感和权力感（此刻这种感觉是真是假，并不重要）。而这转而会让个体产生价值感。

没有价值感的人是无法长久生存的。[15]不论他是通过随意射杀无辜路人、从事建设性的工作、参加叛乱、在医院提出精神病性质的要求，还是用沃尔特·米蒂（Walter Mitty）的幻想来获得这种意义感，都必须能够产生这种"我有点价值"（I-count-for-something）的感受，并且能够活出那种价值感来才行。这种意义感的缺乏，以及为获得这种意义感而做出的努力，正是大多数暴力的潜在原因。

在罗伯特·肯尼迪（Robert Kennedy）和马丁·路德·金（Martin Luther King, Jr.）被暗杀后，美国总统指定成立了"国家暴力防治委员会"（National Commission on the Causes and Prevention of Violence），历史学家理查德·马克斯韦尔·布朗（Richard Maxwell Brown）在写给该委员会的报告中，针对美国暴力做了严正的声明：

> 最为明显的结论是，暴力太过泛滥了。我们过于频繁地倚仗暴力，以至于我们很早以前就成了一个"扣动扳机就高兴"的民族（"trigger happy" people）……这不是说暴力已经和犯罪活动、私刑暴民、家族仇杀等美国历史上的负面特征混合在了一起；相反，暴力已经和美国历史上一些最为辉煌、最

具建设性的篇章天衣无缝地交织在了一起……[16]

1968年的政治暗杀事件之后，探讨暴力成因及其治愈之道的意见与研究如雨后春笋般冒了出来，其中绝大多数是先天（nature）论与后天（nurture）论的争论。前者（主要起源于弗洛伊德）坚持一种普遍的观点，认为攻击是本能，是人类基因构造的一部分，人类生来就具有攻击性。根据这个观点，暴力便成了我们必须背负的十字架，是人类老祖先亚当不可避免地玷污了其子孙的表现，我们所能希望的至多是将这种邪恶控制在自己的心中，或者在战争及文化许可的其他暴力形式中将其释放出来。

另一种主要的观点后天论则宣称，攻击是一种文化现象，是由于大众传播错误的教育，尤其是电视而导致的，或者，至少是因为这些因素恶化的。通过改变我们的教育方式，控制电视上播放的节目，便可以消除这种现象。

我们会由于厌倦而经常忽略的一点是，这两种取向其实并不相互排斥。虽然攻击是人类基本构造的一部分，但它同时也是由文化塑造、强化的，而且至少有一部分是可以被重新引导的。我们的文化不仅仅是既定的，同时也是我们塑造的。就像诗人埃德娜·圣文森特·米莱（Edna St. Vincent Millay）在她的十四行诗中所写的，我们"人类"（homo called sapiens）是这样一种创造物：他们创造了被大量使用的电视以及其他的大众传播形式，并且通过这些媒介让我们的孩子在不知不觉中学会了攻击。而同时，我们又无休止地告诫他们不可攻击他人。这种做法所导致的矛盾加深了每个人的无能感，也增加了我们围绕文化中的权力问题而产生的伪善。

但是，针对这许多并非非此即彼的解释而进行的真正讨论的重点在于：被他们所忽略的讨论正是这个问题中最为重要的一点，那就是，植根于先天和后天的价值观，这个问题将先天与后天连接在了一起，它与攻击和暴力也密不可分。

理查德·马克斯韦尔·布朗在总结提交给国家暴力防治委员会的报告时，引述了我们所面临的两个问题："第一个是自我认识（self-knowledge）的问题……当我们认识到这个问题后……我们必须意识到，暴力并不是粗暴之人或种族主义者才有的行动，它一直以来都是我们民族中最为正直、最受尊敬之人的行为策略。有了这种自我认识之后，第二个问题便是彻底地把暴力从美国真正的（但却不被承认的）价值体系中除去。"[17]

但是，这其中难道就没有明显的矛盾之处吗？如果暴力向来是"我们最为崇高、最为理想之尝试"的重要组成部分，也是"最为正直、最受尊敬"之人的行为策略，那么，我们是不是应该质问一下：这些人是不是在暴力中找到了（很可能是在无意识之中找到了）他们所珍视的一些东西？此外，人们绝不可能通过主观意志来改变价值体系，也不可能通过像在花园里拔草那样的有意识手段来改变价值体系。价值的根基深植于原型的无意识象征和社会的神话之中。要想改变价值体系，首先要探究一下这些问题：暴力为个体做了些什么？个体通过攻击和暴力达到了什么样的目的？

去除人类行为中所有权力与攻击性这个乌托邦式的目标，使我们面临着卸除自我坚持、自我肯定，甚至是存在之权力的风险。如果这个目标实现，那么，我们将养育出一群驯良、被动的阉人，并且将导致一场史无前例的暴力大爆发。

我们这样说把问题过度简单化了，就好像只是在攻击与做阉人之间做抉择一样。困在这种状况所导致的矛盾之中，难怪我们会因为感觉到自己做人的本质、自我坚持、自我肯定（没有这些东西，我们就没有了活着的理由）被剥夺，而从噩梦中惊醒。我们没有看到，在服务于生活中那些使人类意义丰盈的价值观（如果这些价值观被抛弃，我们就会处于丧失的境地）方面，攻击性具有积极的意义。

很长时间以来，我一直相信，要理解攻击性与暴力，必须把权力（power）视为问题的根本。我还相信，深蕴心理学（depth psychology）给我们提供的资料，对于了解人类权力的萌生、攻击性和暴力等主题，特别具有启发性。我在思考权力问题时，试图深入到比先天论和后天论更深的层次，也就是深入到比本能论与文化论更深的层次。我正试图寻找这个问题的答案：个人从攻击和暴力中获得了什么？

5. 本书的论点

我认为，在每个人的生命中，都潜藏着五个层次的权力。第一个层次是存在的权力（power to be）。我们在新生儿的身上可以看到这种权力——他可能以大哭和双手乱舞的方式来表达他的不舒服，并以此要求他人满足他的消除饥饿的需要或其他需求。不管我们喜欢与否，权力在婴儿的人格发展中占有重要的地位。每个婴儿长大成人的方式，都反映了权力的种种变化形式，也就是说，他如何才能找到自己的权力并运用这种权力，实际上就是如何成为（be）它。打从一出生开始，人就被赋予了这种权力，它不是来自文化，而是源自婴儿活着（lives）这一纯粹的事实。如果婴儿的行动没有得到旁人的回应，就像勒内·斯皮茨（René Spitz）针对可怜的波多黎各婴儿的研究所表明的，这些婴儿得不到护士或保姆的关注就会缩到床角不说话，其他方面的发育也显得迟滞，实际上身心都枯萎了。无能的最终结果便是死亡。

存在的权力没有善恶之分，它先于善恶，但它也不是中性的。它必须在生活中体现出来，否则便会导致神经症、精神病或暴力。

第二个层次是自我肯定（self-affirmation）。每个生命都不仅有存在的需要，还有肯定自身存在的需要。这一点对人类有机体而言尤其重要，因为自我意识既是他的天赋，也是他的宿命。这种意识不是与生俱来的，而是在婴儿出生几周后开始发展的，它用几年的时间也不能得到完全的发展，实际上，它在人整个一生中都会不断地发展。于是，意义（significance）的问题就出现了，同时展开了漫长而又非常重要的追求自尊（或其替代物）之旅，其间伴随着由于缺乏自尊而产生的悲伤。对人类而言，纯粹的生理上的生存现在已不再是主要的问题，重要的是要有自尊地活着。

在这种对自我肯定的需要中，对认可（recognition）的渴求成了重要的渴求。如果孩子在家庭中被自然而然地赋予了意义和认可，那么，他将此视为理所当然，然后把注意力转向其他事物。但是，如果自我肯定受阻（在我们这个父母和孩子都极端困惑的混乱时代，这样的情况可谓司空见惯），它就会变成一种强迫性需要，终身不断地驱使着他。还有一种情况，父母若是以"只要你听话，我们就爱你"的模式来教导孩子，那么孩子也很难肯定他自己。于是，孩子就会陷入竞争的破坏性方面，陷入自我和世界的买卖之中：他的自我肯定在别人看来是对他们的贬低，而他自己也会觉得他人的自我肯定是在贬低他。就是通过这些方式，或许多其他的方式，他的自我肯定被彻底地扭曲或封锁了。

当自我肯定遭遇阻抗时，我们会更加努力，会为自己的立场赋予力量，会明确表明我们自己的身份和信念；我们表明这一点是为了对抗反对的力量。这便是第三个层次，自我坚持（self-assertion）。这是一种更强大的行为模式，比自我肯定更明显、更公开。反抗他人的攻击，是我们每个人都有的潜能。我们使他人不得不正视我们的呼喊："我在这里，我命令你注意到我！"

在阿瑟·米勒（Arthur Miller）的剧作《推销员之死》（*Death of a Salesman*）中，威利·罗曼（Willy Loman）的妻子所说的话，就是这种现象的一个很好的例子："他必须得到关注……"虽然"威利·罗曼从未赚过大钱。他的名字从未出现在报纸上，但是，他是一个人……因此，他必须得到关注"。她的坚持事实上对他人而言有名无实，但是，这并不会改变她正在坚持的事实。我们当中有些人在为了其他人的时候，可以更为坚定地坚持自我。这其实只是自我坚持的另一种形式——常常因为礼节规范或为了避免"自吹自擂"，而使这种做法变得很有必要。

第四个层次是攻击性（aggression）。在自我坚持受阻一段时间后——对犹太人来说，这段时间是很多年，对每个少数族裔来说也是如此——这种更为强烈的反应形式就会发展出来。

我在萨洛尼卡（Salonika）待了三年，我发现，那里生活着十万名西班牙犹太人（Sephardic Jews）——占该城市人口的三分之一，他们实际上构成了该城的文化精英。那里完全没有欧洲其他地方那样的反犹太偏见，也完全没有美国那样对犹太人的攻击性。事实上，萨洛尼卡城的座右铭是这样说的："两个犹太人才能以机智胜过一个希腊人，两个希腊人才能以机智胜过一个亚美尼亚人。"位于图腾柱底端的亚美尼亚人已经极富攻击性和讨价还价的能力了。

自我坚持是在某个特定的点上画上一条线，然后坚称"这就是我，这是我的"，与自我坚持不同，攻击则是进入他人的权位、特权或领地之中，并将其中的一部分占为己有。攻击的动机或许足够正当，就像弗朗兹·法农（Frantz Fanon）在《全世界受苦的人》（*The Wretched of the Earth*）一书中所描述的，非洲原住民的攻击便是为了矫正古老的错误或是解放的热情，或者是为了自尊，或者是出于其他成千上万的理由。在这里，动机不是我们的关注点；我们只需强调一点，攻击是每个人身上都潜存的一种行为，在适当的情境下，它可以转化为行动。如果一个人的攻击倾向在较长一段时间内都被完全否定，那么代价便是意识的衰竭、神经症、精神病或暴力。

最后，当所有攻击的努力都宣告无效时，我们所了解的暴力

（violence）便最终爆发了。[18] 暴力在很大程度上都是肢体的冲突，因为其他的阶段（包括讲理、劝说等）实际上都已经被阻隔了。在典型的案例中，环境传输给个人的刺激会跳过大脑，直接转换成攻击的暴力冲动。这就是人们通常要在暴怒发作之后才能清楚认识到这一点的原因所在。

当整个民族置身于不可能获得意义的处境中，这真的是一件很可悲的事。当然，黑人是最现成的例证。白人最大的罪行在于，他们让黑人经受了数百年的奴隶制度，而且，近百年来他们虽然让黑人的身体得到了解放，但心理却仍然受到压制，因而，黑人被他们置于不可能进行自我肯定的处境。在身体的奴役，以及后来的心理奴役中，非暴力的层次都很难甚至根本不可能出现。黑人只能通过成为歌手、舞者或演艺人员等取悦白人的角色，或者成为白人土地的耕作者，以及后来成为白人汽车的组装工来肯定自我。这会导致普遍的情感淡漠，后来导致激烈的情绪爆发，也就不足为奇了。居住在哈莱姆的一个黑人所说的话便是很好的证明：

> 当那个时间到来时，一切都太迟了。一切都将爆发，因为人们现在生活在压力之下，他们将无法再承受。当他们无法再承受时……[19]

他的最后一句话没有说完，就这么悬在那儿，正好让我们去想象一下后面可能会发生什么，因为——就像上面所表明的——在暴力爆发之前，我们是无法认识到将会发生什么的。因为只要人们感到自己被迫停在这种半人（semihuman）的状态中，就会发生攻击和暴力。

如果其他的行为层次受到阻隔，那么暴力的爆发可能成了个人或群体释放不堪忍受之紧张并获得意义感的唯一方式。我们经常会说，暴力倾向是在个体内部建立起来的，但是，它也是对外部情境的反应。我们必须从暴力内在表现和外在表现来认识它的根源，它是在其他反应方式都被阻断的情境下所做出的一种反应。

以上这五个层次都是本体论的（ontological）——它们是人之为人的一部分。本体论致力于描述作为存在（being）之存在的特征，这里所指的是人之为人的特征。三岁孩童爆发暴力的形式可能是发脾气，六旬老汉也可能以这种方式来表现暴力；尽管我们对老人的评断可能更为严苛，但是暴力的行为在孩童和老翁身上都可能存在。本体论的观点并不否认人格发展，只是进行更为深层的探究罢了。它既不特别认同暴力的先天论，也不偏向前面讨论过的后天论。本体论探究的对象是作为先天与后天之根源的结构。

我相信，心理治疗取向为暴力与攻击研究提供了一条富有成效的道路。仔细地想一想普瑞希拉、卡尔或汉娜·格林的处境，我们便可以看到美国"疯狂"与暴力的种子及根源。我很清楚把个体过于密切地等同于社会的危险，但是，完全避免这二者之间的关系，也同样是错误的。社会问题与心理问题已不可能分割开来。迫切需要权力的普瑞希拉及其他来访者等很早以前就教会了我一些东西，我相信，在这样的背景下试图去理解现代社会的攻击性与暴力，是很有价值的。

注释

[1] Harry Stack Sullivan, *Conceptions of Modern Psychiatry* (New York: W. W. Norton, 1953), p. 6. "……我们必须特别考虑一下以能力感或权力感为特征的状态。在人类身上，这种状态通常比由于饥饿感或口渴感而产生的冲动重要得多……不过，我们似乎生来就具有这种权力动机。"

[2] Arthur M. Schlesinger, Jr., "The Spirit of '70," *Newsweek*, July 6, 1970, pp. 20-34.

[3] Hans Morgenthau, in the *New York Times*, May 29, 1969.

[4] Kenneth B. Clark, presidential address to the American Psychological Association, Washington, D. C., Sept. 4, 1971.

[5] David McClellan, "The Two Faces of Power," *Journal of International Affairs*, XXIV/1 (1970), 44.

[6] Edgar Z. Friedenberg, *Coming of Age in America* (New York: Random House, 1965), pp. 47-48.

[7] Quoted by Kenneth B. Clark, *Dark Ghetto: Dilemmas of Social Power* (New York: Harper & Row, 1965), p. 4.

[8] Hans Toch, *Violent Men: An Inquiry into the Psychology of Violence* (Chicago: Aldine, 1969), p. Ⅶ. 在他对囚犯的研究中，托赫让其他一些经过特殊训练的囚犯对监狱的囚犯进行访谈，他认为，通过这种方式，他将会得到真实的叙述。他在研究中得到了逮捕犯人的警察的报告以及囚犯的报告，并根据对暴力事件以及暴力人格的理解，对这些报告进行了分析。在这本书中，托赫对警察和囚犯都保持了非常公平的态度。

[9] Hans Toch, *Violent Men: An Inquiry into the Psychology of Violence* (Chicago: Aldine, 1969), p. 125.

[10] Ibid., p. 220.

[11] Ibid., p. 240. 阿伦·伯曼（Allan Berman）有关美国州立监狱狱警申请人的研究以《矫正官的 MMPI 特质》（MMPI Characteristics of Correctional Officers）为标题，发表于1971年4月16日在纽约召开的东部心理学会（Eastern Psychological Association），这项研究也证实了相同的观点："……矫正官候选人同囚犯一样，也表现出了情绪肤浅、与社会习俗的疏离，以及相对而言没有能力从社会制裁中获益"（p. 4）。此外，伯曼的研究发现还表明，"矫正官候选人与囚犯似乎表现出了同样多的攻击性、敌意、愤恨、怀疑以及采取攻击行为的欲求"（p. 6）。

[12] 在这里，我们所指的是麻醉药物，尤其是海洛因。至于诸如 LSD 等迷幻药，从其迫使个体脱离当前的存在状态这个意义上说，也会伤害心智，只不过方式不同罢了。

[13] 这些词语都源自乔治·德·利昂（George De Leon）博士，他是一位治疗成瘾者的心理学家。这一部分的大部分素材都摘自与德·利昂博士的对话，而有关性的素材则专门取自他与同事哈里·K. 韦克斯勒（Harry K. Wexler）共同撰写的尚未发表的论文《海洛因成瘾：它与性行为及性经验之间的关系》（Heroin Addiction: Its Relation to Sexual Behavior and Sexual Experience）。他们以纽约凤凰屋接受治疗的28名成毒者和吸毒者为对象，研究了性行为与成瘾之间的关系。通过个体和五人小组（后者利用了凤凰屋的会心小组形式，也就是利用团体的心理压力，使得个体诚实地完成问卷）针对各种问题给出的答案，对性行为包括手淫、梦遗、性交时间的长短、性交感觉的好坏等进行了研究。从研究中呈现出来的性行为模式包括：（1）成瘾之前，性无能且缺乏性能力。（2）染上毒瘾期间，对性没有感觉，因此，成瘾者不会为性欲所困扰，若在成瘾期间确实发生性行为的话，他可以一直不停地继续下去。但通常情况下，他很难有性高潮。（3）戒毒后，性能力和性欲通常比成瘾前更强。该研究指出，海洛因是药性极强的麻醉剂，可以阻断所有的感觉，因此，海洛因成瘾的原因之一在于，个体无法充分地享受射精的快感。

[14] Herbert Hendin, "A Psychoanalyst Looks at Student Revolutionaries," *New York Times Magazine*, Fed. 14, 1971, p. 24.

[15] 电影《甜蜜生活》（*La Dolce Vita*）的第一幕，有点儿像整部电影的序曲：一位中上阶层的男士被困在了隧道口拥堵的车阵中。他发狂似的想打开被锁上了的车窗，但怎么也打不开，他越来越恐慌。在他的旁边，停着一辆朝相反方向的公共汽车，这两辆车离得非常近，公共汽车里的人只要一伸手就可以碰到他的汽车车窗。但是，公共汽车上的每位乘客都沉浸在他们自己的白日梦里，在这位男士越来越狂乱时，他们好像完全没有注意到他的存在。这让我们产生了一种生活在一个疯狂世界之中的可怕感觉，事实上，在许多方面，我们确实生活在这样一个世界之中。

用这样一个序曲来作为这部描述我们时代的电影的开场，真的是天才之作。因为在这部影片中，中上阶层不断地追逐声色的刺激，以在某种程度上模拟在一个彼此听不见对方的话也看不到对方的世界中，是怎样与他人接触的。在这部影片中，唯一拥有意义感的是孩子们，他们看到了圣母玛利亚，但后来却证明这是骗人的，拥有意义感的还有那位后来自杀了的风琴手，以及他那个小家庭。

[16] Richard Maxwell Brown, "Historical Patterns of Violence in America," in *The History of Violence in America: Historical and Comparative Perspectives*, A Report Submitted to the National Commission on the Causes and Prevention of Violence, ed.Hugh Davis Graham and Ted Robert Gurr（New York: Praeger, 1969）, p. 75.

[17] Ibid., p. 76.

[18] 我在这里只描述了最为简单的暴力形式；其他的暴力形式，如煽动他人时的暴力形式，将在第九章加以描述。

[19] Clark, p. 10. 正如另一个黑人所说："在我工作时，很多次沮丧得要命，很想哭。我不是一个人，我们都不是人！我一文不值。我不配拥有一家小店，我们谁都不配。"

第二章

无知与世纪末

人类永恒的挣扎是：以某种方式感知到自己与邪恶共谋，成为一种不能忍受的恐惧。用全然无知的受害者眼光，或者用全然邪恶的暴力发动者眼光来看这个世界，会让人安心得多。不论付出什么代价，都不要干扰我们的无知。但是，所有国度中，最无知的地方在哪里呢？不就是疯人院吗？……无知的完美境界，其实就是疯狂。

——阿瑟·米勒（Arthur Miller），摘自《尊重她的痛苦——但也有爱》（With Respect for Her Agony—but with Love）

我们生活在世纪末。从中世纪曙光中诞生、开始于文艺复兴的这个时代，如今已走到了尽头。这个强调理性主义和个人主义的时代，如今正饱经内外更迭的痛苦；然而，新时代的愿景迄今仍只让我们看到微弱的曙光，我们还不能完全意识到。遥想当年文艺复兴的巨人，像哥伦布（Columbus）与麦哲伦（Magellan）这样的地理探险家，以及哥白尼（Copernicus）这样的天文探险家，我们近年来可以与之媲美的探险就是月球之旅。但是，没有哪个人记得住漫步月球的宇航员的名字。我们记得的是机器装置，月球之旅的英雄不是人，而是投射器，人只不过是这个投射器的照看者。

但是，我们不要据此就轻易地得出结论，认为人类在新世纪将成为科技的附庸。事实可能正好相反：科技发展填补的角色就类似于古代的奴隶，它或许会迫使我们发掘知识层面与精神层面的内容，以填补生活中的空虚。

当前，由于代沟的存在，权力已经脱离了传承的轴线，令人感到困惑，且"任人取夺"（up for grabs）。那些一直麻木地居于附庸地位的人——黑人、墨西哥裔美国人、妇女、学生、精神病患者、罪犯等——现在都活跃了起来，宣布自己的存在，并表达出了自己的要求。对于这些人，以及我们文化中所有试图获得自己的意义，并试图在这乱世中找到一席之地的人来说，权力都成了崭新而迫切的议题。在这样的时期，无能——人们通常称其为疏离（alienation）、无助（helplessness）——让人觉得非常痛苦。

不过，有一种方式可以让个体面对自己的无能，即把无能变成表面上的美德。这是个人有意剥夺自己权力的行为；不拥有权力于是成了美德。我称此为无知（innocence）。innocence 这个词源自拉丁文 in 和 nocens，字面意思是无害的（not harmful），即不会感到内疚或罪恶，不狡猾，很纯洁，在行动方面，它的意思是"没有邪恶的影响或效果，或者并非由邪恶的意图引起"。

一开始，我们必须先区分一下两种不同类型的无知。第一种是具有想象性质的无知，也就是诗人或艺术家的无知。那是保留在成人内心的童稚般的澄明。万物都具有一种新鲜、纯净、崭新而多彩的性质。敬畏与惊奇便是从这种无知中流出的。它会导向精神性

（spirituality），此即圣·弗朗西斯（Saint Francis）在《对鸟的布道》（Sermon to the Birds）中所展现的无知。他说："你只有变得像小孩，才能进天国。"他的话多半是说出了耶稣心中的想法。这是在成人的成熟中保留了童稚的态度，而没有牺牲个体对于邪恶之知觉的现实性，或者，正如阿瑟·米勒所说，没有牺牲个体"与邪恶共谋"的事实。这是真正的无知（authentic innocence）。

这样的无知在需要的时候可以发挥真正的保护作用。有一个妇女成长于饱经战争折磨的德国，她说，法国和摩洛哥的军队在攻陷她的故乡后，有几天的"自由"时间，在这几天里，士兵们可以任意地奸污他们遇到的女孩。虽然当时她已经十三岁（这些士兵连九岁的女童都强暴），她却可以毫发无伤地从一群士兵中走过，因为她当时对性交和男人的行径一无所知。她认为，是自己的全然无知救了她；如果她有过任何这方面的经验，那么，睫毛的闪动或者不经意的眼神（很可能是恐惧的眼神），都足以引诱——就像狗会去咬那些它闻出散发着害怕气味的人一样——到处乱撞的士兵也把她抓住。

另一种无知在梅尔维尔（Melville）的中篇小说《水手比利·巴德》（*Billy Budd*, *Foretopman*）中已有暗示。比利的无知类型不会导向精神性，反而会遮蔽人的双眼，换句话说，这是虚假的无知。这种虚假的无知会利用天真幼稚，是永远长不大的童年，是一种对过去的固着（fixation）。它是幼稚（childishness）而非童稚（childlikeness）。当我们面对的问题太大或太可怕以至于无法思考时，如投掷原子弹等，我们就会倾向于退缩到这种无知状态，并且把无能、软弱和无助当成美德。这种虚假的无知会导致乌托邦主义；我们因此而无须面对真实的危险。我们带着无意识的目的，我们闭着眼睛不看现实，并劝自己相信自己已经逃离了它。这种无知不像第一种无知那样，可以让事情变得明晰清楚；它只能让事情看起来变得简单容易。它在我们与邪恶共谋的现实面前凋萎了。正是这种无知，无法与我们的自我及他人的内在破坏性达成一致；因此，就像比利·巴德一样，无知事实上成了自我毁灭。无法涵容原始生命力的无知，会变成邪恶。

这样的无知类似于神经症中的无知。那是对童年期的固着，他从来没有战胜过这种固着，反而紧紧抓着童年期不放，以此作为保护自己，对抗有敌意、不慈爱或独裁的双亲的唯一方式。一位接受治疗的年轻人（他已经发展出利用此种软弱的复杂模式），就曾经梦到自己是一只被大野狼追赶的兔子。但是，兔子突然逆转了局势，反过来追赶大野狼。结果证明，原来他是一只披着兔皮的狼。通常情况下，这种人在童年期必然会学到的唯一策略，就是在表面上接受当时的情形所要求的无能，然后通过隐秘的手段获得他们的权力。

这里的意思就是阿瑟·米勒在本章开头所说的："无知的完美境界，其实就是疯狂"。不过，阿瑟·米勒还有一句话，这句话在前面的引文中被删掉了（我不同意他这句话的观点），他说："（在疯人院里）人们真正无知地漂过人生大海，完全无法看清自己。"从上一章我们可以清楚地看到，我并不认为他们不能"看清自己"，我不认为他们是真正的无知。只有从外部看，这才能算是一种无知。在像汉娜·格林这些人一样的超然无知中，他们可以与精神对话，因为他们找不到其他愿意并能够了解他们的人。

我在本书中使用"无知"这个词，通常是指虚假的无知，因为它是人们为避免承认或面对自身的权力而常常会使用的防御方式。

1. 美国的荣枯

在美国，虚假无知的历史和这个国家的历史一样长。"上帝的子民"（Chosen People）之所以会扬帆驶离英格兰，反过来对抗欧洲，是因为它代表的是原罪、不义、贵族剥削和宗教迫害。这些人试图在美国建立一片体现相反价值观的乐土：正义、公理、民主与良心的自由。创建一个新国家本身便是新耶路撒冷神话的体现，它不是在遥远的未来，而是已经出现在"子民"眼前的现实。就像理查德·霍夫施塔特（Richard Hofstadter）所言，美国从"相信完美"开始，然后才致力于发展。但是，我们怎样才能超越完美而获得发展呢？

甚至在新英格兰也很快就出现了宗教迫害，这该怎么解释呢？集体屠杀印第安人又是怎样开始的呢？于是，理想与现实之间的长期战争便不可避免地展开了，这是一场理想美国（那是几近完美的国度，是没有毒蛇的新伊甸园）与灭绝、迫害印第安人这一现实的抗衡。这真的是伦理上的两难！这种情形所引出的困惑与伪善，出现在了本杰明·富兰克林（Benjamin Franklin）具有讽刺意味的文字中："如果天意要灭绝这些野蛮人，好腾出空间给拓荒者，那么甜酒成为被指定的手段也就很自然了。所有过去住在海边的部落都已经被消灭了。"富兰克林的话表明，美国公民是如何把天意与神意等同于他们自己及同胞的自我利益的。美国人是"拓荒者"，是印第安人的灭族者——内疚的问题，我们至今还没有面对，这乃是神的旨意。这就是虚假无知的标志：总是把自己的利益等同于天意。正如休·戴维斯·格雷厄姆（Hugh Davis Graham）博士和特德·罗伯特·古尔（Ted Robert Gurr）两人所总结的：

> 或许所有的国家都会得某种历史健忘症或选择性失忆症，这使得过去成了不愉快的创伤。当然，美国人自清教徒以降，在历史上一直把自己视为当今的"上帝子民"，被派到旷野进行一项神圣的差使，创立新耶路撒冷。[1]

此外，美国的制宪者怕死了剥削的权力，美国人一向如此。他们制定宪章条款的目的在于，不让任何群体得到这种权力；他们非常害怕被剥削，所以在宪章条款中对权力的定义做了延伸，包括所有的（all）权力。美国人现在承担着一项艰难的伦理任务，他们得公开表态自己不想要权力，而且相信自己的道德思考能力与为同胞服务的能力，消除了他们对权力的需要。他们把自己视为来自欧洲的穷苦人的救星。自由女神像基座上所刻的文字依然承诺：

> 将你那些疲倦、可怜的，

瑟缩着、渴望自由呼吸的民众，

将你那些被抛弃在海上的人，

那些无家可归、风雨飘摇的人

都给我吧！

我将高举灯盏伫立金门旁！

在美国，伊甸园神话以及对权力的公开否认，一直与大量的暴力并存。这里的杀人比率是欧洲国家的三到十倍。美国是强权国家中，劳工史最为血腥的国家之一。现在，美国大多数的大城市居民都害怕晚上在街道上行走。D. H. 劳伦斯（D. H. Lawrence）在美国旅行时曾这么写道："美国人的心灵从本质上说是硬的、孤立的、自制的，是一个杀手。"[2] 约翰·卢卡奇（John Lukacs）有关这个问题之讨论的标题是《美国的弊病不是暴力而是野蛮》（America's Malady Is Not Violence but Savagery）。[3] 非常奇怪的是，这种暴力和美国人性格中相当温柔、热情的特质同时存在。为了解释暴力与温柔同时存在的现象，我们不可避免地会得出这样的结论，即在美国人的意识中，一定存在某些特殊的冲突。

我认为，与我们对权力的刻意否认，以及与这种否认相伴随的虚假无知联系在一起的，主要是暴力，其次是温柔。就像我在前面所说的，暴力起因于无力，它是无能的爆发。当否认自己的权力欲望，是为了掩饰事实上高度的权力运作时，就会导致内在的矛盾，因为权力不能缓解我们的无能感，它无法带来现实权力应该承担的责任感。对于不承认自己拥有的东西，我们就不可能有责任感。我们无法直接地行使权力，是因为我们总是对拥有权力怀有几分内疚。我们要承认自己拥有权力，就必须先面对自己的内疚。这就是"权力"在美国通常被转译成"金钱"的原因所在。至少金钱是外在的。我们可以把"冷冰冰的现钞"给他人或他国；我们会毫不吝啬地把钱捐给慈善机构，这表明我们对拥有金钱怀有内疚感。所以，我们的行为就好像是一个披着兔皮的豺狼之国所为。

作为一个国家，美国还没有发展出一种可行的悲剧感，这种悲剧感（通过以共情的方式对待我们的敌人）会减少我们的残忍行为。我们只要读一读在中南半岛上空驾驶轰炸机的军人的报告（"我不想底下的妇女儿童，"飞行员说，"我只想到自己有工作要完成，把工作做好，我就很快乐。"），便可以找到我们自绝于世界之邪恶的证据。"两次世界大战都没有让'美国人'像旧世界民族那样，几乎本能地产生罪恶感或觉得邪恶……"[4] 由于缺乏参与犯罪的共谋感，因此，大多数美国人也不具有慈悲的特质，而实践证明，慈悲特质是人类以一种人性的态度生活在这个世界上的必要条件（sine qua non）。

此种无知一如往常地展现出强大的影响力，我们在查尔斯·赖希（Charles Reich）《绿化美国》（*The Greening of America*）一书中可以看到这一点。对这本书做出批判，让我陷入了两难境地，因为我对于该书的目的以及该书所揭示的精神，非常有同感。我认为，该书的前半部分，也就是赖希对企业化国家的分析，既丰富又重要。他在美国最初几个世纪的历史中，正确地看到了美国梦，甚至是无知的问题。他正确地认识到了无能感是以怎样的方式吞噬了美国人民的自信和行动能力的，他还认识到了"美国人生活中的任性无知"，以及"我们用禁止的方式去除邪恶"的倾向。

但是，具有讽刺意味的是，该书后半部分展现给年轻人和所有读者的却是极大的虚假无知。"没有敌人……另一面什么都没有……除了机器外，谁都不想要战争……即使是商人，一旦获得解放，也喜欢在草地上打滚，躺在阳光下。因此，在美国，没有必要发生任何的族群斗争。"[5] 书中引述了伍德斯托克（Woodstock）事件，把它视为实现了所有安逸和光辉的新时代神话，而完全没有注意到该事件的后续余波，也就是阿尔塔蒙特（Altamont）事件，由保镖护卫着进场的"地狱天使"（Hell's Angels），就在那儿干下了杀人事件。纯真无知光彩的绽放，孩子们在地上随着摇滚音乐玩闹的自在欢畅，构成一幅令人印象深刻的伊甸园画面，这是人类尚未堕落、焦虑感或内疚感还没闯入的年代。但是，唉！它只属于儿童，而不属于成人。所谓的"第三意识"（Consciousness Ⅲ）根本就不是答案，这里完全没有"意识"的存在，因为它缺乏"是"与"非"、善与恶之间的辩证发展，而这种辩证发展是任何意识的诞生都不可或缺的。赖希写道："难题——如果指的是政治组织和经济组织——不仅无关紧要，甚至毫不相干。"[6] "第三意识"将会完成一切，它"的成功并不需要暴力，也不会被暴力阻碍"。于是，我们沉浸在了一股幸福洋溢的自在中，像极了希腊古瓶上那些诸神懒洋洋地半卧在奥林匹斯山上的画面。

真的没有敌人吗？当我们想起贝里根兄弟（Berrigan brothers）时，还会这么认为吗？索莱达兄弟（Soledad brothers）呢？安吉拉

·戴维斯（Angela Davis）呢？纽约阿提卡监狱的囚犯（他们在屠杀事件后，被迫裸体受笞刑）呢？越战呢？——是的，越战中使用落叶剂（即化学毒物）以及非人性的残酷手段，又怎么说呢？赖希对于我们国家中已经昭然若揭的让人毛骨悚然的法西斯主义，一点都不了解，比如年轻人对其父亲的反抗、反智主义、伴随大众的无能感的暴力增长不断，以及官僚主义倾向的决策机械化，而这种倾向是泯灭人性的机会主义。

赖希也不了解疏离、孤寂和绝望等是刺激年轻人，尤其是吸毒者的动因。有一次，我到大瑟尔（Big Sur）参加一场嬉皮式婚礼，那里每个人都穿得五颜六色，现场就好像歌剧《卡门》（*Carmen*）的舞台一样。但是，我还是在每个人的眼中看到了疏离，尽管置身于无知、欢乐的人群中，每个年轻人似乎仍然流露出疏离、孤寂之情。一直以来，赖希的书都被人们视为预言文学的一部分，他在书中给我们提供了美国所需要的愿景。但是，预言文学（例如，充满了预言的《旧约全书》）总是把邪恶感包含在内，而在赖希的书中却完全不包括这种邪恶感。该书的危险之处在于，它保证新世界是"暴力所无法反抗的"，这将使美国已经非常明显的情感淡漠倾向更加严重。

该书让我想起了几年前发生在加利福尼亚州某次会议上的一件事。我当时正和一个年轻人坐在一张桌子上吃早餐，他是某个嬉皮士团体的成员，二十岁左右，清秀开朗的脸庞上有着一双无邪的蓝色大眼睛。言谈间，他给我看一封他写的信，他要把这封信寄给他家乡州政府的征兵委员会主席，他很自信自己将因此而不会被征召。他在那封信中直呼征兵委员会主席的名讳，写道"我不相信杀戮会有任何的效果"；接着他又写了几个表达相同意思的句子；最后署名"拉里"（Larry）。我问拉里他有没有把这封信复印一份。他说："没有，我认为没有必要这么做——征兵委员会主席会读到这封信的。"此刻，我看着他，他的眼睛和脸庞似乎太过清秀、太过开朗了，我可以感觉得到他和他的同伴们即将步入的命运；我感觉得到那些在他们身上踩过的重重的靴子，他们真的就像花儿一样被践踏，而穿着那重重靴子的人就像靴子一样冷血无情。我看到这些年轻人被碾碎的头颅，我真想大叫："虽然你们像白鸽一样无害，但是，你们的毒蛇智慧何在？"

赖希对权力的否认，再次证明是这些错误的关键。他经常使用"权力"这个字眼，但几乎每次都指涉其负面的意义，它指的是企业化国家的权力、军队的权力以及被界定为纯粹权力的极权主义。"好的"权力根本就不存在，权力都是腐化的。最后，赖希越发激动地谴责权力，他写道："不是滥用权力才算邪恶，权力的存在（existence）本身就是一种邪恶。"我们再一次看到了无知与否认权力之间的平行关系。因为这出自一位44岁的法律教授之口，所以我们必须断言它是虚假的无知。

在我们这个时代，无知就是希望"没有敌人"，希望可以进驻新伊甸园那个不受欲望、内疚、焦虑侵扰的社会。但是，这同时也意味着责任的豁免，它意味着回到意识诞生之前的状态，因为内疚只不过是道德意识（moral consciousness）的另一面——我们已经"吃下了智慧之树"。我们勇敢地试图说服自己：要是我们能够找到那把"钥匙"就好了，那样，我们就能轻而易举地创造一个社会，在那个社会里，赤裸、内疚与焦虑都将成为无人哀悼的过去。

无人哀悼，也无人研究——这里体现出当代美国人对历史漠不关心、不愿研究的态度。要想留住这幅无知的画面，就必须否定历史。因为历史不仅记录其他一些东西，还记录了人类的罪恶和邪恶，记录了战争和权力的对抗，记录了人类在朝向更深、更广意识之发展的长期斗争过程中其他所有的表现。因此，许多新一代的人都不关心历史，认为历史是无关紧要的。他们不喜欢历史，也不是历史的一部分。他们坚持认为，我们是在以新规则玩一场全新的球赛。他们完全没有意识到，这是最严重的傲慢（hubris）行为。

在美国，这种无知尤其吸引人，因为我们确实没有悠久的历史。我们对于地方、根和家乡几乎没有神圣的感觉。德·托克维尔（de Tocqueville）在《论美国的民主》（*Democracy in America*）一书中，就这个方面做出了非常睿智的评论："在美国，一个人盖了一栋养老用的房子，但是在屋顶盖好之前，他便把房子卖掉了……他在某处安顿下来，不久之后，他又带着他变化不定的渴求，离开那里到别处去了……他会跋涉千里，以摆脱他的幸福。"而欧洲人跟他们不同，欧洲人会在同一个城市住上千百年，围绕这座城市的城墙证明了几个世纪的斗争，而他们的信念与文化就是通过这几个世纪的斗争挣来的。

2. 其他形式的无知

现在，让我们来分析一下造成我们当前困境的几个原因，也就是足以说明这种无知的理由。首先是一种常见的解释，认为当代的不安是由于没有维系"法律与秩序"造成的，保守政客在重整旗鼓时最喜欢这样叫喊。它从两方面说明了我们的无知。

第一个无知表现是，每一个暴力行为或侵略行为都可以用经检验为可靠的方法来处理，也就是遵循19世纪的美国神话，投入更多硬件设备和警察、国民警卫队成员、士兵等人力，问题就可以解决。这种做法的幼稚之处在我们的越战经验中暴露了出来，不断地冲击着我们自身的自恋倾向。

第二个也是更为重要的无知表现是，有意无意地把"法律"等同于当时碰巧存在的某种社会"秩序"。于是，我的秩序（order）就变成了权利（right）；权利与伴随着它产生的"法律"一样永恒；它是神的意志——不论神意是指白人的优越、印第安人的种族灭绝，还是任何其他狭隘的道德傲慢。

当"法律"与"正义"相结合时，为了更大的公共利益，"法律"也可以被用作一套不断扩展的创造性原则。但是，"法律"一旦与"秩序"相结合，成为"法律和秩序"这个固定搭配用法中的"法律"，通常就会成为一种对现状的辩护。如在我们这样迅速发生变迁的时代，我们不惜一切代价必须避免的一件事情是：刻板地坚持现状，因为现状正是我们想要通过变迁去改变、改革的对象。度过变迁时期的唯一方法就是灵活地适应改变，然而，不幸的是，这恰恰是在快速的改变中感到极为焦虑的大多数人觉得自己所缺乏的能力。

强调"法律与秩序"可能会毁掉个人的自尊与自重。约翰逊总统（President Johnson）在任上最后一次的"国情咨文"（State of the Union address，1968 年 2 月）中，提议要投入更多的力量去"清除街上的犯罪行为"，获得了整场演讲中最大的掌声。这意味着约翰逊总统所说的"法律与秩序"，极大地吸引了参众两院的国会议员。但是，我们还是要注意一下如何把罪犯从街上赶走这个问题。下面这段话是一个住在哈林区的黑人写的：

> 昨天晚上，警察在第 125 街拦下了一些人……警察说："好了，大家都不要在街上混，回家去吧！"现在，天气非常热。我们家里没有空调……我们现在该去哪里呢？但是，警察拿出了警棍，想要打人的头……他们逮捕了一个家伙。另一个家伙说："好吧，我会走，但是你不要把我当成狗一样地跟我讲话。"……我想我们应该团结起来……当有人拿出他的棍子想对付我们，或是打我们中某个人的头时，我们就夺下棍子打他的头，这样他才会知道自己的头被打是什么滋味，如果需要的话，我们就宰了他。没错，如果需要的话，我们就宰了他。

强调"法律与秩序"本身便可能助长暴力，也可能使终极的革命变得更加血腥。

人类的骄傲和自尊因为警力的展示而受到冒犯。一百名警察列队在街上，就足以引发一场暴乱。它既冒犯了那些受保护的人，也冒犯了暴力的对象；因为它使得我们所有人都变成了"无名的他者"。虽然我从未参加过暴乱，但是每当我看到一群警察时，就会产生想要制造暴乱的奇怪冲动，好像有人在召唤、期待这种冲动似的。这一行为有煽风点火的味道；警力的增加超过某个点，只会让人们愈加相信有什么东西必定要爆炸了。

"法律与秩序"一词所隐含的残酷性质，往往使得当事人以反向作用的方式来对待自己的内疚。例如，我可能以有问题的准法律手段谋取钱财，然后以遵守"法律与秩序"的忠实市民姿态现身，以防他人夺走我的钱财。

从其最佳的意义，以及就其本身而言，秩序的意思应该是指，我们共同生活、工作所依据的形式与习俗；理想的秩序是指，和平不会受到干扰，而身体的安全可以反过来提供心理上的安全感，这样我们便可以进一步追求智力、情绪以及精神方面的目标。但是，当秩序与法律结合到一起时，它便隐含了某种刻板地依附于旧有行为方式的倾向，而这会妨碍我们这个变迁时代所需的改变。

会无知地墨守法律与秩序的，主要是老一代人。但新一代的人也明显地用无知来逃避面对自己的无能。所谓的两代人之间的战争，有太多荒谬的方面，如年轻人不断地揭发老师、父母的过错，无休止地指责他人，说着一些"30后"的流行语。不过，如果我们太关注它的荒谬性，就会有忽视这个冲突之深层意义的危险。这倒并不是说，年轻一代没有充分的理由来批评年老一代。汉娜·阿伦特在写到年轻一代时，是这么说的：

> 他们从父母亲那一代那里继承了犯罪暴力大量入侵政治的经验——他们在高中和大学时代就学到了集中营和灭绝营，学到了种族灭绝和严刑拷问，学到了战时对平民百姓的大规模屠杀……[7]

但是，把这个问题看成是年轻一代与年老一代之间的冲突，不就混淆了整个局面吗？如果他们处在父辈的位置，鉴于父辈们出生时的历史处境，只能运用当时的条件，他们又会怎么做呢？坚持认为生于新时代这一纯粹的事实本身就从本质上保证了其正确性，这个观点是反历史的。此外，它以伪装的形式取代了我们文化中的低俗神话——对年轻人的谄媚，"年轻无论如何都比年老好" [8] 的错误信念。

当我们强烈要求年轻人陈述一下他们的价值观，或者有人问他们要打造怎样的新世界中心时，得到的常常是些毫无价值或不知所云的答案，如不要杀生、不要乱扔塑胶用品等。这是无知的滥用。我们常常徒劳地期待，有人能够认真负责地面对真正的问题：权力、全国性的团体组织，以及私人生活中的忠诚。

有人觉得，年轻一代仅仅通过攻击现有体制本身，就能获得特殊的满足。这难道是他们对父母的富裕生活感到不安，以及对自己必须依靠父母才能生存感到内疚而产生的一种反抗行为吗？但是，如果仅仅是为了结束现有的体制，那么，这便是一场毫无必要的战争。当代大学生出生时，人生中所有的停泊点即性、婚姻和宗教等实际上都受到了威胁或已经丧失。我们有了新的道德规范，在性、婚姻和妇女角色等领域最为明显。新的电子科技正在快速地彻底改变我们的经济与沟通系统，这一点毋庸置疑。宗教实践也出现了巨大的变革，各种假的佛教徒、瑜伽士和印度教徒从四面八方冒了出来。一个时代已死，而新的时代尚未诞生——我们（既包括年轻一代，也包括年老一代）都处在不安定之中。

最后，我们必须要问，把科技当作我们当前处境的替罪羊，以逃避责任的做法，究竟伊于胡底？有一个参加过抗议入侵柬埔寨示威活动的学生，在治疗面谈期间，谈到了他所就读大学的公园周围的群殴事件，当时抗议已濒临暴动的边缘。他的一位同伴大喊："让我们抢电脑去！"接着，这位学生告诉我："我有生以来就一直想砸烂一台电脑！"现在，我在大学校园巡回演讲时，每次讲到这个故事，都必定会引起在座学生的笑声，这笑声表明，他们内心的某种无意识冲动已经被释放出来了。

为什么会有这种憎恨科技的报复（revenge）情绪呢？首先，年轻人完全清楚科技所带来的灾难性后果，譬如空气、地表和水的快速污染。他们认识到，"在许多例子中，科技的进步似乎都直接导致了灾难；科技与机器的激增远不止对某些阶层造成失业的威胁，更危及了整个民族的生存，甚至整个人类的生存"[9]。这当然是对的。但是，认真严肃地引用这段话，也会得出相反的结论：科技对整个民族，甚至整个人类，都有深远的价值。那么，为什么年轻人都拒绝接受后者，甚至连看都不愿意看后者呢？

我认为，这种拒绝是为了保护他们自己的意识。科技是由照理应该能够扩展人类意识的复杂工具系统所组成的。举个简单的例子，一只黑猩猩在无法用一根棍子够到香蕉时，会把两根棍子接到一起，然后把香蕉拨到自己的笼子里。但是，在我们这个时代——年轻一代也这么觉得——科技对我们造成的效应正好相反：它使人类存在变得萎缩、枯竭，失去人性。年轻人的痛苦经验使他们明白，科技的骇人破坏力是如何蹂躏他们，而丝毫不把他们的反抗放在眼里的。他们发现自己在哭喊（有时候是在心里高喊，有时候是大声地哭喊）："让机器都停止吧！"有趣的是，查尔斯·赖希的这个隐喻，与1964年柏克莱大学第一次学生反抗活动领袖马里奥·萨维奥（Mario Savio）的比喻完全一样，他说："你们必须把身体放到齿轮上，放到车轮上，放到杠杆上，放到所有的装置上，你们必须让它们停下来……"

让机械系统停下来的方法有很多，冥想、成立公社和回归大自然等。但最为重要的是，一种对主体性价值的新理解诞生了，它可以矫正我们对客观性的过分强调。这解释了瑜伽和禅宗佛教的畸形，也部分地说明了出现耶稣崇拜者的原因；它是当前兴起的各界对神秘现象的广泛兴趣中，具有建设性的一面。就像沃纳·海森堡（Werner Heisenberg）引用一则古老的中国寓言时写道：

专心致志于机器，使得我们的行为方式就像是一台机器。凡是以机械方式行事的人，必定会长出一颗机械的心。凡是胸中拥有一颗机械之心的人，必定会失去自己的质朴。凡是失去质朴的人，他的心灵脉动必定会不定。而心灵脉动的不定，将与真理不相容。[10]

许多新一代的人已经发现，"心灵脉动"（impulses of the spirit）比从父母那里继承的俗世物品更为珍贵。他们的这一发现有非常高的价值，这点谁也不会怀疑。但是，这里又出现了一种无知交易，混淆了整个局面。今日的年轻人跟我们一样，不论生活多么简朴，都会在某种程度上享用科技带来的好处。我们文化的富足（我们通常可以在那些更为激进的学生的父母的生活方式中看到这一点）才使得他们有可能尽情于激进的行为，并不时地成立公社。他们像电影《逍遥骑士》（*Easy Rider*）中的彼得·方达（Peter Fonda）一样，陷入了荒谬的矛盾之中，电影中的方达把小麦种撒在没有犁过的坚硬干土上，并坚称："它会长出来的。"他此举证明，如果没有一定的农业知识，世界上所有的善意都无法保证公社成员在冬天可以免于饥饿。当然，这些公社中有许多已经失败，而且所有公社都经营困难的事实并不会减损它们见证自然声音的道德价值。对于拥有俗世财物的世人来说，它们是吾人良知的警钟。

但是，只有"崇高目标"是不够的。一位观察过一些公社的观察家说，那些注定失败的公社，除了群体自我改善的目标外，就别无其他目标了，而那些成功的公社则另有其他某个超越公社成员本身之外的目标或价值，例如某种特殊的宗教信念。这可以使公社成员不至于无知地相信：他们想要的事物会由于他们想要而自动出现；大自然会放弃其由来已久的中立状态而符合他们的道德观（就像是在伊甸园里一样）；只要简单地生活，便可以某种方式摆脱生命的悲剧与复杂性。

我们已经看到，无知贯穿了一代又一代的人。因为面对着多重的选择，并感知到了自己本质上的无能，所以我们会渴求某种庇护，渴求这种庇护来逃避这个难以解决的困境，渴求有某人或某种技术来为我们承担这不可能的责任。其中的一种防御方式，便是无知。小孩子的无知既真实又可爱；但是随着我们渐渐地长大，成长这一事实便会要求我们不能逃避所面对的现实，不论是在意识还是在经验的层面上都是如此。

无知是永远保持早期态度的一种方式。嬉皮士的无知、泛爱众人的无知、赤裸而不会感到焦虑或内疚的无知、就好像自己还是孩子一样诚实和真诚的过于简单化的无知等所有这些无知看起来都很好，但是，它们在我们当前这个世界上是完全不适宜的。这样的无知会在任何一张像拉里一样清秀、开朗、洁净的脸庞上出现，这样的无知会希望大自然能够听到我们的需要，放弃它古老的中立状态，保护我们不受伤害。这是一种不负责任的无知。

这种无知是为了避免面对权力真相而设的防御，包括战争机器这样的外在权力形式，也包括身份地位、名誉声望这样的内在权力形式。无知被用来达成无知以外的目的这一事实，使人们对它产生了怀疑。当无知被当作免除责任的盾牌时，它同时也成了阻挡成长的盾牌。它保护着我们，使我们不会产生新的意识，也不会认同人类的苦难与欢笑，这种新意识和认同是虚假无知的人所拒斥的。

注释

[1] Hugh Davis Graham and Ted Robert Gurr, Conclusion, in *The History of Violence in America: Historical and Comparative Perspectives*, A Report Submitted to the National Commission on the Causes and Prevention of Violence, ed Hugh Davis Graham and Ted Robert Gurr(New York: Praeger, 1969), p. 792.

[2] 理查德·霍夫施塔特引述了这句话,然后补充说:"D. H. 劳伦斯这句格言中所包含的真理,似乎比我们愿意承认的还要多"("Spontaneous, Sporadic and Disorganized," *New York Times Magazine*, April 28, 1968)。我并不想让自己看起来像是在给这个国家抹黑;我只是想尽力地澄清事实,以触及表面之下的心理原因。

[3] John Lukacs, "America's Malady Is Not Violence but Savagery," in *Violence in America: A Historical and Contemporary Reader*, ed. Thomas Rose (New York: Vintage, 1970).

[4] Henry Steele Commager, *The American Mind: An Interpretation of American Thought and Character since the 1880's* (New Haven: Yale University Press, 1950).

[5] Charles Reich, *The Greening of America: The Coming of a New Consciousness and the Rebirth of a Future* (New York: Random House, 1970), p. 348.

[6] Ibid., p. 357.

[7] Hannah Arendt, *On Violence* (New York: Harcourt Brace Javonovich, 1969), p. 14.

[8] 这是年轻一代忍受年老一代偏见的另一种方法;第一种方法是相信历史是不相干的。

[9] Arendt, p. 7.

[10] Werner Heisenberg, "The Representation of Nature in Contemporary Physics," in *Symbolism in Religion and Literature*, ed. Rollo May (New York: Braziller, 1960), p. 225.

第三章

语言：第一个受害者

身为诗人，只有一项政治责任，那就是保护自己的语言不使其腐化。而现在，这个问题尤其严重。语言正快速地腐化。当语言腐化时，人们便对所听到的一切失去信心，而这会导致暴力。

——W. H. 奥登（W. H. Auden）

处于一个剧烈变迁的时代，最先瓦解的通常是语言。奥登说得好，这往往会直接导致暴力的风起云涌。比利·巴德（Billy Budd）一拳打死了大副，他在受审时大声地说："如果用语言可以解决问题的话，我就不会动手打他了……我只能用拳头来表达我要说的意思。"就是因为舌头不溜（他严重口吃），所以他只能用猛烈的肢体方式来表达他要说的意思。

暴力与沟通是互相排斥的。简单地说，只要某人是你的敌人，你就不可能和他交谈，而一旦你能够和他交谈，那么他就不再是你的敌人。这个过程是交互的。当某人想对他人施暴时，比如怒火翻腾或自尊受到伤害，从而需要立即报复，说话的能力就会自动地被神经机制阻隔，身体释放出肾上腺素，并将能量转移到肌肉中，随时准备打一架。有些人可能会快速地来回踱步，直到可以控制自己的暴力，并用语言表达为止；有些人则很可能就一拳挥出了。

在谈到婴儿身上的权力来源时，哈里·斯塔克·沙利文指出：

> 啼哭是婴儿最强有力的工具。啼哭是口腔、嘴唇、嘴巴、喉咙、脸颊、声带、肋间肌肉以及横膈膜的功能。人们从这样的哭声开始，逐步衍生出一大堆非常强大的工具，并借由这些工具发展出自己与同伴相处的安全感。我指的是包括文字在内的语言行为与操作。[1]

当我们思考语言何以成为可能时，便能看到这些现象的原因所在。语言源自理解潜能的潜在网络，它是人与人之间的一种共情联结，也是一个共享的结构、一种认同他人的能力。这种理解潜能远远不只是文字，它隐含的是一种"我们"（we-ness）的状态，一种有可能把人们统一到一起的联结，在母亲子宫中受孕然后出生这一事实便是这种状态的原型。如果没有胚胎最初成长所居的子宫，就不可能有语言；而如果没有出生的过程，也就必定不会有语言。从这种与他人的辩证联结（我们可以随意建立和摆脱这种联结）出发，经过几个世纪的演进，人类运用深刻而复杂的方式，已经发展出语言的能力。个体既受到他人的制约，同时也独立于他人之外。由于人类具有这种双重性质，于是就诞生了象征与神话，它们是语言的基础，搭建起人际鸿沟的桥梁，再次建立起人与人之间的联结。

当我们回想起象征（symbol）这个词来源于两个希腊字"同"（with，σύν）和"扔"（to throw，βαλλειν）时，便可以更为清楚地看到象征的"桥梁"（bridging）功能。它字面上的意思是"拉在一起"。它将经验的不同方面拉到了一起，如意识与无意识、个人与社会、过去与当前等。象征的（symbolic）这个词的反义词是魔鬼的（diabolic），也就是"拆散"的意思。因此，"恶魔的"（devilish）功能，便有分离、异化、打破关系的意思，和集中、联结与统合相反。古人对语言腐化之危险的了解，并不亚于现代人。柏拉图（Plato）让苏格拉底（Socrates）在《斐多篇》（Phaedo）中说："语言的误用不仅本身令人讨厌，而且实际上对灵魂也有伤害。"而批判社会上抑郁现象的当代批评者，也有类似说法："强大的社会有赖于共同的语言和概念，我们很清楚一点，美国的黑人社会与白人社会说的不再是相同的语言，它们对所发生之事的理解也不再一样。"[2]

既然象征汇聚了各种各样的意义，就会释放出极大的能量。例如，年轻一代留的长发和穿的嬉皮式衣服就是反抗美国竞争性的、贪得无厌的整个经济的象征。因此，尼克松（Nixon）、阿格纽（Agnew）以及其他一些美国人对于这种发型和牛仔裤感到非常愤怒。长发和牛仔裤本身并不会造成什么伤害，但是作为年轻人反抗美国正副总统所认同之价值的象征，它们就非常强而有力了。

当人与人之间的联结被摧毁时，也就是说，沟通的希望破灭时，攻击和暴力便会发生。对语言的不信任，以及暴力和攻击，是在相同的情境中产生的。[3]

1. 对话语的不信任

对语言的深度怀疑，以及我们自身与他人之间相互影响所造成的贫乏，正在我们这个时代弥漫。我们由于无法与他人沟通自己的感受和想法而感到绝望，甚至由于无法区分我们自己的感受和真实的自己而感到更为绝望。身份认同丧失的背后，是作为认同和语言之基础的象征与神话已经失去了使人信服的力量。

奥威尔（Orwell）的《1984》生动地描绘了语言崩解的景象，在书中，人们不仅经历"双重思考"（doublethink）的过程，而且用话语来表达完全相反的意思，例如用战争（war）表示和平（peace）。在贝克特（Beckett）的《等待戈多》（*Waiting for Godot*）中，当波卓（Pozzo）这位工业家命令他的奴隶幸运儿（Lucky，一位知识分子）"思考，猪！……思考"时，同样也紧扣我们的心弦。幸运儿开始用演讲一样的腔调讲出一堆拼凑的话语，冗长的字词串在一起，没有一个句号，总共长达三整页。最后，他晕倒在舞台上。这就是"语言只有空洞的学识，而无他物"的生动写照。

学生们的抗议清楚地表现了语言崩解的现象，他们反抗必须聆听的"话语，话语，话语"，他们对于老师一遍又一遍地说着相同的内容感到恶心，他们随时准备以"话语垃圾"或"口语意淫"等罪名来控诉学校的教职工。总体上看，这是批判讲课的方式。但是，学生们真正在谈论的，或者应该要谈论的是那种没有在说者与听者的"存在"之间交流的讲课方式。我们必须承认，这在大多时候已经成为学术生活的一个特征，而这使得学生对不恰当教育的抗议就更为掷地有声了。大学图书馆的书架上，堆积的都是那些为写而写的书——书的精华部分越写越少，直至写书似乎与追求真理的兴味毫无关联，而只是为了地位与名声。而在学术圈中，真正有影响的正是地位与名声这两种价值。难怪年轻的诗人不再对言谈有任何的幻想，他们主张最好的诗就是"一张白纸"，就像他们在旧金山嬉皮式情爱集会上所做的一样。

在疏离、孤立的时候，我们渴望简单而直接地表达自己对他人的情感，那是一种与他人存在的直接关联，如与他人的眼神交会，或者静静地站在他身边。我们渴望可以毫无障碍地直接表达他的以及我们自己的心境和情绪。我们要寻找的无知，是自盘古开天辟地以来就有，但却以全新的面目出现在我们面前的无知，是再次进入天堂的孩子的无知。我们渴望通过亲密的身体接触来进行直接的表达，以缩短建立亲密关系、了解他人所需的时间；我们想以身体语言来表达立刻便能够认同他人，尽管我们知道那并不完整。简而言之，我们渴望能够绕过整个象征／口头语言障碍。

于是，不同于谈话治疗的行动治疗（action therapies），便成为我们这个时代的大趋势，而且，我们坚信，当我们能够活出自己的肌肉神经冲动和体验，不迷失在僵死的概念中时，真理即会浮现——如果它会出现的话。因此，会心小组、马拉松、裸体治疗，以及 LSD 和其他药物的使用，也就应运而生了。简而言之，这就是在没有关系（there is no relationship）时，把身体带入某种关系中。不管是什么样的关联，都转瞬即逝：今日光彩夺目，到了明日，往往就成了阴暗潮湿之地，就像海面的泡沫在我们的手上蒸发殆尽。

我的目的不是贬损这些治疗形式，也不是蔑视利用身体的做法。我的身体一直是我的自我可以表达其自身的一种方式——从这个意义上说，我就是我的身体，因此它当然有其价值。但是，我同时也是我的语言。我想要指出的一点是，行动治疗的破坏倾向就隐含在它们企图绕过语言的倾向中。

因为这些行动治疗与暴力有着非常密切的关系。当它们变得越来越极端时，就会盘旋在暴力的边缘，不仅在团体的内部活动中，而且在动员参加外部的反智主义运动的过程中，都是如此。对它们的渴求实际上是出于绝望，也就是不被理解、无法沟通或没有能力去爱这一令人沮丧的事实。它并不是要努力地跳过建立亲密关系所需的时间，而是要立即感受并体验到他人的希望、梦及恐惧。[4]

但是，亲密关系的建立需要一段经历，纵使这段经历必须由两人共同创造。忘记人是创造象征的动物，是很危险的。如果象征（或神话，神话是象征的一种模式）变得贫瘠死寂，那么，我们应该对其表示哀悼而不是否认。我们应该正视象征的破产，事实上，它是绝望之路必经的一个小站。

对语言的不信任，由于"媒体即信息"的现象而渗透进了我们的内心。电视上出现的话语大多数是谎言，这不是从完全虚假的意义上说的（若是这样，它还隐含着一丝对话语的尊重），而是指话语的使用仅仅是为了"贩卖"说者的人格，而不是为了传达某种意义。这是一种更为微妙的不重视话语的意义（meaning），只强调话语的公共关系价值（public-relations value）的形式。话语的使用不是为了真诚可靠的人道目标，即分享一些具有独创性的东西或个人的温暖。因此，媒体就成了带有报复意味的信息；只要有媒体运作，就没有信息可言。

"信用差距"（credibility gap）这种说法在战时非常显眼，在其他时候也存在，它比任何人想要骗人的纯粹意图都要深刻得多。我们在听新闻播报时，会想知道真相何在，以及为什么不告诉我们真相。在我们这个时代，欺骗似乎已被接受为一种沟通方式了。在这种混乱状态下，我们的公共生活中便出现了一种更为严重的疾病：语言变得与我们正在讨论的事项越来越没有关系。逻辑背后的任何关系都被否定。语言植根于某个共享结构（shared structure）的事实也完全被忽视。

举例说明将有助于我们的理解。入侵老挝六天后，美国国内尚未宣布这一事件，当时的国防部长莱尔德（Laird）在开完军事委员会（Armed Services Committee）的会议后，像往常一样遭到一大群记者的围堵：

　　记者：部长，各方面都谣传我们已经制订了入侵老挝的计划。这是真的吗？

　　莱尔德部长：我刚开完军事委员会会议，我要说的是，我们针对征兵的讨论很有价值，也非常和谐。

记者（群起抗议）：那不是我们要问的问题，部长。（此外）《消息报》（*Izvestia*）已经报道了入侵的消息。

莱尔德（微笑）：你们知道，《消息报》报道的一向都不是真相。（记者们再一次提出了前面的问题。）

莱尔德：我将会竭尽所能地确保战场上我军士兵的生命安全。今天就到此为止。（他离开了现场。）

谁也不能说莱尔德部长说的是假话：他所说的每一句话显然都是事实。唯一的关键点是，他的语言否定了整个沟通的结构。他的回答与记者所提的问题完全没有关系。这种情况一旦变得持久、极端，就会成为精神分裂症的一种；但是，在我们这个时代，它被简单地称为政治（politics）。

2. 淫秽与暴力

话语解体前，有个中间阶段，那就是淫秽（obscenity）。它运用话语歪曲我们的无意识预期，破坏我们的立足点，并削弱我们所习惯的关系形式，进而获得权力。话语以无形（formlessness）这种不安全感威胁着我们。淫秽表达出了先前被禁止的东西，揭露了先前没有被揭露的东西。因此，它长期存在，并一直吸引我们的注意力。

这可以是建设性的，也可以是毁灭性的。当埃兹拉·庞德

（Ezra Pound）写下：

> 冬天来了，
>
> 让我们唱起该死的……
>
> 该死的你，唱：该死的。[5]

他立刻就吸引了我们的注意力，因为这首诗具有震撼人心的效果，因为我们设定的预期是听到一些令人愉快的中世纪英国抒情诗之类的东西。这样的语言完全合乎情理：诗人必须发展出一种有"胆量"的语言。淫秽是攻击神圣之物的过程，在话语失去其神圣特性之时就会发生。话语已失去其意义的所有根源，除了空洞的形式之外，什么都不是，的确是这样。

当代艺术中也出现了同样的情形。许多画家通过展现鲜血和血块，以及传达此类印象的煽情色彩，呐喊道："你必须以一种全新的方式来看、注意和了解。"这虽然会让我们感到震撼，但确实可以教导我们：不要只看，还要去了解。

对极左派而言，语言崩解已是非常清楚的事。杰里·鲁宾（Jerry Rubin）在他的书《实践》（*Do It*）中说："再也没有人可以真正地用话语来沟通了。话语已经失去了其情绪冲击力、亲密性，以及感到震惊和做爱的能力。"[6]他接着说："不过，还有一个词没有被美国人毁掉。这个词仍能维持其情绪力量和纯粹性。"你可能已经猜到了，那个词就是"他妈的"（fuck）。鲁宾说，这个词之所以能够一直维持它的纯粹性，是因为它不合法，所以，它至今还有点新鲜，还留有一些冲击力。

我也认可这个词确实具有情绪力量。但是，它的力量与这个词的含义（means）有关吗？没有，与它相关的正好相反——不是两个人之间以身心放任、温柔和善为特征之关系的本来含义，而是一种剥削、一种攻击性的表现。事实上，"他妈的"这个词恰恰证明了我的观点，即话语已经被扭曲成了其相反的含义。一个词在其腐化阶段会变得具有攻击性，它会失去原来的含义，在淫秽中表现出攻击的形式，然后可能就会被人们逐渐地忘却。

当语言被用来煽动人们的攻击情绪时，它也可能变得像肢体力量一样暴力。美国入侵柬埔寨后，一大群学生聚集在纽约华尔街游行抗议，他们有一句特别的口号："一、二、三、四，去你妈的鬼战争。"（One，two，three，four./ We don't like your fucking war.）他们似乎完全忽略了这一事实，即如果你对一位中上阶层的股票经纪人不断地重复说这一句话，那么，你会把他搞疯掉，从第一章提到过的非理性爆发的意义上说就好像你用警棍打他的头时那样让他抓狂。他的愤怒与战争全然无关。全都是因为他妈的这个词引起的，他对于该不该在公共场合使用这个字眼有着相当严格的信念。

淫秽是心灵暴力的一种形式，可以非常有效地加以运用，同时，它也是可以激起致命肢体暴力的武器。个体在使用它的时候，应该知道这一点。意见不同的双方会使用暴力的语言，这乃是我们这个时代的标记。这相当于是以暴制暴，不论使用者是警察、管理部门还是年轻人自己，这种做法都是行不通的。

3. 话语与象征

在一种逐渐发展的文化中，语言的重要性在于，它提供了象征的形式（symbolic forms），让我们可以借此展现我们自己，他人也可以借此展现在我们面前。沟通是一种互相了解的方式；如果没有这样的沟通方式，那么我们每个人都会像是梦中在异国他乡流浪的人，完全听不懂旁人所说的话，也对旁人毫无感觉。这样的人真的很孤独！

在人类登陆月球的那个周末，一位电视台记者在宇航员登陆后，立即访问了聚集在中央公园的一些民众。当他问他们在那里等着看什么时，有人回答说："我们在等着看太空船以外的活动。"现在，我们需要停下来看一下"太空船以外的活动"（extravehicular activity）这个短语。它的主要单词由六个音节组成，且具有高度的技术性；就像许多的技术性用语一样，它要告诉我们的是宇航员不会做的（太空船以外的）事情，而不是他们要做的事。"活动"这个单词可以泛指太阳底下的一切行为——游泳、飞翔、爬行、潜水等。在这个句子中，没有任何诗意的内容，没有任何非技术性的含义，没有任何个人的东西。直至最后，我们才弄明白，原来这个多音节单词的意思是"月球漫步"（to walk on the moon）。不过，这种说法已是一种诗意的表达了。在这个短语中，没有哪个单词超过一个音节，它们直接来源于我们自己的生活（我们从一岁起就学会走路了），这是一个能让人联想起所有与月亮相关之浪漫传说的短语。事实上，它比科学的表达更为真实，因为它揭示的不是一种抽象的东西，而是你我都会做的行为。

我们变得越技术化，而越没有人际沟通意义的相应发展，就会变得越疏离。沟通因而也会被公报取代。

沟通的瓦解是一种精神性的瓦解。话语之所以具有沟通的力量，是因为它们参与了象征这一事实。一个象征通过把各种含义拉到一起，形成"格式塔"（Gestalt），便具有了神秘的特质，这种特质所指涉的现实超越了其本身。象征赋予了字词力量，让它可以把某人之情绪的某种意义传达给其他人。因此，象征的崩解乃是精神性的悲剧。象征总是意在言外，它本质上具有丰富的内涵。因此，象征性话语所表明的内容，总是比它们明确说出来的内容多得多；重要的是弦外之音，那是石头丢入湖中泛起的意义涟漪，是话语的内涵，而非外延。它与诗人所用的"格式塔"类似。那是一种在话语的陈述中自然浮现的形式，而这就是人们在压力之下做的报告会更有诗意的原因所在。

当然，这一切和我们一直以来得到的教导恰恰相反。我们总是被教导说，用词越明确、越加以限定，说话就会越精确。没错，说话是会更精确，但却未必更真实。因为有了这样一种观点，我们就会倾向于让自己的语言变得越来越技术化、非个人和客观化，直至用纯粹的科学术语来交谈为止。这是一种合理的沟通方式，而且是在科技时代理当风行的方式。但是，它却以电脑语言而告终；而我对比肩漫步乡间的朋友却真的一无所知，就好像我们分别置身于两根真空管里一样。

4. 话语与经验

年轻一代所谓的"纯粹思想"（mere thinking）或"纯粹话语"（mere words）与经验之间的差别，是一个非常关键的问题。在这里，这一点对我们来说尤其重要，因为经验在历史上也已被设定为与无知相对立。凡是"无知"的女孩便是处女，而有过性交行为的女孩或妇女便是有经验的。[7] 经验被设定为与思想（ideas）相反。例如，存在主义就经常被误认为是对思想的否定；新的追随者在阅读萨特（Sartre）和蒂利希的著作，发现这些存在主义者也是非常伟大的思想家、逻辑学家时，往往会感到非常吃惊。

经验强调行动、经历，或者引用阿奇博尔德·麦克利什（Archibald MacLeish）的话，感觉它"就好像是一个人把苹果放进嘴巴里慢慢品尝"一般。通过经历一些事情，我们就会让这些事情的意义在所有层面上渗透我们全身，这些层面包括感受、行动、思想，最终是决策（因为决策是把整个自我付诸实施的行动）。追求经验的激情，便是努力地把更完整的自我纳入生命图像之中；我们的经验是一个整体。经验反对任何关于人的片面观点。例如，行为主义当然是经验的一部分，但是当行为主义变成一种理解人类的总体方式和人生哲理——这种人生哲理相当于智力上的纯真时，它就具有破坏力了。

人能够而且应该反思（reflect on）经验。这样做不仅赋予思想以力量，而且可以进行存在的沟通。在我接受教育的过程中，最为重要且最让我沉醉的经验便是聆听保罗·蒂利希的讲课。蒂利希是德国人，是一位对课堂之价值深信不疑的一流学者。不过，他同时也是一个全身心致力于探索生命与真理的人，也是一位极具逻辑能力的思想家，他可以毫不犹豫地将这种能力发挥得淋漓尽致。因此，蒂利希的每次讲课都是他的存在的表达，唤醒了我的存在。他的讲课成了我理想的讲课形式。

说反思也是经验的一部分，既武断又令人困惑；我们必须让思想保持它自己应有的功能。用经验来排斥思想，或者用"即时"经验来避开历史的启发，都是错误的。年轻一代抨击"纯粹"思想、"纯粹"话语等，是对的；但是，当在"体验生活"的伪装下，紧紧抓着"纯粹"感受、"纯粹"行动或人类的任何其他部分功能时，也就犯了同样的错误。"经验"因而就成了智力怠惰、草率行事的借口。

文化是人与人之间沟通的结果，是一个漫长的建构过程，得来不易，非千万年不能毕其功。其间，沟通和概念思维交织在一起，相互包含，相互促进。康拉德·劳伦兹（Konrad Lorenz）说：

> 纵使人类会一代一代地活下去，但文化会死，这是我们现今受到的威胁，因为这个逐渐积累起来的庞大知识体，其成长与扩充都需要头脑、书本与传统。文化并不是在人类头顶上翱翔的东西。它就是人类自身。[8]

劳伦兹说，卢梭（Rousseau）妄想的高贵的野蛮人（noble-savage）可能会造成巨大的伤害。这种高贵的野蛮人最多只是个白痴。想要抹去一切重新开始的年轻人最好要认识到一点，即这意味着要回到石器时代之前的克鲁马努人（Cro-Magnon）时代。

传统的语言花了数万年才进化而成，却可能在几代人间便消失掉。在我们这个时代，语言已经变得贫瘠，因此，逻辑表达的能力也变差了。[9]

在一个像我们这样的时代，当概念失去了生命力时，便会出现一种抛弃概念思维的倾向，这是可以理解的。不过，没有概念，就没有真正的经验，而没有经验，也就不会有充满活力的概念。概念赋予经验形式；但经验必须存在，以赋予概念内容和活力。

注释

[1] Harry Stack Sullivan, "Basic Conceptions," in *Conceptions of Modern Psychiatry* (New York：W. W. Norton, 1953), p. 15.

[2] Richard Abrams, George Vickers, and Richard Weiss, Postscript, in *Dialogue on Violence*, ed.Robert Theobald (New York：Bobbs-Merrill, 1968), p. 90.

[3] 我所说的这种攻击并不是所谓的"情人间的吵架"，在情人间的吵架中，攻击确实是想要复合之愿望的表达。这是"爱"的一面，而不是其反面；我们依然想交谈，而这样一种状态是有刺激作用的。我要说的是爱的真实的对立面——憎恨（animosity），这是一种想要尽可能远离对方的状态，此时，语

言死了，说话和沟通的能力也都死了。这里有一个难题（这个难题与上述难题有些不同）在于，导致暴力的憎恨必定与爱有某种关联；否则的话，它就会失去其能量，也就不值得我们为它争吵了。我们为其争吵的所有一切都是爱恨交织的，爱由于压抑而为憎恨提供了动力。

[4] 我收到很多信件，信中告诉我，他们在阅读我的《爱与意志》（Love and Will）时，总是不断地受到"触动"，就好像我对读者而言是一个"即时的在场"（immediate presence）一样，尽管写信的人可能从来没有见过我，而且他事实上在离我千里之遥的地方。接下来，信中通常会祝贺我已经具有了在此刻（now）在场的能力。然而，大多数来信者没有认识到的是，这种存在（being）体验其实是我八年来不断写作与改写的结果。但是，仅有写作与改写，是无法让读者产生"触动"体验的；仅有我的存在感也无法让读者产生"触动"体验。这二者缺一不可。

[5] Alan Levy, "Ezra Pound's Voice of Silence," *New York Times Magazine*, Jan. 9, 1972.

[6] 尤其是鲁宾通过每一种标点符号和印刷技术极尽运用之能事，展现单靠写作不能让他的书所发挥的效应。Jerry Rubin, *Do It: A Revolutionary Manifesto*（New York: Simon & Schuster, 1970）, p. 109.

[7] 甚至在今天的法国，当有人问你是否有"经验"时，所指的也是性方面的意思。

[8] "Talk with Konrad Lorenz," *New York Times Magazine*, July 5, 1970, p. 4.

[9] Ibid., p. 5.

第二部分

第四章

黑人与无能：默西迪斯的生活

黑人的真正悲剧在于，他从未认真地对待自己，因为从来就没有人认真地对待过他。黑人希望，他现在能够确知自己真的是个人，并且要求获得属于人的权利。如果他成功地赢得这些权利，他就能够尊重自己、信任自己，但是，如果他没有能力在面对普遍存在的白人排斥反应时依然尊重、珍视自己的人性，那么，他将无法赢得拥有人类尊严的权利。

——肯尼斯·克拉克（Kenneth Clark），摘自《黑暗的贫民窟》（*Dark Ghetto*）

本章论述了对一位年轻黑人女性所做的心理治疗的进展过程：她从几乎完全无能的状态，发展出了自尊和攻击的能力。她在一种无能的状态下出生、长大。她既是黑人，又是女性，这两点必然会大幅度加剧她习以为常的无能感受。

无能的一种极端形式，可能会让女性无法生儿育女。有一位来访者，我们姑且称她为默西迪斯（Mercedes），她意识到自己只有一个真正的愿望，这也是她丈夫的愿望——生一个孩子。但是，她每次怀孕都会流产，或者因为各种各样的理由而不得不堕胎。不论她对生育有其他怎样的看法，这都是个人权力的具体体现，是个人自我的延伸，能创造自己种族的新成员，一个新的存在。这点在女性身上特别明显，许多妇女只有在怀孕时，才会绽放出信心。但男性身上也会有这样的经验，即他们的男子气概得到了证实。身为父亲的骄傲，虽然是陈词滥调，但也不该因此而对其加以贬损。

我第一次见到这位 32 岁的少妇默西迪斯时，她看起来像是西部的印第安人，异国风情的外貌令人惊艳。她解释说，她有四分之一的印第安彻罗基族（Cherokee）血统、四分之一的苏格兰血统，剩下的一半是黑人血统。她和一位从事某一特定职业的白人结婚八年，并经由丈夫的治疗师推荐到我这里接受治疗。他们的婚姻濒临破碎，部分原因是默西迪斯所说的性感缺失（frigidity），她对自己的丈夫毫无"性"趣。

她从不相信自己应该得到帮助，而似乎只是宿命地接受自己的问题，她把每个困境都看作不可避免的命运的另一种表现。她唯一承认且想要奋力对抗的问题，就是前面已经提到的无法顺利生儿育女的问题。当时，她已经流产了八次。

在此之前，她已接受过另外两位治疗师的治疗，他们判定无法对她进行精神分析，认为她没有足够的动机，对于自己的问题无法产生足够的内在冲突。他们觉得，她没有能力对自己的问题进行充分的内省或产生足够多的感受，以便她投入长期的解决问题的过程。她似乎也没有压抑自己的问题，只是不相信自己能够解决这些问题。

我接受她为自己的患者，部分原因是基于自己的信念："无法治疗"这个标签所指的不是患者的状态，而是个体心理治疗师所采用方法的局限。重要的是，心理治疗师应该努力寻找特定的治疗方法来敲开这个特定个体的问题之门。

在第一次面谈中，默西迪斯告诉我，她的继父从她11岁开始就逼迫她卖淫赚钱，一直到她21岁。继父会在她放学后、她母亲下班前带男人上门，每周好几次。她的母亲表面上好像对此毫不知情。

默西迪斯不知道自己从这种卖淫行为中获得了什么，除了极少数的例外，她从未有过性兴奋的感觉，只感受到了男人对自己的欲求。不论交易的金钱有多少，她一分都拿不到。但是，她无法对继父说"不"，事实上，她甚至想都不敢想违背继父的期望。后来，她上了一所社区学院——在治疗期间，她记起有一次IQ测验，她的得分为130~140。在学院里，她加入了一个女生联谊会，在那儿经历了应有的一切行动和情感。其间，被迫卖淫的勾当持续进行。一直到念完社区学院，离家去上护校，搬出母亲的房子后，她才脱离了继父的魔掌。

默西迪斯是一个看似温顺的"好"人，她接纳自己在家中的协调者角色。她在黑人区长大，几乎从一出生便学会了讨好所有的人，学会了被动，而且，不管生活让她做出怎样的牺牲，她都学会了接受。她尽心地照顾跟他们住在一起的祖母。不过，她一点也不胆小懦弱，就像她周围所有人一样，她也学会了打架。她不仅在学校和街上跟他人打架——她打架时非常凶悍，还为了保护成长中的弟弟而打架。

我假设，她在某个层面上必定痛恨被迫卖淫的行为，这个假设得到了她在后来的治疗中所描述的儿时记忆的支持。她小时候到弗吉尼亚州亲戚家玩的时候，看到一只公驴不断尝试与一只母驴交配，而那只母驴只是冷漠地站在一旁。"我痛恨那只驴！"她抗议道。她说这句话时的愤怒和真情流露，表明她一直认为卖淫是令人痛恨的屈辱。但是，在刚开始接受治疗的头几个月，她根本不可能对卖淫勾当有任何的意识。

我知道，默西迪斯在表面之下深感无助、情感淡漠，而且长期抑郁。但是，这样的诊断性论述对我们的帮助不大，因为任何人若身处其境也一定会感到抑郁。我们必须看到她生活中更多的内在动力才行。

1. 消失的愤怒

当我问她，想从我和治疗中得到什么时，默西迪斯沉默了好一会儿。最后，她说，她发现自己经常像祈祷一样地说着下面这句话："让我生个孩子，让我成为一个好太太，让我享受性生活，让我有点感觉吧！"

第二次治疗面谈时，她向我描述了下面这两个梦。这两个梦都和她的狗狗露比（Ruby）有关，就像她自己所说，她经常把自己等同于露比。

我的狗狗露比受伤了。那一定是割伤，因为我也有。我带它回家，但是它又一次跑到地铁那去了。那儿有一个男人正护着一只小猎犬。我问他："露比往哪边跑了？"他说有一个高大的警察开枪打中了它，他们把它抱上一辆救护车带走了。我说："那是我的狗。"但是他们不让我去看它。

露比又跑掉了。我边喊边追它。我把露比从一个男人手中救了出来。因为这样，我必须接待那个男人。他认得我，因为他曾见过我在运动。我邀请他到家里吃晚餐。他靠过来，色眯眯地摸我。我试图踢他，但后背被人猛烈地撞了一下。每一次我想踢他时，都会被人从后面推向那个男人。我转过头去，看到我的母亲正将我推向那个男人。

这两个梦的画面生动描绘了一个极端无助的女性。在第一个梦中，狗被射中并带走，警察不顾她哭诉狗是她的——一幅当权分子专横释放"白种男人负担"的生动画面。他们一点都不尊重默西迪斯的感受或权利；他们认定她没有任何的权利或感受。她在梦中所反映和创设的此种情境，本身便足以毁灭任何尚处萌芽状态的个人自尊感（如果她身上有这种自尊感的话）。任何试图找到她那只狗的努力，或者说救她自己的努力都是无用的；这个世界就是这样的。

因为这两个梦差不多出现在治疗刚开始的时候，所以，我们必须问，默西迪斯是否在第二个梦中表露出了她对我这位治疗师的态度。我们可以将所有这些张力都解读成是指向我的：我射杀了那只狗（或者是她，因为她把自己等同于那只狗）；我没有尊重她的感受；她要从我的手中救出露比，我就是那个她"欠了什么东西"并对她发出了性暗示的人。难怪她无法投入治疗中！她完全没有意识到这些针对我的隐含之意（我注意到了，但觉得不宜太早在治疗中提出）。我极为肯定，头两次面谈之所以没有产生什么效果，都要归因于她的这种态度。我们必须假定，她把自己与男人的所有关系（尤其是与白种男人的关系）都看作一种权力斗争，在这场斗争中，男人都是赢家，而她是无能的受害者。

这种"我只是个奴仆"的态度，在第二个梦中有了进一步的发展：因为她从一个男人手中救出了露比，所以她就欠这个男人一份"招待"。这是一种奇怪的"不公平逻辑"，这种逻辑通常存在于这样的人身上：他们被迫接受别人拥有一切权利而自己什么权利都没有的事实。这与认为任何人都有其价值的假设完全相反，她天生就签了卖身契，即使是拯救她自己的行为，也需要她对那个男人提供某种形式的回报。性是她提供回报的形式之一，这也是她拥有而男人想要得到的东西；这是男人对她的剥削，作为她的回报。在这个案例中，回报，仅仅是为了找回她自己一开始就应该拥有的东西。如果她对男人说"不"，如果她得到本来便属于她的东西，那么，她会觉得自己夺走了这个世界上的某些东西。

但是，这个梦中最为重要的还是她母亲的角色。她把自己的女儿推向男人。这个梦想要说明的是，这位母亲不仅知道所发生的一切——知道自己的女儿被迫卖淫的事，还主动教唆。

默西迪斯开始接受治疗后不久便怀孕了。我接着注意到了一个非常有趣的现象。她在每两周一次的治疗时，都会报告自己的阴道出血了——不论是从她自己的判断，还是从医学上看，这都是流产的征兆。同时，她还会报告自己做的一个梦。这个梦是她的母亲（很少是她的父亲或其他人）正攻击她，并试图杀了她。这种梦境与预示流产的阴道出血总是同时出现，这一点让我感到非常震惊。

一开始，我便假设，默西迪斯对梦中有人想要杀她感到很愤怒，我试着引导她的愤怒。她静静地坐在那里，表示同意我的话，但却毫无感觉。很明显，她完全无法对她母亲、继父或任何要杀她的人产生任何有意识的怒气。这又一次与所有的逻辑相矛盾：当有人要杀你时，你应该感到愤怒才对；这正是愤怒在生理上的作用所在——当有人要摧毁你存在的权力时产生的一种情绪反应。

根据从第二个梦中得到的线索，我假定：她与母亲之间的某种斗争才是她习惯性流产的原因所在，而且，如果她怀孕了，便会隐隐地感觉到母亲（或继父）会杀了她。怀孕就等于是自找死路。

但是，目前摆在我们面前的是一个不能等的实际问题：一种理论不管有多正确，通常都需要好几个月的时间让患者信服，进而产生实际效应。这样的话，她面临自然流产的风险会越来越大。怒气无论如何都得表达出来才行，而房间里只有她和我。于是，我决定（这个决定不是完全有意识的）表达出我的愤怒，以取代她的愤怒。

每次她的阴道开始出血，并引出这样的一个梦时，我便以言语反击那些试图杀她的人。我主要攻击她的母亲，也会攻击梦中不时冒出来的其他人。这些因为她怀孕而试图置她于死地的可恨的人，到底想要干什么？她那可恨的母亲，自始至终都必定很清楚女儿被迫卖淫这回事，而且就像在梦中一样，还逼迫她接客。她不断牺牲默西迪斯，以表示对丈夫的忠诚，留住丈夫或是为了人神共愤的其他理由，剥削自己的女儿。毕竟，默西迪斯（我继续发泄）已经尽力地服侍所有人，甚至屈服于性的剥削。而这些人却依然有权力不让她拥有她唯一想要的东西——孩子！

我给默西迪斯提供了一个发泄怒气的出口，这些怒气是她一直以来都不敢表现出来的。我想联合每个人身上都应该有的微弱自主性，虽然实际上默西迪斯一开始没有这种自主性。

起初，她还是沉默地坐着，对我所表达出来的愤怒感到有些惊讶。但是，阴道不再出血了。她一有流产的征兆，一做这种梦，我就跳出来攻击那些梦中的施暴者，表达出她无法感觉到或者不敢感觉到的攻击性。后来她在怀孕期间做了一些这样的梦：

> 我的继父正猛打我，伤害我的宝宝。他对我怀孕一事非常生气。我的丈夫并没有来帮我。
>
> 我正与一个女人打架。我瘫在地上动弹不得。我的声音逐渐地消失，我控制不了自己的情绪。我的继父不让我有片刻安宁。我对母亲和继父尖叫……我对母亲大喊："如果你愿意帮我，就帮我。如果你不愿意，就别管我。"

三四个月后，她开始感觉到自己内在的攻击性，并在梦中对攻击者表达出她自己的愤怒。这就好像是她把愤怒这档事从我这里接管过去了一样；从这个意义上说，我的愤怒是她最初的自我肯定。她分别打电话给她的父母——她的母亲、生父和继父——明确地告诉他们：在婴儿出生之前，无论如何都不要打电话给她，也不要以任何其他方式与她联系。她的这个举动吓了我一跳——我并没有特别期待她这么做，但是我很高兴她能这么做。我确定，默西迪斯已经发展出坚持自我、要求获得自身权利的新能力。

预产期前一个月，她的梦中出现了一些对临盆的真实肯定。"林达·伯德（Lynda Bird，当时的总统女儿）生了个小孩"便是其中的一个梦，"我找到了一份工作"是另一个梦。在那时候，她做了一个关于她继父的梦。"他非常生气，手里拿了把刀"，但她显然并不怕他。"那又怎样？"她这么说道。

婴儿如期顺利诞生，默西迪斯和她的丈夫都欣喜若狂。他们给孩子挑了一个像"普罗米修斯"（Prometheus）这样的名字，意指人类历史的新开端。据我所能确定的，她和丈夫完全没有意识到这个名字的重要性。但我认为这个名字真的非常适合——一个全新的人类的种族诞生了！

我需要澄清一些有关我发怒的事情。我不是在扮演某个角色，我真的对她母亲和继父感到非常生气。我们可以把治疗中的关系比作一个磁场。这个场中有两个人，即患者和治疗师。有一个梦出现在了这个磁场中。我们需要某种愤怒来对抗梦中的毁灭者。如果患者能够积聚起这种怒气，便更有疗效。但是，如果患者——就像这个案例中的情况——无法积聚起这种怒气，同样也感受到了这种愤怒的治疗师便可以代之表达出来。同样，我也不是单纯地"训练"

默西迪斯建立起她自己能够表达愤怒的"习惯模式"。不，我们是为了保护——为了保护她肚子里的胎儿。这也不仅仅是寻常意义上"宣泄"或发泄的这些词语。处于危险境地的是生命本身——她的宝宝。

这个女人为何而战呢？为什么她的梦中有拳脚交加、刀光剑影的大战呢？答案既简单又复杂：她为了自己存在的权利（right to be）而战，为了能够作为一个拥有自主性和自由（这是人所不可少的）的人而存在。她正为了自己的存在而战，如果我可以从其充分、强有力的意义上使用这个动词的话。如果需要的话，从帕斯卡尔（Pascal）的意义上说，为了在整个宇宙中存在而战。这些短语——存在的权利、为自己的存在而战——虽然不尽其义，但却是我们所仅有的。

刀光剑影的打斗，是默西迪斯成长过程中非常熟悉的街头语言。她知道，除非以残忍的暴力确立自己的地位，否则她不可能确立自己的存在。后来，她说，如果没有接受心理治疗，她可能就无法对抗自己的母亲——"我从你那里获得了力量来对抗我的妈妈"。不过，很显然，一旦她获得了这种力量，这种力量便属于她了，而且，对抗她母亲的，也是她。

不过，还有一个要点。默西迪斯不同于精神分析中常见的患者，她可以假定自己的梦是另一个世界的一部分（这是曾拒绝为她治疗的分析师觉得她身上所欠缺的）。这就好像某些患者的"魔幻世界"。因而，她可以仅仅是假装自己好像没有任何真正的愤怒感就能生活。而一直以来，与其相联系的愤怒、焦虑，却让她付出了惨重的代价——不孕。有意识地承认这种愤怒一直是她无法应付的威胁；因为那就等于承认，母亲便是自己不共戴天的敌人。这位母亲在她小时候的确曾救过她，换言之，在她生父离家一走了之时，母亲一肩挑起了家庭的重担。因此，她无法让自己承认有这样一种敌意的存在；她无法不过着中产阶级患者所特有的双重生活，即在此双重的束缚下生活、工作。所以说，她从我这里所得到的不仅仅是许可（permission），许可她可以不受谴责地表达她为存在而做的斗争；而且她从一位权威人士那里获得自己先前所欠缺的经验，即有关她自身权利和自身存在的经验（这可回溯到第一个梦）。我为自己的怒气提供宣泄的出口，正是在实践我的信念，即她是一个拥有她自身的权利的人。我不需要说出口，因为她从我的行动中便能看出。

2. 再生的仪式

但是由于她儿子的出生，默西迪斯的问题才解决完一半就停了下来。产后，她休息了半年没来接受心理治疗，因为她无法（或者说不愿意）在自己来面谈时，让别人照料她的宝宝。我同意她这么做，因为我希望治疗是出自她的意愿，尽可能地由她自主引导。当她再次来接受治疗时，我发现她的状态明显比第一次来的时候好多了。她依然怨恨自己的母亲——我们可以补充很多的细节（"在我出生之前，她曾想把我流掉"；"我参加的每一场学校演出她都迟到，就连我的毕业典礼也一样"；"她像个法国婊子一样四处招摇"）。不过，这种怨恨不再势不可当，不再导致症状，她可以控制这种怨恨了。

然而，默西迪斯的整个生活都开始以儿子为中心，那是一个漂亮、活泼、蓝眼红发的男孩。如果他呼吸不太规律，她就会非常担心；如果他晚上醒来，她便立刻跑过去安慰他。她哺乳的时间很长，耐心的程度甚至让儿科医生都惊讶不已。她晚上睡不好，部分原因在于她对儿子的过分关心。因此，她大多数时间里都感觉非常疲倦。

有一天因为保姆没有来，她便带儿子一起来我的办公室。当时，那个小男孩才两岁，他立马就掌控了整个治疗，他要他妈妈"坐这儿，不，那儿，不，坐到这张椅子上"（这一切，她都顺从地照办）。他还不时地对我随意下命令。在这段治疗时间内，我不时地听到她说："他在托儿所里非常聪明"；"他很特别"；"我们能够拥有这么出色的孩子是多么幸运的事"；如此等等。事实上，这些评论大致没错，不过也表明了她与自己孩子的从属关系，而实际上那是她原始问题的一部分。

关键不在于她称赞自己的孩子，每一对骄傲的父母都有合理的理由这么做，默西迪斯也有非常多的理由这么做。但是，她这么做是为了寻找一个替代品，替代她对自己作为一个人的肯定。她把权力给了儿子，好让自己逃避对权力的承担。在这个阶段的心理治疗期间，她梦中的自己和儿子是同一个人。她把自己视作那孩子的女仆（这是她儿子所上托儿所的其他一些妈妈给她的错误认同）。她不喜欢这种说法，但是我一遍又一遍地重复这种说法，目的是让她面对。我指出，靠儿子为生是躲避自身问题的方法，也会让她的儿子成为最有可能接受心理治疗的人。

对于我的这番警告，她的反应跟之前听到我严厉批评她的母亲时的反应一样（尽管一点也不明显）。这就好像我在谈论一条真理，而真理对她来说却并不真实。默西迪斯似乎需要一些体验。

这种体验在她去看牙医时出现了。当时，她同意吸一些笑气（医生向她保证过，吸笑气不会有任何不舒服）。但是和她的预期相反，吸过笑气之后，她感觉很糟糕。她确信自己快要死了。当她感受到死亡的厄运时，她不断对自己说："活人才会死，死人则有生。"她躺在那里，默默地哭着。关键的一点是，在她忍受这一切时，她都没敢告诉牙医自己的恐怖体验。她无力抗议，只能忍受着自己的命运，做着权威人士期望她做的事情。最后，笑气的效力终于过去了，她才告诉牙医自己的感受，牙医也很吃惊之前她竟然什么都没有说。

几天之后，这种体验还缠着她不放，让她感到非常悲伤难过。两天后，她来到我的办公室，依旧哭泣着。

有生以来第一次尝到了死亡的滋味——上述经历对她来说确实如此，她终于体会到了生命的可贵。而且，她也是有生以来头一次感受到了这一事实，即她有权利像其他所有人一样活着。

从那之后，她的整个生活发生了巨变，心理治疗也发生了很大的变化。虽然生过儿子后，抑郁的症状减轻了许多，但这种症状依然一直折磨着她，而上述体验让她彻底战胜了抑郁。对她而言，现在，是死还是活这个问题真的非常重要，存在不再是只负责忍受的自动装置。从此刻起，就像她自己说的，她感觉到的是"纯粹的快乐"。她与丈夫会不时地发生口角，但已不再像以前那样严重影响自己的心情。在"牙医椅上体验死亡"（这是她自己这么说的）的经历之后的三个月左右，她相当意外地发现自己身上依然存在着这种自信的心境。甚至有一次她感冒生病，早上起床时问自己："我感觉很糟糕吗？"她很惊奇地发现，自己虽然生病了，但感觉却并不糟糕。

这种原始的体验，虽然听起来好像很简单，但却十分重要。她吸了笑气之后一直重复的那句神秘的话"活人才会死，死人则有生"，有什么含义呢？对我而言，它的含义之一是：死是为了生，而生是为了死。也就是说，你因为死亡而获得再生。这种经验使她成为种族中的·员，即不同文化的洗礼仪式所庆祝的经验——死是为了再生。它也是复活的神话与仪式——死是为了再生。治疗师每一天都会看到患者以不同的强度演出这个复活神话。它的出现往往是个体体验到坚持自我之权利的序曲。

这段论述表明，心理治疗的本质根本不在于降低人们的攻击性，而是帮助人们去维持这种攻击性。虽然不是那么明显，但大多数前来寻求治疗的人都像默西迪斯一样——他们不是攻击性太强，而是攻击性太弱。我们激发他们的攻击性只是权宜之计，我们满怀信心地希望：他们一旦发现自己存在的权利，并能肯定自己，那么，他们在人际交往以及个人内在方面都将活得更有建设性。当然，此处所说的攻击性，其含义与这个词语通常所指的含义不同。

3. 毁灭生命与赋予生命的暴力

但是，对于默西迪斯生命中的暴力，有什么值得一提的吗？显然是有的，而且很丰富。她梦中的暴力非常多，让人觉得好像端坐在火山口一样。她的大多数暴力都属于自我防卫：她在梦中用拳头、刀与人打斗，只是为了不被人杀死。

不过，其中有一些有价值的要点值得我们探究。她的暴力倾向从各个方向喷发出来，绕过了所有的理性功能。她在学校或街上的打斗中非常野蛮，而自己却不知道自己在做什么。她在这些打斗中抛开一切控制的做法，似乎很能行得通，就像她与丈夫之间偶尔歇斯底里的争吵中所发生的一样。从这个方面去分析默西迪斯的经验是很有帮助的，因为她极为聪明，但成长环境却相当原始。

让我们回到对她的第一次治疗面谈，当时，她告诉我她在前一天晚上做的两个梦。我认为，这两个梦所指向的都是（至少部分是）她准备在第二天开始的心理治疗。

> 我正向珀西（她的先生）或我哥哥求助。我没有得到他的帮助。我向他开口就应该够了。我气得醒了过来，很想揍他。

> 我们的狗狗露比在房子里，把地板上弄得到处都是狗屎。我正在清扫。或许我正在喊珀西过来帮忙。

她意识到了"大便是我的",以及"我发生了什么事,我做了什么事"。但梦中也包含了她期望能够从我这里获得神奇帮助的信息:"我向他开口就应该够了。"

这是被无能感压倒之人身上很常见的防御现象。他们相信一些其他的外力必定能够改变事情,因为他们的行动不能真正地起到作用。这些人要填补由于无能而留下的真空,通常要依赖于一些神奇仪式的做法。例如,默西迪斯担心自己的体重会增加,就要求我为她催眠,好让她吃得少一点。我拒绝了,并告诉她这样做将剥夺她自己的责任;而且,她为什么不学着为自己催眠呢?在接下来的那次面谈中,她告诉我,我拒绝为她催眠让她非常愤怒。她承认自己对神奇力量的依赖。

这种对神奇力量的依赖,可以延伸到数百年来受压迫的黑人、殖民地人民和各种少数族裔。人们认为,用内在的威胁和偶尔动用的私刑,便可以让黑人变得消极被动、温顺且无助,并且可以让他们一直如此。但是在这种虚假的平静中,我们压抑了本应该问的问题:当一个人像奴隶一样,不论是在社会层面还是在心理层面都无法捍卫自己时,他还有什么权力可言呢?谁都无法接受除死亡之外的全然无能。如果他无法公开地坚持自我,那么他便会偷偷地这么做。因此,对无能者而言,神奇力量——一种隐秘的超自然力量——是绝对需要的。神奇力量的流行,以及对超自然力量的依赖,是我们这个过渡时代无能患者普遍存在的症状之一。[1]

但是,神奇力量并不是唯一的症状。默西迪斯也家丑外扬了,她的暴力转而针对她自己。这点在第二个梦中得到了清楚的说明,在梦中，那只狗——她把这只狗视作她自己——把地板上弄得到处都是狗屎。没错，这可能象征着对他人的敌意（粪便常常是一种原始的象征），这是一种攻击性的报复，把我的废弃物倒在你的地毯和地板上。但是——这个"但是"里包含着多少被压抑少数族裔的悲剧啊——粪便是在她的地板上。想要攻击的冲动和受到压抑的愤怒都会转向内心，并且会跑出来针对她自己。报复的冲动和汹涌的敌意，绕过理性，在肌肉上找到了发泄的出口；从这个意义上说，它是非理性的。如果旁边没有人可以使其将报复冲动和敌意发泄出来的话，它便会冲着当事人自我喷涌而出。此刻，暴力的方向与目标并不重要，重要的是只要发泄出来就好。这便是被压抑的攻击倾向转化成暴力的关键点。严格说来，这与暴力的对象无关。

这种公然自我毁灭的奇怪现象，尤其在默西迪斯身上得到了论证。产后十个月左右，她做了这些梦：

大家都在追我，我必须以某种方式杀了他们、伤害他们、阻止他们。甚至我的儿子也是他们中的一个。我必须对每个人都采取点措施，不然他们就会伤害我。我掐了儿子一下，这对他就够了。但是我必须对其他人拳打脚踢。一次打一个，这样他们才不会猛扑向我。我醒来时有一种被撕成了碎片的可怕感觉。

我正开着车，车上坐着珀西和另一个男人。有个男人正试图进到车里来。随后，我们到了某地的一个办公室，办公室里有一位护士和一张桌子。我钻到桌子底下，挑了一把刀。那个男人从外面往里看，看到我在护士的桌子底下。我伸手去拿刀，但是刀不见了。于是，我又找了一把刀。现在，我正与我的儿子和祖母打架。这并没有对我造成困扰，我努力避开他们的刀。接着，变成了一个女人正和我打架，她想伤害我。

她和自己的儿子打架，也和自己的祖母打架，在她小时候，祖母曾照顾过她，而且她真的喜欢自己的祖母。这种朝向四面八方的野蛮打斗，似乎是非理性暴力的范例。这里有一个解释贫民窟暴动的重点——放火、劫掠与残杀，最终都可能自相矛盾地转而指向暴动者最为亲密、最为亲爱的人。

那么，和默西迪斯打架的那些人，有何共同之处呢？他们都是她要服从的人。不论是出于好的原因（如她的祖母和儿子），还是出于不好的原因（这一点在她母亲身上很明显），他们都是让她湮没的人。从这个方面看，为了她自身的自主性，应该与他们打架。这与阿诺德·L. 格塞尔（Arnold L. Gesell）所说的"对抗意志"（counter-will）类似：儿童的自我肯定所对抗的恰恰是那些他们最为依赖的人。因此，原本毁灭生命的暴力也变成了赋予生命的暴力。它们交织成为个人自立、责任与自由的来源。

那个"从外面往里看的男人"指的可能是我这位治疗师。她为什么不应该在维护自身自由的同时也对抗我呢？这是所有接受治疗的人不可避免都会陷入的暧昧状态：虽然从表面上看，治疗师确实试图提供帮助，但通过更深层次的分析便会发现，恰恰是他试图提供帮助这个原因，让患者在治疗过程中必须起来对抗治疗师。之所以会出现这种情况，一部分原因在于，患者在前来寻求帮助时，不得不暂时放弃自己确实拥有的一点自主性。另一部分原因在于，他不得不前来求助而产生的羞辱感。还有一部分原因则是为了平衡把治疗师视为上帝的过分移情。

因此，自我肯定就存在于自我毁灭的暴力中。最终，这种自我肯定表现在个体的自杀（如果他这样选择的话）权利中。如果我们像美国人那样倾向于谴责暴力，认为所有的暴力都无法控制，甚至试图根除人类做出暴力行为的可能性，那么，我们便夺走了他的完整人性中必不可少的一个要素。对于自重的人来说，暴力始终是最后的可能——如果暴力得到承认而不是被压抑的话，诉诸暴力的可能性就会降低。当让人无法忍受的对精神与肉体的专制或独裁否定了其他所有的发泄渠道时，暴力依然是自由人士想象中的最终出口。

注释

[1] 这种现象不限于黑人；它普遍存在。在我们当前这个年代，当所有阶层的人都感到无能、沮丧，痴迷于占星术和神秘学的现象就会增加（更不用说真实的巫术了）。我们的神秘倾向表现在我们紧紧抓着乌托邦不放的做法中。相当自相矛盾的一点是，在我们对科学的依赖中，也存在着神秘的元素，而不管科学本身的特征为何。在当代人对操作性条件作用的兴趣中，也含有神秘的元素。"当我们所有人都被制约因素控制，那么，我们便可以相处得很好。"

第五章

权力的意义

活着就是权力，

存在本身，

不需要其他功能，

即已全能。

——艾米莉·狄金森（Emily Dickinson）

1. 权力的定义

权力是导致改变或阻止改变的能力。它有两个维度。第一，作为潜能或潜在力量的权力。这是尚未得到完全发展的权力，是可以导致未来某个时间发生某种改变的能力。我们称这种未来的改变为可能性（possibility），其词根和权力（power）的词根相同，都是posse，意思是"能够……"（to be able）。第二，现实的权力。我在本章中要谈的就是这个层面的权力。

古希腊哲学家把权力定义为存在（being），也就是说，没有存在便没有权力。赫拉克利特（Heraclitus）坚持认为，既然权力是改变的能力，那么存在是不断变化的。这个定义经过漫长岁月，由主流哲学和各家支流哲学传承了下来，一直传给了当代的本体论思想家，如保罗·蒂利希等。蒂利希描述的权力与"存在的权力"（the power of being）类似。如尼采（Nietzsche）的权力意志（will to power）和柏格森（Bergson）的生命冲动（élan vital），都在强调所有生命体身上的权力元素。[1] 对他们而言，权力是生命过程的一种表达。

尼采和柏格森对权力所下之定义的危险之处在于，它诱使我们将权力等同于生命过程本身。这将会让我们误入歧途。生命过程中存在很多东西（如意识、欲求、好奇心等），它们可以与权力相结合，但却不能与之等同。权力与爱可能是盟友，但它们也可能相互对立；我们必须弄清楚它们之间的区别。权力只能与最初的存在的权力本身等同，而存在的开端也是这种存在的权力。

权力最初是一个社会学词语，主要用来描述国家和军队的行动。但是，随着研究该问题的学者越来越清楚地认识到，权力往往会依赖于情绪、态度和动机，他们便转向心理学来寻求自己所需要的澄清。[2] 在心理学中，权力的意思是影响、改变他人的能力。每个人都生活在一张人际关系网之中，这张网就像一个磁场，其中每一个人都与他人相互促进、相互排斥、相互联结、相互认同。因此，有关社会地位、权威、声望等的考虑，对于权力问题而言非常重要。一直以来，我都用"意义感"（sense of significance）这个词来指涉个体认为自己有价值、能够对他人产生影响，以及能够得到同伴认可的信念。

权力与武力（force）之间是什么样的关系呢？武力这个权力的公分母，无疑在美国已被普遍地等同于权力；大部分的美国人一提到权力，马上自然而然想到的便是武力。这便是权力一直受到藐视，并被贬抑为"脏话"的主要原因。约翰·杜威（John Dewey）认为，强制性武力，位于作为能量之权力与作为暴力之权力的中间地带。"不依赖武力、利用武力，根本无法在这个真实的世界上立足。"[3]

当武力、强制力（coercion）或强迫力（compulsion）成了权力的必要部分时，便会出现一些权力的情境。战争便是其中一个。对病人或小孩使用强制力或强迫力，必须与其能力或知识不足的状况相称。在儿子三岁时，我带他穿越百老汇大街，会紧紧地抓着他的手，这个状态会随着他逐渐长大，熟悉了交通的复杂性，进而有能力承担起自己安全穿越马路的责任而逐渐放松。

武力的运用最终是有局限的。如果某种动物运用其优越的力量，杀光了附近所有其他动物，则它显然不是为了填饱肚子。这种"自然平衡"是由各种动植物的力量相互交织成的精致网络。当这种平衡被打破，我们便真的要面临可怕的前景——正如我们在现代生态学中所学到的（这一点会让我们感到很悲伤）。因此，为了避免自我的毁灭，权力与武力的结盟不能摧毁对方的同一性。在西部的枪战中，毁掉敌方的同一性，便是枪战的目标所在。所以，我引用了这个例子来说明权力与武力结盟所产生的自我毁灭效果。被枪杀者显然失去了他的存在，再也不能现身对所属的团体付出他所能付出的东西，再也不是一个可以与他人发生关联的人。

同样，任何毁灭他人自发性的行为，都是以毁灭者的丧失为代价的。这就是在洗脑、条件作用和催眠中，极端形式的强制力与强迫力所造成的危险。如果一个人被转化成某种类似机械的东西，则他仍可能保有某种自发性；但是如果他完全被机械化了，那么，他在这个过程中便不再是一个人。因此，权力应该随着所遭遇之个体对其自发性的肯定而不断发展，这从长远的角度看将确保其取得最大的成功。这就是我允许默西迪斯（她是一位起初对自己的权力、自发性或选择完全没有概念的女性）自行决定何时来接受心理治疗面谈、何时不来的原因所在。这不仅是一个让她运用自身自发性的过程，也是一个要求她运用这种自发性的过程。

　　虽然要将权力与武力、强迫力和强制力完全分开不切实际，但是，将各种权力都与这三者相等同，则又让人怀疑。[4]

2. 权力与知识分子

　　知识分子中，存在着一种否认权力、摒弃权力的倾向。有些人甚至在"知识分子和权力不相容"[5]这样的标题下，否认权力、摒弃权力。还有一些人则说："我们应该以一种清晰的方式重新定义'权力'，还是完全将其摒弃？我的第一个反应是我们应该完全将其摒弃。"[6]事实上，在马克思主义者的圈子之外，这个主题通常已被不幸地抛弃了。就好像《浮士德》一样，整个主题都受到了怀疑：凡是追求权力的人，都已经把自己的灵魂卖给了靡菲斯特

（Mephistopheles[①]）。

有一些知识分子提出，他们研究的是影响力（influence），而且"影响力与权力相对立，因为影响力重建或改变的是偏好（preferences）"。这些知识分子认为，权力是"一种不改变偏好的行动重构；不论那是不是你偏好的行动方向，你都要被迫那么做"[7]。

但是，从本质上看，影响力与权力之间的这一区别不是个错误吗？例如我们以大学为背景，问问任何一个研究生，他的教授对他有没有权力，他肯定会嘲笑我们太天真了。教授当然有权力，部分研究生对于自己能否顺利毕业感到无休止的焦虑就足以证明这一点。教授权力的影响甚至比表面看起来更大，因为它穿了学术的外衣。那种权力特权、社会地位，以及由此延伸出来的对他人的微妙强制并不是教授们有意识地制造出来的；这与大学组织，以及教师们想要成为其中一部分的无意识动机有着更大的关联。教师越觉得无力，其影响力就越具毁灭性，尽管这种毁灭性看起来细微而不明显。

影响力当然是权力的一种形式——虽然是智慧的力量，但是与权力并无分别。[8] 我赞同强制他人做某些事情而不管这是不是他偏好的行动方向就是权力的一种形式（虽然对有些强制行为我们都已经习惯，而且每天会接受几百次，例如遵守交通规则、纳税等）。但是，强调"改变偏好"将会造成实际的伤害，因为它会导致德·托克维尔形容为美国人之特征的状态——我们虽然在身体上比欧洲人

---

① 《浮士德》里的魔鬼。——译者注

更自由，但在理智上更顺从，精神上更受束缚。[9]许多学业考试都属于此种范畴，对于学生而言，让他认识到自己必须参加考试，而且自己并不喜欢考试这一点，更有利于心理健康，同时，他在准备考试时，心里也要清楚这一点。如果他试图说服自己喜欢考试，那将会对其人格完整性造成伤害。去喜欢你不得不做的事情，这种想法其实是一个幻想，而且是一个不健康的幻想。如果有一部分不得不做的事情是我们能够喜欢并选择去做的，而其他不得不做的事情是因为必须做而去做的，而不必试图欺骗自己，那么，我们便能够更为有效地保持自己的自主性与人性。

教授对社会权力的否认，是虚假无知的一个例子。教授提出一个观点，而这个观点反过来具有了权力。他让这个观点（而不是他自己）具有了权力，并以此逃避责任。这就好像是他说："我是说了它，但这个'它'要为我的行动负责，而不是我要为我自己的行动负责。"[10]这种综合征无疑与美国普遍存在的反智主义倾向，以及对知识分子的不信任有关，两者互为因果。但是，谁也不能如此轻易地买到无知。就像安东尼·阿索斯（Anthony Athos）所说，不合现实的观点，产生不了结果。

当知识分子认识到他"不断被推离'权力'战场，被迫逃跑"[11]时，原因可能就在于他一开始便表明了自己不参战的立场。如果知识分子承认自己也有权力，尽管这种权力和政治家、商人、军事领袖所拥有的权力不同，一切事实就都会澄清。现代社会显然需要知识分子以及他们的指导，企业权力需要与他们分享，也需要与社会中被剥夺了权力的其他团体分享。现在，我们花点时间来回想一下贝克特《等待戈多》的第一幕，是很值得的：幸运儿所代表的知识分子出现时，脖子上套了一根绳子，被波卓这位拥有权力的实业家拖着走。但是到了第二幕，波卓挣扎着，他此时瞎了，成了哑巴（这无疑是一种比喻，意思是他以前说得太多了）的幸运儿为他带路，照顾他，指引他。这是一个生动的比喻，比喻了知识分子的角色，以及他在我们这个时代能够表现出来的滋养型权力。

我一直反对认为权力与知识分子对立不相容的观点。不过这里也存在着一种创造性张力，这种张力表现为权力与意识之间的拉力。这就是一些意识极强的哲人如尼采、克尔凯郭尔、帕斯卡尔等宁可过着一种苦行生活的原因所在，因为这样的生活至少可以让他们得到片刻自由，摆脱俗世的羁绊。就像苏格拉底自己所描述的，意识的功能在于"做一只政府的牛蝇"。意识可以干扰权力的建立。它会导致冲突，而冲突则可以被转变为新的整合。意识的功能在于让我们一直保持警觉，让我们的想象力一直发挥着作用，让我们永远保有一颗好奇心，随时准备探索无限的可能性。权力需要的是决策与分配，而意识则需要对控制的放松，灵魂可以随意游荡的自由，以及对未知的新存在形式的探索。下一部分引述的权力形式，即整合型权力，便是权力与意识相结合的一个例子。

3. 权力的种类

（1）剥削型权力。这是最简单的一种权力，对人类而言，这也是最具毁灭性的权力。这是一种任意支配他人，并让他人臣服于掌权者的权力。当然，奴隶制度是最为明显的例子——当时，一个人掌控了许多人的身体，而且实际上掌控了许多人的整个生命。剥削型权力将权力等同于武力。在美国拓荒时期，用子弹把他人变成死尸，以及大多数其他肢体武力的例子，都属于这个范畴。从这个意义来看，碰巧拥有枪支的人一时兴起开了枪，就是剥削型权力的一种。

在日常生活中，运用这种权力的人通常是被完全否定的人，他们的生活非常贫乏，以至于他们除了剥削之外，不知道还有什么方法可以与他人建立人际关系。这种剥削型权力有时甚至在性行为上得到合理化，认为以这种方式对待女性是男子气概的表现。有趣的是，中世纪的宫廷之爱（courtly love）不允许有这种权力——否则，这种权力就会在贵族社会中蔓延开来，因为爱情中绝对不能运用武力。

剥削型权力通常以暴力或暴力威胁为先决条件。严格说来，受害者在这种权力之下，完全不能选择，也无一点自发性可言。

（2）操纵型权力。这是凌驾于另一个人之上的权力。操纵型权力最初可能起源于个体的绝望和焦虑。默西迪斯同意了继父的要求，接受卖淫的勾当，那是因为她自己感到绝望，且没有能力做其他的事情。默西迪斯在第一次同意继父的要求后，便几乎没有了自发性，也没有了选择的空间（尽管她确实拒绝发生同性恋关系）。

在我们国家的边境上，枪手被"骗子"取代了，从这一点我们便可以看出剥削型权力向操纵型权力的转移。正如戴维·巴茨隆（David Bazelon）所指出的，虽然骗子不诚实，滥用新教伦理，但与枪手的残忍武力相比，他们代表了一种不那么具有毁灭性的权力，因为他们至少留下了活口。[12]

斯金纳（B. F. Skinner）提出的操作性条件作用（operant conditioning），是操纵型权力的另一个例子。操作性条件作用以动物研究为基础，在某些人身上取得了令人满意的成效，如智力落后儿童、一些发展迟缓的精神病患者、囚犯，以及特定领域的神经症病患。当然，它在鸽子身上也行得通。这些人的自发性在很大程度上已经受到阻碍，或者已经不起作用，所以对他们必须采用操纵型权力的原则。斯金纳认识到，人类生活多半都是受到操纵的，因此提议将操纵的原则用于正当的社会目标。据我所知，没有人会不同意上述观点。

从科学的观点看，它的错误在于，试图把根据在动物身上所得到的有限成果发展出来的系统，运用于人类社会和人类的整个经验领域。所有的一切都必须符合这个操作系统；若有不符合者，如陀思妥耶夫斯基（Dostoevsky）的小说，就会立刻被丢到斯金纳的新世界之外。"以后，谁也不会读这些东西。"斯金纳如此评论。但是，斯金纳任意选择用老鼠和鸽子来获得他所需数据的做法，必定没有考虑到人类的自由与自尊。如果你像行为主义者一样，只看到微笑，而看不到微笑的那个人，也就是说你忽略了那个做出此动作的人，那么你如何能期望去涵盖一个由又微笑又哭泣又恨又爱的存在组成的社会——这些存在实际上就是人？

斯金纳本身便是个体无法有意识地面对自身权力需要的鲜活例

证。他称这些需要为"必须加以控制的热情"（passion to control）。例如，在他所写的著作《沃尔登第二》（Walden Two）中，男主人公法里斯（Farris）对自己养的鸽子说："该死的，注意你的行为！照你该做的做！"但是，我们不需要通过复杂的精神分析就可以指出，这事实上是一种强大的权力需要，不论它以什么样的名义出现。

经常有人指出，德国人在1933年之前处于一种经济无望、担心自身未来的焦虑状态，因此他们才会屈服于希特勒的操纵型权力，以期能够缓解自己的焦虑。同样，鉴于生活在这个历史过渡期的男男女女的绝望与焦虑，今天的人们也将会转向斯金纳的乌托邦提议，以期逃避自己的焦虑。

对于操纵型权力，我提议的原则是：虽然在某些情境中它很有必要，但对它的运用还是应该尽可能地谨慎。

（3）竞争型权力。第三种权力是反对另一个人的权力。它的负面形式包括：一个人上升了，这并不是因为他做了什么，或是有什么功绩，而只是因为他的对手倒下了。这种例子在工业界和大学里非常多，例如，对总经理或主席的任命，空缺的位子只有一个，而申请的人却很多。这种类型的权力也可能出现在学生由于评分制度而导致的竞争中，这种评分制度将会促进毁灭性的个人影响力，而这与学生们互相关怀、相互合作的动力完全相反。

对这种权力的主要批评在于它的狭隘性：它不断地缩小——尽管不像操纵型权力那样激烈——人们所生活的人类共同体的范围。

不过，在这里，我们注意到了一个非常有趣的转移，即从毁灭力到创造力的转移。因为竞争型权力能够给人类关系提供热情与活力。我所指的是那种既刺激又具建设性的竞争。一场足球赛中，如果一方很快就占了优势，就一点意思都没有了。我们希望自己的对手能够验证我们的勇气；轻而易举地就赢，是非常无趣的。戴维·麦克莱伦强调，这种竞争在商界出现的频率要比大多数人设想的更高；而且，商人的成就（我将此涵括在权力领域内）在于，获得更好的结果与更有效率的行动（这是他们的竞争力促使他们获得的）所带来的个人满足感。

值得提醒我们自己的一点是：埃斯库罗斯（Aeschylus）的伟大剧作如《奥瑞斯提亚》（Oresteia）、索福克勒斯（Sophocles）的俄狄浦斯三部曲（Oedipus trilogy），以及欧里庇得斯（Euripides）的多部作品都是在竞争中脱颖而出的。这其中隐含的意思是，具有毁灭性的不是竞争本身，而仅仅是这种竞争型权力。

正如安东尼·斯托尔（Anthony Storr）所指出的，各国之间在登陆月球或制造更便宜、更好的科技产品（如捕鼠器）等方面的竞争，通常会消耗掉大量的张力，否则，这种张力可能会导致战争。康拉德·劳伦兹也认为，体育运动中这种类型的竞争抵消了国与国之间的竞争力，否则，这种竞争力可能会导致国家之间的互相厮杀。纵然这样的论断预设了一种有关国际攻击的过于简单的观点，但它们也说明了竞争型权力的一种正面形式。有人与你对着干并不一定是坏事；至少这个人没有凌驾于你之上，也没有臣服在你之下，接受他的竞争可能会引发出你潜在的能力。

（4）滋养型权力。这是一种利他的权力。寻常父母对自己孩子的关怀，很可能就是这种权力的最好说明。之所以存在这种权力形式，不仅仅是因为孩子小时候需要我们的投入与关注，而且因为我们一生中会不时地从为他人而努力的过程中获得快乐。显然，在我们与朋友以及所爱之人的关系中，这种类型的权力很有必要，且深具价值。这是一种随个体对他人之关爱而产生的权力。处于最佳状态的教育事业，便是一个很好的例证。

同样，政治才干在其最佳状态下，也会表现出滋养型权力的元素。这表现为我们将父母的形象投射到了政治领袖身上 [沙皇是我们的"小父亲"（Little Father）；我们赋予美国总统"父亲的形象"]。滋养型权力源于政治家对于其负有责任之群体的福祉的关心。这便是政治权力和外交权力具有建设性的一面。

（5）整合型权力。第五种权力是与他人有关的权力。例如，我的权力会助长我的邻居的权力。我有一位欧洲朋友，在美国通过研究提出了具有影响力的观点，他想把这些观念写成书，并希望得到他人的评判；但是，我们其他人都很清楚，一种观点在诞生之初是多么需要呵护，因此，我们会礼貌性地保留负面的反应。但我们这位朋友通常会很不耐烦地抗议："我想让你们批判我。"他这句话的意思是，如果我们针对他的论点提出相反的论点，他便可以被迫修正自己的思考，使其成为一种更好的新综合体。正如约翰·斯图亚特·穆勒（John Stuart Mill）在《论自由》（Essay on Liberty）中所说："如果所有重要的真理都不存在反对观点的话，那么我们一定要去想象这些观点的存在，并给它们提供最狡猾的魔鬼所能想出来的最强有力的论据。"听众很难认识到自己在一场演讲结束之后所提的问题对于演讲者来说是多么珍贵，因为这些问题会刺激、促使演讲者以更新的洞见来修正或捍卫自己的观点。

我本想称这种类型的权力为合作型权力，但我也认识到，它往往是以被迫合作的"受害者"姿态开始的。我们的自恋永远在大声地反对那些批评我们或指出我们弱点的人。我们忘了这些批评对自己可能非常有帮助。当然，被批评通常让人很痛苦，而我们在面对批评时必须打起精神来。我们可以退回操纵型权力（用外力让批评者噤声）或竞争型权力（用实力打败竞争者）。我们甚至可以通过滋养型权力（暗示批评者他此时很困惑，需要我们的关照，并在他面前以恩人的态度自居）来维护自己脆弱的面子。但是如果真的以这些方式退行，那么，我们将失去让提问者（不管是善意还是敌意，都是如此）带给自己新真理的机会。我经常会回想起自己接受精神分析的经验。当分析师指出一些让我深感痛苦的有关我性格结构的事情时，我一开始会立刻否认。不过，稍后当我认识到此洞见的正确性时，我就不得不忍受痛苦，按照这条新的真理改变自己的性格结构。这段告白听来似乎不够戏剧化，因为我所认识的每一个人，在类似的情境中都会有同样的反应。

我已说过，整合型权力可以通过黑格尔的命题、反命题和合命题的辩证过程成长。所有事物的成长（甚至是分子结构的成长）都是以这种方式进行的：先有一个本体，然后出现一个抗体，之后这二者相斥或相吸带来不断的成长，并形成一个新的本体。

马丁·路德·金在他的对手身上使用非暴力所产生的效果，就论证了这种整合型权力。他说，他所使用的这种方法"能够解除对手的武装。它暴露了对手的道德防御工事。它削弱了对手的士气，同时它对其良知下工夫。他就是不知道该如何应付"[13]。

谁都不能否认马丁·路德·金所描述的是一种权力。其成功不只在于非暴力者的勇气，而且取决于接受非暴力权力者的道德发展与觉知。甘地（Gandhi）的非暴力斗争也是一样的。当甘地及其追随者严于律己，严格坚守非暴力时，他们无疑给英国统治者施加了很大的心理与精神方面的压力。甘地用绝食的方式与整个帝国相对抗，并取得了很大的成功，这是用军事力量永远不可能做到的。

正如马丁·路德·金所说的："它对其良知下工夫。"非暴力权力靠的是记忆，而记忆则取决于权力所指向对象的道德发展。这些对手终究要面对自己，而甘地和马丁·路德·金会让这些人置身于自己曾伤害过他们的记忆里。因此，马克斯韦尔·安德森（Maxwell Anderson）的《温特赛》（*Winterset*）一剧虽然在事发多年后写成，但确实是以萨科－万泽蒂（Sacco-Vanzetti）审判为范本的，该书写的是曾判处萨科和万泽蒂死刑的法官，此时，这个法官已是一位古稀老人。这位法官在自己的老年岁月里，不停地向他人解释自己当年的行为，试图为自己的行为辩护。他无法忘记，也无法把自己的行为与自我形象整合到一起。此案所造成的冲突一直困扰着他，助长了（如果不是肇因的话）他的老年精神病。人是一种奇怪的存在，会受到记忆的折磨。一个人如果无法把自己的记忆与自我形象整合到一起，就必定会为此失败付出神经症或精神病的代价；他也会试图甩掉让人痛苦的记忆，但通常只是徒劳。

非暴力者的真正无知，是其权力的根源。至少在我提供的例子中，下列事实证实了真正的无知（而不是虚假的无知）：第一，非暴力不会造成觉知的受阻。第二，非暴力也不涉及放弃责任。第三，非暴力不是为了个人的利益，而是为了群体的利益，这个群体可以是印度这个国家，也可以是某个黑人群体。

非暴力权力对统治者伦理而言就像是一种刺激物，是对其当权派沾沾自喜的生动谴责。统治阶级成员无法对非暴力者视而不见，因为他显然正在受苦，并因此而让问题变得戏剧化。甘地是对抗英国人命题的生动反命题，他强迫他们在其自身的伦理中形成一个新的合命题。对于道德敏感度强的个体来说，简单地拒绝受苦者，或者简单地接受其观点，让其成为自己追随者，都无法获得这种综合（或整合）。整个大英帝国嘎嘎作响地呻吟着，它想要找到新的方式来对付这个知道如何使自己的苦难具有建设性用途的小黑老头。

真正的非暴力有一个宗教的维度，因为就其最根本的本性而言，它超越了人类的权力形式。然而，每一种真正的非暴力形式都被许多假货试图假冒，这一点似乎也是事实。

显然，这五种不同的权力会在不同时间出现在同一个人身上。许多在工作时运用操纵型权力或竞争型权力的生意人，回到家里与家人在一起时就会采用滋养型权力。问题——这是一个道德问题——在于在整个人格光谱中，每一种权力所占的比例。不论是在欲望还是在行动方面，谁都会经历这五种权力，只有自以为是、刚愎自用的人才会宣称，他不会受到任何权力的影响。人类发展的目标在于，学会依照既定情境合宜地运用不同种类的权力。

4. 权力与爱

传统上，人们在谈论爱与权力时，通常将其视为对立的两方。常见的观点如下：一个人所表现出的权力越大，爱就越少；反之，爱越多，权力就越小。爱通常被视为是没有权力的，而权力是没有爱的。一个人在爱的能力上发展得越完善，便越不关心对权力的操纵以及权力的其他方面。权力导致统治与暴力；而爱则带来平等与人类的幸福。这种论断（这种论断是我们从维多利亚时期继承而来的）常常（尽管并非总是如此）被视为支撑和平主义者之立场的基础。有时候，它甚至被引述为"道德法则"的基础。

我认为，这种论断以肤浅的推理为基础，会让我们犯下严重的错误，并给我们带来无尽的麻烦。我们的失败在于：将爱视为一种纯粹的情绪，而没有同时把它看作是本体论的，也就是视它为一种存在的状态。

例如，在养育孩子方面，传统的观点是：父亲越爱孩子，就越不能表明自己的立场，也越不能在其他方面展现权力。这是毫无章法的纵容的一部分，这种毫无章法的纵容是过去几十年来许多亲子关系的特征。我并不想把纵容一棍子完全打死。它在很大程度上是反对维多利亚时期独裁主义的结果，并导致年轻一代获得了合理的自由，同时也增加了他们的责任感。不过，这种情况主要发生在这样的案例中：父母不压抑自己的权力，却让孩子清楚了解他们（即父母）所依靠的生活结构。但与此同时，那些认为爱就意味着放弃权力且不断示爱的父母，将会受到孩子的操控。被逼到墙角的父母通常会更加努力，且因为自己对孩子的愤恨态度而更觉得内疚。最终，在这个恶性循环中，他可能会大发雷霆，而且可能会使用暴力。这些毫无生活结构的家庭（这些家庭的运作依靠的应该是没有权力的爱）通常会导致许多无根儿童的出现，他们长大后会指责自己的父母为什么从不对他们说"不"。

在努力去爱的同时放弃权力的做法，是虚假无知的倾向所造成的。它低估了爱的困难，忽视了这一事实，即爱不论有多么深刻、持久，都会因为不诚实的瞬间而备受折磨。用阿瑟·米勒的话来说，之所以会有这样的爱，是因为我们没有察觉到，我们在人类生活不可避免的矛盾中与权力共谋的现象。

一个人要想拥有爱的能力，首先内心要有力量，这一事实最能证明权力与爱之间的相互关联。因此，直到她拥有权力来对那些想对她进行性剥削的人大声说出"不"，普瑞希拉才能够建立令人满意的人际关系。而默西迪斯也要在经历"牙医椅上死亡"的经验并发展出自尊后，才能够在爱的关系上更为深入。一个人必须有东西可以付出，才不会像一个无足轻重之人那样完全被接替或吞并。

之所以存在把爱与权力相提并论的谬误，是因为我们把爱纯粹看成是一种情绪，而权力只是一种强制性的武力。我们需要从本体论的角度，也就是从存在的状态或过程的角度来了解它们。

权力与爱之间的关系也表现在了神话中，例如厄洛斯（Eros，爱神）是阿佛洛狄特（Aphrodite，爱与美的女神）与阿瑞斯

（Ares，战神）的后代。古希腊人用神话告诉我们，爱不能没有侵略性，还有比用神话说明更好的方式吗？但是，更为令人惊讶的是，他们另一个孩子的名字阿莫尼亚（Harmonia），更是对此结合的祝福。这个名字的意思是合适、相称、和谐——这看似非常矛盾。但是，和谐（harmony）应该是斗争与美之间的一种动态平衡，这种说法难道不合适吗？

权力与爱在暴力问题上的亲密程度，证明了这二者的经验关系，暴力问题是权力问题的反命题。暴力最容易发生在情绪上联系密切并因而很容易互相伤害的两个人之间。根据一项针对费城杀人犯的统计研究，大多数凶手杀的都是自己的家人。再次依照费城发生凶杀案地点的可能性来判断，最危险的地方是卧室。M. E. 沃尔夫冈（M.E. Wolfgang）在这项研究中写道："如果你是 16 岁以上的女性，那么，杀死你的凶手最可能的是你的丈夫、爱人或亲戚……当一个男性被害时，最可能的凶手便是他的妻子……卧室是整个房子里最常发生凶杀案的地方。"[14]

在婚姻和配偶关系上，我们看到了一种类似于爱与权力的关系。我在别的地方曾写过性行为中将自我坚持（权力）与温柔（爱）结合起来的必要性。[15]少了温柔，对性伴侣之感受与喜悦的关照与敏感性便不存在；少了自我坚持，个体把自我完全投入该行为中的能力也就消失了。当爱与权力被视为彼此的对立面时，爱的一方就会成为一个卑微的屈服者，由另一方微妙（或不那么微妙）地支配着。我们在施虐受虐婚姻中经常会看到这种情况。当目标仅由爱来引导时，坚持和攻击显然就会因为沾染了太多权力色彩而被排除掉。结果就是彼此执着，互相专注。所失去的是能捍卫伴侣双方权利的坚定的坚持、结构与尊严感。

这样的关系很可能会摇摆不定，一会儿摇到屈服的一边，将其视为爱的一种形式，一会儿又摆到暴力的一边，认为那是权力的一种形式。大家都很熟悉这样的新闻报道，说一位结婚三十年的忠实丈夫或妻子，突然在一起离奇的血腥谋杀案中，用一把短柄小斧杀死了自己的配偶。这个极端的例子揭露了爱的问题，也就是爱里没有一种现实的权力坚持。人们常说，与控制力差例如经常发脾气的人结婚，你们的婚姻也许会一团糟，且经常吵架，但不会出现谋杀，这种说法是有统计学基础的。温顺、过度控制自我的人外表看起来总是很和善，但却可能突然爆发出他的攻击性。这也和我们的论点一致：当一个人无法用正常的方式满足自己的权力需求时，暴力就会发生。

在影片《最后一场电影》(The Last Picture Show)中，我们可以看到权力与爱主题的一种有趣变化。在这部以得克萨斯州的一个小镇为背景的电影中，女主人公们完全没有一点儿公开的权力——没有经济权力，也没有政治权力。她们仅有的权力是隐秘的，与其性别（sexuality）有关。她们"被宣告是无知的"。她们接受了自己无知的伪装，表现为故作娇羞和假装端庄，并以此作为交易的筹码。这是她们"道德的"姿态，但结果却很不道德。一个女孩如果想通过失去自己的童贞来使自己更具吸引力，她就会把男朋友带到汽车旅馆，强迫他与自己做爱。当他无法勃起（在这种情境下，这是可以理解的）时，她就会鄙视他。但是，她却会这样告诉等在外面的其他女孩："真是太棒了，我无法用言语来形容。"结果，这些女人每次都凌驾于男人之上；而男人只能尽力满足这些女人的需要与期望。这些回旋的所有驱力都来自这些一直没有权力、只能以假装无知为屏障的女性。

权力与爱这个问题的另一个有趣的方面，就是嫉妒（jealousy）的现象。我在此不会深入探讨嫉妒的某些元素，例如一种关爱、重视他人的功能是否正常、健康这个问题。不过，我想说，我相信它很可能是正常、健康的。但是，人们通常所说的"嫉妒"，一定远远地超越了正常的关爱。它是一种占有欲，与个体的无能成正比。也就是说，他在失去对方时所体验到的威胁程度，就是他感到嫉妒的程度。他什么都做不了；内心没有力量去赢回所爱的人；他感到自己完全被遗弃在冰冷的外面。在这样的处境下，嫉妒有可能会变成一种暴力。

有一个刚刚开始接受精神分析的年轻人，因为打电话找不到在伦敦的女朋友，而被一股突如其来的嫉妒控制。他立刻乘飞机飞往伦敦，很"希望"自己会捉奸在床。这个年轻人受到了极大的威胁，因为他非常强烈地感觉到了自己的无能为力。我在"希望"这两个字上加了引号，是想表明，嫉妒通常来自关系中一种特殊的矛盾情感：这个人既爱又恨，也就是说，他宁可自己的女朋友与他人有染来迫使他与她决裂。

如果在一种关系中，个体寻求更多的是权力而不是爱，那么，嫉妒就会成为这种关系的特征。当个体无法建立足够的自尊，无法建立足够的个人权力感，或者借用默西迪斯的话说，没有自己的"生存权"时，这种情况就会发生。非常奇怪的是，神经症嫉妒（neurotic jealousy）在爱情不够坚实或其基础不够牢靠时，可能表现得最为强烈，这是个体感到自己无力"赢"回对方的一种反映。这是一种出了问题的权力，可能非常耗时，且具有破坏性。嫉妒者似乎需要将自己所有的能量都放进突发的嫉妒冲动中，部分是为了"证明"一种在他心底已经感觉到非常成问题的爱。

权力与爱的领域有部分重叠之处。爱使得付出爱的人想被对方影响，想去做所爱之人希望他做的事情。爱和权力的相互纠缠，体现在情人间以及夫妻间的关系中，他们关心对方的尊严，也就是保留对方的独立自我。它也表现在育儿方面，通情达理的父母会为孩子提供坚实的结构。自我的坚持、肯定，甚至是时而会有的攻击，在爱的关系的发展过程中，不仅不可避免，也是健康的。

有些读者可能想把滋养型权力与整合型权力称为现实形式的爱。我赞同他们的这种想法，但我认为，最好要预先防止权力与爱互相吞噬这种情况的出现。因此，我更希望清晰、明确地保持其各自的含义。不过，我们可以说，较低级形式的权力——剥削型权力和操纵型权力——中，只有非常少量的爱，而较高级形式的权力——滋养型权力和整合型权力——中，则有较多的爱。换句话说，我们的权力层次越高，找到的爱就会越多。

甚至在宗教领域，"上帝仅用爱来转动世界"的信念也是一种多愁善感的表现。持此意见的人忘却了，"忏悔文总集"（General Confession）的第一个词便是"万能的上帝"（Almighty），而主祷文的结语为："因为你是永恒的权力与荣耀。""八福"（Beatitudes）

也常常被错误地诠释："温顺的人有福了，因为他们将继承这个世界。"同样，诠释魔鬼以至高权力诱惑耶稣的故事也有偏差："到我身后来，撒旦。"我们需要考虑到基督教诞生的时代背景，当时，罗马军队已经占领了整个已知世界；任何一种政治权力或温顺谦恭的缺乏，都意味着这个人将很快被处决。而我们现在面临的问题不同：我们身处先进科技所掌控的世界，要想活下去，无论男女，都必须能够坚持自己意识的权力才行。

社会行动——为了种族平等、国际和平、帮助穷人等而做出的努力——如果不结合权力与爱，就不可能实现。

难怪尼采宣称，他那个时代的基督教是一种代表弱者的宗教，而且，一个权力重申、精神至上的时代已经到来。尼采在重新评估所有的价值观时断言，欢乐不是来自屈从和放弃，而是来自坚持。"欢乐只是获得权力之感受的一种表征，"他宣称，"欢乐的本质在于权力感的增强。"[16]

注释

[1] 弗洛伊德的"力比多"概念中，有一些本体论的元素，因为那是使得生命过程得以继续的力量。但是，就我们在这里的目的而言，弗洛伊德从未完全看到生命的社会层面，因此，用力量（strength）这个词来解释力比多会比用权力来解释更为精确。

[2] 我们必须补充一点，那些出于权力方面的问题而寻求心理学帮助的人，注定会失望。正如我们在下面将会看到的，心理学家也同样普遍地回避这个主题，这是所有知识分子的特征。几年前，我翻遍了哈佛大学图书馆内的卡

片式目录，除了黑人心理学家肯尼斯·克拉克有关哈莱姆的研究《黑暗的贫民窟》（*Dark Ghetto*，这本书写了一个毫无权力可言的地区，连作者自己在那里也无法避开这个问题）之外，没有找到心理学家所写的关于权力的书。我的秘书在哥伦比亚大学图书馆也发现了类似的情形。心理学中，我所知道的有关权力的唯一的重要研究，是戴维·麦克莱伦和他的学生所做的关于成就动机和权力动机的研究。我认识到，权力在心理学中已经被包含在诸如意志（will）等术语之中，但是，就算这样，学术界的心理学家也会对其避而不谈。当然，心理治疗师就完全不同了。由于在工作中所做的一直就是帮助痛苦的来访者，因此，他们不得不面对无能感和权力的效应。例如，阿尔弗雷德·阿德勒的研究便是主要以个体的权力需要为基础的。

[3] Quoted by Thomas Rose, "How Violence Occurs," in *Violence in America: A Historical and Contemporary Reader*, ed. Thomas Rose（New York: Vintage, 1970）, p. 34.

[4] 保罗·蒂利希 [*Love, Power and Justice: Ontological Analyses and Ethical Applications*（New York: Oxford University Press, 1960）] 比我谈得更为深入。他说，权力"通过武力和强迫力实现了其自身。但是，权力既不是武力，也不是强迫力。权力使用、滥用强迫力，目的是克服非存在的威胁……这并不是说强迫力不好，不好的是一种没有表现出存在的权力的强迫力"（pp. 47-48）。对于最后这句话的意思，我的诠释是：权力的拥有者在运用武力的动机方面，必须对他们自己以及他人诚实。

[5] Peter Nettl, "Power and the Intellectuals," in *Power and Consciousness*, ed. Conner Cruise O'Brien and William Dean Vanech（New York: New York University Press, 1969）, p. 16.

[6] Ibid. p. 15.

[7] Ibid. p. 17.

[8] 在《社会与权力》（*Society and Power*）（New York: Random House,

1960）一书中，理查德·A. 舍默霍恩（Richard A. Schermerhorn）教授列出了八种不同的影响力和权力。除了"相互的友谊"（mutual friendship）之外，在其他七种中，影响力与权力是一样的。

[9] "我不知道还有哪个国家像美国这样，心智没有独立性，讨论也没有真正的自由"（de Tocqueville, quoted in Schemerhorn, p. 44）。

[10] 安东尼·阿索斯（Anthony Athos）和我在一次私下的谈话中明确地表达了这个观点。

[11] Nettl, p. 25.

[12] 现在的年轻人激烈反对的正是伦理中这种伪装、不诚实的骗子行为。

[13] Quoted by Kenneth B. Clark, *Dark Ghetto：Dilemmas of Social Power* （New York：Harper & Row, 1965）, p. 183.

[14] M. E. Wolfgang, "Who Kills Whom?," *Psychology Today*（Oct. 3, 1969）, p. 55. Also see Elton B. McNeil, "Violence Today," *Pastoral Psychology*（Sept., 1971）, pp. 21-31.

[15] Rollo May, *Love and Will*（New York：W. W. Norton, 1969）, p. 147.

[16] "错误的诠释导致主张权力意志的哲学家（即尼采）激烈地反对基督教的爱的观念。也正是这同样的错误诠释，导致基督教神学家以基督教之爱的观念的名义，反对尼采的'权力意志'哲学"（Tillich, p. 11）。蒂利希还提出，如果爱与权力分离，基督教的社会伦理就不可能存在，也不可能为社会公正而进行有效的工作。

第六章

存在的权力

> ……任何不知道
>
> 如何控制自己内心最深处那个自我的人，都会自以为是地
>
> 佯装控制了邻居的意志。
>
> ——约翰·沃尔夫冈·冯·歌德，摘自《浮士德》第二部（*Faust, II*）

对于活着的人而言，权力不是一种理论，而是他每天必须面对、运用、享受并为之斗争上百次的无时无刻不存在的现实。每个人生来就具有很多潜能。其中仅有极少数人在一生下来就能形成实际的权力；新生儿尚不能走路、说话，也不能制造飞机。但是，就像哈里·斯塔克·沙利文所说，他会哭，而哭这种行为便是后来发展出复杂的语言沟通系统的潜能。

随着正常的婴儿能够讲话、爬行、走路、跑跳，他们的这些潜能就会不断成熟，而他们便能从中得到喜悦，这一点谁都不会怀疑。看过孩子们在公园里跑来跑去、像小狗一样恣意乱蹦乱跳的人，都能够体会到这种由纯粹的动作以及必要的肌肉练习所带来的

快乐。这种探索的潜能，即以个体那个年纪该有的眼光来看世界的潜能，会随着他神经肌肉结构的发展而逐渐变成一种现实的权力。任何曾以惊奇的眼光观察过自身发展的人，都会察觉到：在其潜能实现的每一步，都既有先天的因素，也有后天的因素。

但是，这些潜能也会带来焦虑。克尔凯郭尔在他的《恐惧的概念》（*Concept of Dread*）中就指出了这一点：潜能会变成现实，但是"中间变量是焦虑"。性交的潜能（这种潜能在青春期会有一个决定性的飞跃）会给个体带来兴奋与欢乐，但同时也带来了与新关系和新责任有关的焦虑。

权力会朝着自身的实现方向推进。从伦理上讲，它没有善恶之分，它就是这个样子；但它也不是中性的。它需要以某种方式表现出来，尽管这种表现的形式差异很大。任何男女的个人权力与其所属的文化之间，必定存在不可避免的冲突；而且，这些个人权力与试图把个体束缚在其范围之内的文化之间，也必定存在斗争。

这场持续不断的斗争具有辩证性——当一端发生改变时，另一端也会随之而改变。让我们再次以性爱为例：生殖潜能在青少年时期就会成熟，成为性交的现实权力，几年后，便发展成生小孩的能力，而对于这个年龄的青少年，我们的文化还没有准备好接纳他们有这样的行为。这就造成了很多难题。于是，有些人便倾向于简单地认为性冲动本身是不好的。但是，这样的错误逻辑让他们看不到核心的问题所在，也无法承认：虽然个人与文化之间的这种冲突所造成的困难有可能得到缓解，但其实没有万无一失的解决办法。这个两难困境永远与人类存在相伴随。一旦我们能够坦然面对，它便能带来具有创造性的贡献，如艺术、音乐、舞蹈，以及其他具有建设性的作品。

1. 儿童期的权力起源

权力的起源同时也是攻击的起源。因为攻击是对权力的一种运用或误用。克拉拉·汤普森（Clara Thompson）很好地陈述了这一点，她是这么写的：攻击"来源于一种想要成长和控制生命的先天倾向，而这种倾向似乎是所有生物的特征。只有当这种生命力在其发展的过程中受到阻碍时，愤怒、暴怒或愤恨的成分才会与之相联结。"[1]

我们在第一章中便提到，权力的词根意即"能够……"，从这个意义上看，我们便会发现有一点很有意思，哈里·斯塔克·沙利文通常会同时使用"能力"与"权力"这两个词，也会同时提到先天与后天。他说："我们似乎生来就有这样的权力动机存在于我们的内心。"但是，在沙利文和我看来，这根本就不意味着在此二分法中掷出偏向"天生"这一边的骰子，因为他是从安全感、身份地位和声望名誉的角度来谈这种权力动机的形成的。这些特征当然具有社会性，成长中的婴儿会从所属的文化中习得这些特征。

观察小孩用积木盖好房子然后推倒重建的过程，我们便会认识到，权力与攻击都具有正面价值。小孩就是从那儿开始，尽可能在自己的发展水平所允许的能力范围内探索、尝试、操控自己的世界。D. W. 温尼克特（D. W. Winnicott）博士写道："就其起源而言，'攻击'几乎就是'活动'的同义词。"[2] 安东尼·斯托尔（Anthony Storr）博士参考了温尼克特的陈述，进一步说道：

> 如果幸福之满足，真如弗洛伊德所假设的那样是我们的主要目标的话，那么就很难去解释这种探索行为了；但如果我们假定存在一种阿德勒式的"追求优越"（striving for superiority），或一种相当于动物寻求刺激的欲望行为，那么，这个难题就不复存在了。[3]

我们从心理治疗中所学到的知识可以运用于成长中的孩童：如果权威者（不论是治疗师还是父母）在孩子建立起能力和权力的滩头堡之前，便谴责其活动，那么，这个孩子日后将难以建立这个滩头堡，而且，其学习过程很可能会混杂着敌意与攻击。从此以后，他在从事之前曾遭到谴责的行动时，便会带着怒气与反叛，以补偿权威者对他的谴责。

起初，婴儿在表现出他的权力与攻击时，总会同时表现出权力与攻击的反面，也就是说，他既有表现出自身权力与攻击的需要，也有依赖和被养育的需要。整个成长过程可以被视为开始于剪断与母亲间的生理脐带那一刻（也就是当他从母亲子宫中出来的那一刻，而在子宫中，所有一切都是自动为他备妥的）。剪断了脐带之后，他便要学习建立以心理为基础的人际关系。他的每一次向外冒险，都代表他对个人权力与能力的运用，然后他会回到母亲身边。[4] 这一发展的滋养层面表现为他需要关怀和爱，而攻击的层面则表现为他需要坚持自己的权力，必要的时候需要起而反抗。前者是"肯定"，后者是"否定"。如果孩子的攻击性被阻隔（这种情况经常出现在美国郊区中产阶级家庭的孩子身上），那么他将永远都依赖于他人。或者，如果他对爱与关怀的需求没有得到满足，那么，他便极可能具有破坏性和攻击性，一辈子都在向整个世界泄愤报复——在贫民窟长大的孩子，有时候就会出现这种情况。或者，如果他没有受到限制，可以为所欲为，没有任何事物与他对抗以考验他的力量，父母也不坚决反对，那么，这样的孩子便可能转而攻击自己，表现为咬指甲、自我谴责，或者对任何碰巧遇到的人都莫名其妙地大发脾气。

我们可以将孩子的行动能力视作拉大他与母亲之间距离的一种方式。这是一种独立于母亲的实践，不管母亲实际上在哪里，也不管母亲是否健在，这种实践在他的一生中都会不断增加。

不适宜的教养方式，确实也可能会将个人的权力引向破坏性的结局。有一位女性患者，她会周期性地对自己的丈夫和孩子发火且无法控制，她不停地骂人，并在暴怒下对丈夫拳打脚踢。结果发现，她的妈妈是妓女，她很小的时候便经常被妈妈拿来当作在咖啡店与不同男人搭讪的"交谈话题"。之后，妈妈会带着这个男人去她的房间，而这个小女孩便会一个人在外面的桌子旁坐一小时左右。她上学期间与外祖父母住在一起，但因为自己所受的教养而常常遭到他人的排斥。她记得，自己会到说她闲话的女人家门口的台阶上拉大便以示报复。当其他孩子举办派对而没有邀请她时，她常常会跑到旁边，讨些冰激凌、蛋糕什么的。她在家里养了一些兔子和其他动物，并从中发展出一种关爱感，但这种情感是孤独的，她从未克服与同伴一起身处亲密情境时产生的神经质。这样一种教养方式导致她在日后的人生处境中表现出破坏性的暴怒与攻击，这是完全可以理解的。

一个婴儿的正常发展不仅需要父母的爱与关怀，同时还需要他自身一天天地探索并增强控制感的能力。斯托尔曾说过："'让我做'是许多孩子经常发出的恳求；聪明的母亲会鼓励孩子尽可能自己去做一些事情，虽然要耐心地等孩子花好几分钟的时间来系好大人几秒钟便能系好的鞋带可能让人很厌烦。"[5] 斯托尔认为，读《格林童话》（Grimm's Fairy-Tales）、玩警察捉强盗的游戏和战争游戏，对儿童没有害处。孩子可以毫无困难地把幻想与现实区分开来，如果他不能在现实中将自己的攻击倾向付诸行动，那么，他便需要在幻想世界里把这种倾向发泄出来。斯托尔再度引述了温尼克特的话："如果社会处于危险之中，那不是因为人类的攻击性所致，而是因为个体压抑自己的个人攻击性。"他接着提出，担心自己的孩子成为好战者的父母，通常会禁止孩子玩战争游戏之类的游戏，但这么做可能适得其反。他们"更可能培养出自己极力避免的那种人格类型"[6]。因为孩子需要他所能获得的所有攻击潜能来保护并维持他成长中的个体性。

2. 奥利弗的生活

有一个年轻人所接受的部分精神分析将说明，当一个人的权力不能得到有意识的、公开的承认时，将会发生什么样的情况。权力不仅不会被消除，反而以无数其他各不相同的方式表现出来。这些方式可能是伪装的权力，也可能是虚假的权力。

奥利弗（Oliver）是一位博士生，长得不错，身材高大，外表看起来比他 26 岁的实际年龄年轻一些。他是一个富裕犹太家庭三个小孩中的老幺，奥利弗的大哥比他大九岁，不论在社交上还是在运动场上，都一直非常成功。奥利弗的姐姐比他大七岁，生来的大多数时间都在进行某种形式的治疗，自从她精神分裂症发作后，便一直接受住院治疗，而且，她在目前所住的精神病院里已经有两年的时间不说一句话了。奥利弗的爸爸是一家大型连锁商店的会计，个性孤僻冷漠，事业上很成功，但在家里却总是怀疑自己有病——他有时候和蔼可亲，但完全无法预料的是，他要求孩子们像"小甜心"，在面对家庭纠纷时便装病退缩。

奥利弗的母亲是一位美人，现在仍旧美丽如昔，她控制着整个家庭。她有点疯癫、细腻、反复无常但很聪明，与人争论时，每说一句话便改变一次立场，目的是将对方置于防守状态。她"溺爱"奥利弗——特别为他准备爱吃的食物，开车送他去学校，这样他就不用像其他男孩一样去乘地铁。而当一直以来都非常讨厌上学的奥利弗假装生病待在家里陪她时，她也特别高兴。她诱惑自己的儿子，在奥利弗长大后，她总是破坏他为了与女孩子约会而做出的努力（虽然这些努力徒劳无果）。他们晚餐的餐桌常常成为口角的战场，战斗的结果常常是：家人间彼此好几个礼拜不说话。这种"将我痛恨的人置于死地"的技巧（奥利弗说："我会视若无睹地从父亲身边走过"），奥利弗与姐姐这两位最软弱的家庭成员特别会运用。奥利弗的姐姐最终以在医院里不说话的方式，将这种模式扩展到了整个世界。

我们的开场问题是：在这样一个家庭、这样一个世界里，奥利弗怎样才能获得权力呢？他身陷多重束缚之中。首先，他有一个每说一句话便改变一次立场的妈妈；其次，他爸爸无论何时，只要闷在心里、没有表现出来的家庭战争一旦爆发，便会突发心脏病而不得不退缩；最后，他也是哥哥姐姐之间的一个受摆布者，他姐姐患有精神障碍，而他那个"成功"的哥哥在学校确实会出面保护他，但在家里却会毫不留情地捉弄他。奥利弗该怎么办呢？他已六英尺高，长得也不错，现在是不是该尝试着在社会地位上坚持自己的权利呢？但是，高中时，学校的女孩子们总是叫他"小瘪三"（little shrimp，他曾经确实是），这梦魇至今依然困扰着他。运动场上怎么样呢？他在运动场上是一个"臭鬼"（stinker），更何况他哥哥已经完全霸占了别人的认同。学习上呢？一直到上大学前，他都痛恨学校，也从不准备功课。尽管上述内容都是事实，但从根本上看他还是极富想象力的，就像后来事实所证明的，他具有丰富的心智和活跃的才智。

少年时期，他展现出了一幅"小家伙"（little fellow）的画面，很早就学会了对别人"甜言蜜语"，从不大发脾气，就像18世纪的欧洲小国一样，为了获得某种保护而与家中不同的重要成员结成联盟。他承认，这种自我贬损的模式竟然让他宁可在高中时代不被人喜欢 [其他男孩给他起了一个轻蔑的绰号"沙皮"（Sappo）]，因为这么一来至少别人会注意他。

他的权力去哪儿了？ 16岁时，他曾发作了两次癫痫，此后每天都要服用地仑丁（dilantin，一种抗癫痫药）。就我们的目的而言，这两次癫痫发作很值得关注，它们是奥利弗表面之下一大锅沸腾情绪的表征。不论这两次癫痫发作在身体上的表现如何，其在心理维度上通常都是大量的怒气。这种怒气逐渐累积，最终以定期发作癫痫的形式爆发出来。这种爆发被排除在了意识之外，所以当事人从来都意识不到自己做了什么，也不用为自己所做的事情负责。但是，它最终会成为主要针对他自己的暴力——他在癫痫发作倒地之时，或多或少会使自己受到躯体上的伤害。此外，奥利弗由于"达摩克利斯之剑"（Damocles' Sword）一直悬挂在头顶，不知道什么时候会掉下来，而长期丧失活动能力。奥利弗一直否认这一点，他说："我从来不会情绪化，也不会心烦意乱，我看过姐姐发作时的情形，所以我发誓自己绝对不要变成那样。"

奥利弗在心理治疗初期所做的梦，常常和闯进房子里的小偷有关，房子对他来说就像是一座堡垒。他唯一能做的事情就是装死，死亡是无能和无知的终极象征：

房子里有一群小偷。有个人从楼上走下来。我蜷缩着，就像死了一般。他看了我很久。过了一会儿，我走到外面。那些小偷抓住了我……紧接着，外面出现了一大群人，有个女人拿起一把切肉刀开始追我，然后，一个男人拿起了那把刀开始追我。

奥利弗说："我一直记得不快乐的时光，我们家从来都不曾有过欢笑。我学会了在家人争吵时要忍，要顺势而行，永远都不要有什么期待——不然的话，你就会受到伤害。为什么要挣扎呢？那太痛苦了，我很早便学会了绝不相信任何一种痛苦……没有人会注意我的感受。我总是受到轻视。"在后来的治疗中，出现了一个象征，这个象征泄露了他所隐藏之权力的意象："我就像格列佛（Gulliver）一样，被小人国的小人们用绳子整个捆了起来。"

他所拥有的唯一快乐时光，是在以色列的那一年。当时，以阿战争刚开始，他在那里为一家美国报纸做战地报道。他带着愉快的心情回顾了这段时期，他喜欢当沿着加沙地带走过死亡士兵的尸骸时所产生的兴奋感，以及被迫与死亡的交锋。有那么一段时间，虽然较短暂，但他觉得自己是有点重要的。

这个时候，他 24 岁，爱上了一个女孩——这是他第一次陷入爱河。他前来接受心理治疗的起因（不同于原因），便是他很混乱，不知道要不要和这个女孩结婚。他的家人一致反对他与女友交往，但我与她见面后，发现她似乎是一个有点歇斯底里但颇有同情心的女孩，虽然出身贫寒，但却是奥利弗能够与之交谈并从中获得某种认同的对象。

在心理治疗开始大约三个月后，他告诉我，他相信自己能够影响远距离的物体，使其发生改变。他在告诉我的时候有些迟疑和犹豫，他说他也知道这听起来似乎不太理性，但又补充说，如果我不相信他所说的话，他就不告诉我了。我回答说，我的任务并不是论证这些想法的真假，而是找出这些想法对他而言有什么样的作用；而且这些想法显然对他很重要。我的回答显然让他感到很满意，因为他开始透露一整套关于"报应"和伤害的信念系统，他认为，"报应"掌握在上帝手中，而对他人的伤害是对其所做坏事的惩罚。

当他一早醒来，他首先想到的必须是自己的家人，否则他们就会受到伤害。他必须先把床单举起两英尺高，看一看墙上某个特定的点，以完全正确的方式站在地板上，然后到洗手间小便，做完这一切之后，他才能与人讲话。他必须先拿出自己的衣服，穿上汗衫，然后坐到床上，套上左脚的鞋，之后才穿长裤。如果他在这套仪式过程中犯了某个错误，就必须回到床上，从头开始。在这套仪式进行完之后，他必须向玛丽（女佣）或他哥哥道"早安"。早餐他也必须严格按照相同的顺序进行：他必须先喝橘子汁，然后吃鸡蛋，之后喝牛奶。如此等等。

如果他在这套系统中出了错，他的父亲就会心脏病发作，或者就会有什么意外发生在他母亲身上。他相信，惩罚和快乐，都是由上帝均等分配的。几年前，他因为考上了新闻学院而相对高兴了点。"结果"，他的祖母过世了。有一次他提到，祖母之所以会死，是因为他将《哈克贝利·费恩历险记》（*Huckleberry Finn*）这本书放在了书桌某个特定的位置上，或者是因为他把硬币放到衣柜上的方式不对。为了检验他对这个系统的坚信程度，我特地问他，他的祖母无论如何都不会死吗，他回答说，至少她不会在那个时候死，或者她会以其他某种方式死去。如果他做对了，其他人就会获益；而如果他做错了，其他人，尤其是他的家人就会生病或发生意外。他无法完整地完成性行为，也不能尽情地享受性爱。体外射精（coitus interruptus）成了他一直以来的"正确"方式。大约就在那个时候，在他有过一次完整的性行为后，有好几天的时间他都一直害怕地等着报应的降临。也够准的，在那之后两天，他妈妈便在附近一个城市的火车站遭到袭击和抢劫。

立马就让我们感到震惊的是，这套复杂系统带给他的巨大权力。他的任何一个偶发行为，都能够决定某个人的生死。他甚至对天气也有影响力："当天空下雨时，雨水便是上帝送来惩罚我的。"他真的以那种方式控制了整个世界。"我必须控制有关我生活中的所有一切。如果我不控制未来，我便无法活下去。"值得注意的是，"控制"是奥利弗最喜欢的字眼之一，他经常使用这个词。[7]

一开始我对自己的评价感到很满意：所有这些刻板的强迫行为必定让他觉得就好像穿了一件紧身衣，难道他不觉得这是个压在他身上的重担吗？他同意我的说法，于是说，这很难，但自己别无选择。而且，他在高中时甚至无法读《浮士德》（Faust），因为书里有很多魔鬼跑来跑去，而当《欢乐满人间》（Mary Poppins）里有很多魔鬼出现时，这部影片对他而言也成了禁片。他无法说出当代一部戏剧的名字中老美（Yankees）前面的那个词。当我说出该死的（Damn）这个词时，我告诉他，能够说出这样的字眼，是成为一位当代小说家（成为小说家是奥利弗的职业目标）的基本条件，而且，他禁止自己说脏话的做法一定让他很困扰。

在我向他指出这一点后，他确实看到了那套系统带给他的巨大权力。他知道，自己童年时期生活在非常严重的情绪失调状态中，以至于他必须拥有一些稳固不变的东西才行。他是在补偿自己完全无能为力的童年期。他说，"我可以让别人踩着我往上爬"；但我们可以肯定，奥利弗势必会报复。他的神经症权力（或魔力）与他早期的无能为力成正比。这样的人不会也无法放弃他的那套"系统"，直到他在真实世界里体验到了某种真正的权力。奥利弗要对抗很多威胁来保护自己，这在他告诉我这个报应系统的那几周所做的梦中表现了出来。其中有一个梦是这样的："他们把我一个人留在了家里。有一男一女戴着面具，伪装成我的父母，闯入家里攻击我。"他还常常梦到黑手党，有一天他突然问我："我妈妈就是这个黑手党吗？她是敌人吗？"

有时候，痛苦就是惩罚，或者是一种缓解的因素。然后，我才能够放弃那些强迫行为。通常情况下，这种强迫行为不会影响我的生活，但是会让我非常害怕。它在某些方面就像是巫术。我总是在想，或许我已经做了一些不该做的事情。我不想为所发生的那些事情负责。

最后这句话是什么意思？它并不是说奥利弗不想让这套控制

系统继续下去，它为奥利弗的生活带来了极大的意义感，而是说他不想为那种权力负责。他想要秘密地保留这种权力，而不是公开承认；他控制了无数和自己相关之人的生死，但是除了他自己之外，谁都不知道这一点。这么一来，他便可以保持表面上的无知。这个假设和他的陈述一致，他说，强制行为在他的成人礼（Bar Mitzvah，一种传统的仪式，意味着年轻人脱离少年期，进入了需要承担责任的成人群体）之前达到了顶峰。

虽然我们之间关系不错——我喜欢同他一起努力，而且，我知道，他也喜欢并珍视与我在一起付出努力；但是，他有许多蔑视我、贬抑我的技巧。"你的双眼满是泪水，"他这样评论自己所做的一个梦，"我想驾驭你，但又不想冒犯你。"这是这样一个系统的完美范例，在这个系统中，他可以伤害别人，但能够保持自身完美的无知。这些"胜人一筹"的技巧必定一直支配着他的生活。他得到了大师的真传。至少那些技巧肯定取得了成功，他没有像他姐姐那样精神分裂。

但现在，他却被迫有求于人，寻求帮助，这对他来说必定是一件很屈辱的事情，因此，他必须在寻求我帮助的过程中，想出一套隐秘的控制系统来控制我。就像他自己后来所说的，他在现实世界和幻想世界中，都是一位拉着绳子的木偶操纵者，指挥着我、他的女友、教授以及所有在他身边的人。他很"虚弱"，非常需要我，试图用策略让我为其治疗负起责任，而同时，他又试图从某个隐匿的位置指挥着我俩。他必须不计任何代价地不让自己的权力曝光，或不让他人觉得他强而有力；他必须永远像小男孩一样无知。要让我负起责任却没有权力——这是他试图套在我身上的束缚。这必定也是他套在自己身上一辈子的束缚。

我提出，"上帝和报应"模式必定能够扭转上述模式：那必定是一种他能够拥有权力而无须负责的方式。这位年轻人不相信自己发生改变的可能性，而认为改变必须由外而内。这种信念对于保持整个报应系统的完整性来说是必要的。他通过与上帝秘密结盟来获得权力。所有的权力都属于上帝；上帝要求奥利弗不可以拥有坚持自己权利的自主权力。一旦他决定由自己来做出重大的决策，上帝便受到了挑战，而整套系统就会像晨曦下的雾霭一样消失。自己负起责任，坚持自己的自主性，就是对上帝的挑战，也犯下了傲慢之罪。

这个表面无知但内在有权力的模式，我们曾在奥利弗那个披兔皮的狼的梦（第二章曾提及过）中见过，这个梦似乎就是他现在正在玩的游戏：将他的权力——实际上是他的残暴——隐藏在兔皮底下。

在对他进行精神分析期间，我们之间有过很多关于杀戮的对话。他想杀死自己的父亲，用机关枪扫射地铁上的所有人；在梦中，他让人到我的办公室枪杀我。他津津有味地描述着自己小时候虐待动物所得到的快乐，他会放火烧蚱蜢和蚂蚁，看它们被火烧得扭曲翻滚。他在谈到自己的父亲及哥哥时，听起来就好像他是一个现代版的汉尼拔（Hannibal），宣称自己永远都忘不了他们的残酷，并发誓要亲自报复。在一次面谈中，他做了这样的联想："我的小鸡鸡那么小……我总是比他人的短（后来他认识到，事实上不是这样）……暴力……窒息……我不再弱小……抢占了一个城市……生命突然变得很重要。"

1970年5月，在美国入侵柬埔寨和肯特州立大学（Kent State University）枪杀事件所引发的全国学生抗议风潮中，奥利弗也参加了纽约的自发性抗议游行运动，尤其是在华尔街上举行的抗议游行。因为那段时间他正接受精神分析，所以他的话便带有某种特殊的启示性，这种启示性来源于他密切地接触到了自己的无意识现象。我摘录了当时的一段面谈内容：

> 我产生了一种自发感，觉得自己被困在了某种超越了可满足之人类欲望的事物当中……
>
> 往日一去不复返……
>
> 你忘了自己的身体需要，忘了去关爱自己的身体……所有的一切你都通过团体来传达。
>
> 认识团体是很棒的事，成为团体的一部分也很棒，而我就是它的一部分。

显然，他陷入了一种欣快（elation）体验之中，这也就是我在稍后章节中称为"狂喜"（ecstasy）的体验。他也成了团体的一员，并体验到了个人道德责任的解脱。但这并不排除他对所属团体的强烈责任感——这么说可能让你觉得很奇怪，因为承担责任对他来说是非常困难的事。死硬的保守分子攻击抗议学生时，奥利弗一直站在离混战现场只有两个街区的地方，在这之后他抱怨自己：

噢，真该死——我看到了一切的发生——我看到了那些死硬的保守分子在那条街上等着，我本可以对游行队伍大喊："到另一条街去！"但是，我当时失魂了。真该死！

这些抗议活动刚开始时，奥利弗便体验到了欢乐的气息。在我看来，他似乎处于我认识他以来心理"最健康"的状态，也就是说，他处于最为直接、最为整合的状态，能够以整个自我来感受事物，并能够说出自己的感受。在他的生命中，唯一的另一段拥有与此类似的整合与真心感受的时间，便是以记者身份报道以阿战争，并不时穿过四周都是尸体的战场的那几个礼拜。那是一种处于生命边缘的存在特质，是一种濒死的状态，而这是此种欣快中自我超越的一部分。

但我们同时在奥利弗身上也看到了，绝望与暴力是多么接近。两个星期之后，他前往华盛顿参加一场规模更大的学生抗议游行。结果败兴而归。他描述那天游行的特点是"有趣但却徒劳无益"。他说着说着，越来越沮丧。最后，他沉思着说："今天早上来这里的路上，我看到很多老太太手提着小袋子到超市买东西。我真想用枪把她们都杀了。"[8]这个年轻人之所以能够用言语表达出这种暴力冲动，是因为他当时正处于接受精神分析的特别处境，与自己的无意识刺激有着超乎寻常的开放关系。但是，我们可以很有把握地假设，许多人（如果不是所有人的话）在绝望的时候，都会出现相同的暴力冲动（如果这种冲动没有表现出来的话）。

后来，他认识到，只有抗议是不够的。抗议是负面的，总是与其他什么东西相对抗，它们的性质因此会从所攻击的对象那里得来。"我几乎所有的决定都是负面的——我经常对父母、玛格达（Magda）还有你发脾气。而且，我总是很强硬，精力旺盛，因此，我变得非常活跃。我没有内疚感，因此——也没有焦虑。我总是在反对其他某个人，或者其他人所创建的东西。"他认识到，一个人可以因此而逃避更为困难的任务，即如何负责任地发展出未来所需要的价值观。

在此期间，奥利弗的实际生活也在逐渐地进步。他搬出了父母的公寓；通过了博士资格考试；而且，他对自己这套"报应"系统的依赖大幅减少（现在，他几乎总是称其为"迷信"）。他已经接受了一个自己真心喜欢的教师职位，他所创办的文艺杂志正蒸蒸日上，而且，他与女性的关系从总体上看不再让他那么忧心忡忡，而是让他满意多了。目前，问题似乎主要集中在了他和玛格达的关系上。

她不断施加压力要奥利弗娶她。当他在治疗中提出这个问题时，我评论说，既然他明显不想结婚，那为什么要结婚呢？虽然他们对彼此真的有某种依恋，但他们依然有太多问题尚未厘清，如果不厘清这些问题，婚姻就不可行。在说这些话的时候，我意识到自己剥夺了奥利弗的某种责任，替他做了决定。不过，随着他在治疗中逐渐好转，我告诉他，他不能永远指望我扮演替他做决定的"好"父母角色，迟早他都要自己来做出这些决定。

其间，我去了外地一个星期，就在这个星期当中，奥利弗突然与玛格达闪婚。随后，很快他又因认为结婚是个错误而被击垮。他决定结婚的动机有许多：他生命中所有其他事情都太顺利了；他想证明自己是个男人，是有能力结婚的；他想报复我抛下他去了外地；如此等等。玛格达和他结婚后，马上就加重了对彼此的折磨与惩罚。他们对彼此的依恋似乎包含了大量的恨意，而且，他们似乎一心想要摧毁对方。奥利弗很快找到了解决的方法，他等到玛格达的大学考试结束后，就宣布婚姻无效。虽然这很困难，但他做到了。

不过，最为重要的是，这次"试验婚姻"让我们有机会对奥利弗生命中的一个重要问题下功夫，这个问题到目前为止几乎没有触及。那就是奥利弗的姐姐，当时她住在疗养院里。玛格达和奥利弗患有精神分裂症的姐姐彼此都很喜欢对方，她们两人在很多方面都很像——她们在奥利弗的心中经常是同一个人。他和玛格达彼此带给对方的惩罚与折磨，与他和姐姐之间的施虐受虐关系类似。此时，这个问题一下子全涌了出来。

> 我痛恨我的姐姐，但我也爱她……她很爱我。她是我的守护者，是我最亲密的朋友。我的生活方式就是从她那里学的……我对诗歌、文学、想象的兴趣，也是从她那里学的。但是，我从来都弄不清楚她的情绪状态。她折磨我，扭我的手臂……我上床睡觉时，对她还带着强烈的恨意。过去，我经常设计让她和妈妈吵架……她去疗养院时，我很高兴。这表明我赢过了她……如果她真的疯了，我猜想自己到了她那个年纪也会疯掉。

他的主要感受是内疚，他内疚自己在姐姐患上精神分裂症的过程中所扮演的角色。他因为姐姐出现了各种障碍而得意洋洋；他觉得是自己帮忙毁了姐姐（现在他也这么对待玛格达）。同时，他又觉得自己必须受到惩罚，这样才能减少他的内疚感。他必须和姐姐受一样多的苦。他把所有这些模式直接带进了他和玛格达的关系中。他们之间建立起的关系，和他原先与姐姐之间的情形惊人地相似。他经历着玛格达给他的惩罚与痛苦，并以同样的方式虐待她，他从这种经验中找到了生活的方向和支撑。他厘清了自己对姐姐的这种束缚后，明显得到了释放，同时也让他在很大程度上放开了对玛格达的束缚。

奥利弗的生活说明：如果所有的建设性方式都被阻断，权力就注定要以其他方式释放出来，虐待狂便是其中之一。此外，它再一次证明了暴怒既有积极的方面，也有消极的方面。他曾说过："抑郁就好像放一把小火来阻止一场森林大火。我用抑郁来避免自己对姐姐发怒。我想杀了她，想对她大吼：'你毁了我的生活。你就待在疗养院里吧！'"不过，后来他看到了暴怒的建设性一面："暴怒是让我学会自主、独立于父母的动力。如果我没有这样的暴怒，那我就不会有力量。"

我们回想起，吸毒者的康复取决于他们的"愤怒能量"。同时，默西迪斯的暴力（以暴怒的形式表现出来）既有否定生命的一面，也有赋予生命的一面。在这个阶段，奥利弗在他自己的经验和洞见中有了同样的发现。

3. 自我肯定

存在的权力（power-to-be）所固有的是肯定个人自身存在的需要。[9]这是权力光谱中的第二层，是一种安静平实的自信形式。自信源于一种原初的价值感，这种价值感是婴儿刚出生的头几个月中通过父母给予的爱感受到的，它在往后的生活中会表现为一种尊严感。尊严（dignity）这个词来源于拉丁文 dignus（值得），意思是一种"内在价值感"，这是每一个心理健康之人的本质特征。

这种对价值的最初渴求，可能会发生很多变化。在普瑞希拉的例了中，我们可以想象她会说："我有价值，但全世界却没人知道这一点。"我们也能想象默西迪斯会说："除了别人可以在性方面利用我之外，我一点价值都没有，而且我也不应该有价值。"奥利弗则凭借这样一种逻辑活着："我没有任何价值，但是和上帝结盟后，我便拥有了全世界的一切价值。"

正如我们在奥利弗身上所看到的，很多人的错误在于：绕过自我肯定，由无能为力直接跳到攻击与暴力。如果一个人长期以来一直无能为力，那么，当他第一次认识到自己确实拥有权力时所产生的兴奋感，似乎令人陶醉。这就好像他为了体验自己拥有"存在的权力"这一事实，而必须召唤出肾上腺素，而一旦肾上腺素被召唤出来，他便凭借其力量做出攻击行为。因此，接受心理治疗的个体在认识到自己的存在的权力之后，通常会经历其朋友和家人称为

"过度攻击"的阶段。这种攻击或暴力可能会像营火一样燃烧开来，但通常只是暂时性的。如果作为个人发展阶段之一的自我肯定被忽略或轻视，那么，一些具有很大价值的东西也就丧失了。为个体的存在的权力提供维持能力和深度的便是这种自我肯定。

在我们文化中，有许多人倾向于用道德理由来否认自我肯定。他们一直以来所接受的教导认为，这种自我肯定的渴望是"自私的"，或者用轻蔑的话说，是"自我中心的"，而且，"爱"他人的方式便是"恨"你自己。这是我们业已腐败的清教主义中完全过时的方面之一。根据沙利文的论点，即我们对他人的态度就是我们对自己的态度，如果我们想要爱他人，就必须先爱自己，现已被证明是毋庸置疑的。《圣经》里有一句格言也是这个意思：要像爱你自己一样地爱你的邻居，而不是像恨你自己那样。在心理治疗中，提醒患者"你对其他人不像对你自己那么坏"，通常有助于他以正确的视角塑造自己的行为。

一个人相信自己有价值的信心，通常最初从母亲或代理母亲对婴儿的态度中获得，然后在家人对婴儿的忠诚中得到进一步的培育。随着这个孩子逐渐长大，这种最初的感受会由于家庭成员之外的人对他以及他的潜能的欣赏，而得到进一步的强化。到了后来，更为成熟的个体似乎可以把那些曾相信他的人的意象保存在记忆中，作为自己在陷于困境时的参照。上大学时，我发现，曾经有某个成人相信过我非常关键、重要；在以后的生活中，当面对重大的决定时，我发现自己会依赖于其中一位曾相信过我的成人。这并不是因为我记忆中的这个人会告诉我该怎么做，而是因为在这样的时刻，发现有人相信自己，对于我自己的心理安全感而言非常重要。这种"相信"包括他或她对我的喜爱，尽管主要并不在于这一点；也包括他或她对我的能力及其他特质的信心。相比我在这里一条一条地列举，读者通过回忆自己珍藏在记忆中这样的人，可以更好地体验这一点。

心理治疗的部分目标，便是帮助个体平稳地建立起自我肯定，这通常是一个长期的过程。对奥利弗而言，这表现为他一天天对自我的肯定，在每次面谈中都不那么引人注目（因此，我们很少将其记入笔记，因而它们也很少出现在个案史中），而且，常常不知道该不该把它们记录下来。他做的梦开始显示出他有点儿觉察到了自己的权力："我正在爬一架梯子，梯蹬快断了，但我还是紧紧抓着两边继续往上爬。""我驯服了一些马匹。""我希望自己能够做这样那样的事情。""我想我能够完成这件事情。"我总是以某种方式做出回应，确保让他知道我已经听到了他说的话。或许当时我并不相信他能够完成自己希望做到的事情（如果我假装相信，他是会以某种方式感应到的），但是我会肯定他，我会说："我也希望有一天你能够做到。"或者我会说："我看不出来为什么你最终不能做到。"

有一种回避这不那么明显但却必要的一步的方法，出现在了奥利弗对所做的一个梦的解读中。那天早上他来做分析时，三句话就说了三次"这太难了"。他用虚弱的声音讲述了下面这个梦：

我和哥哥在哈德逊河的一艘小船上，我们，更确切地说是我丢了船桨。我们沿着河往上游。我对哥哥说："你何不靠着我的肩膀休息一下？"他把手放在我的肩膀上，我开始往下沉。我想自己快要沉下去了，便大声叫喊，哥哥这才放手。我们到了岸上。他想继续游下去。我说："不行，河水已经被污染。"他表现得好像毫不在乎，并且从乔治·华盛顿大桥（George Washington Bridge）下方游过去。我询问他河里有没有脏东西，他说："没有，没什么脏东西，只有岸边有一点。"爸爸正在等着他。

奥利弗谈到这个梦时，他说，水代表了母亲形象和阴道，他害怕被污染，他将会患上一种可怕的疾病，他把上帝与惩罚带进了讨论中。我一直问他：梦中这些广袤无边、宏伟堂皇的事物象征了什么？这个梦似乎是其问题的现实表现。是的，他正逆流而游，他确实要面对一些现实的问题；但是，为什么总是做这样难以理解的指涉呢？早上，他呻吟着走进我的办公室，他装出这副可怜兮兮的样子有什么特殊的原因吗？这个时候，奥利弗显然已经放松了下来。他宣称，绝不以事物的原貌看待它，生活便会更有趣；它使得一切都变得肤浅，"它如此壮观宏大，我只能四处摸索。它绝不是一个问题——它是上帝的大行动"。

不论这个梦让人难以理解的含义是什么，他做这个梦的目的似乎都非常实用。他把哥哥这位最为现实的家庭成员也放在了梦里，至少他想出了一种如何与母亲相处的生活方式。何不像哥哥一样冒险试试？他做了这样一个梦的事实，便表明他确实是在考虑这个主意。当然，转而讨论广袤无边、冠冕堂皇的层面，可以更为容易地保持无知的状态；但我认为，他应该先专注于具体、现实的思考。

人类拥有自我意识的事实，大大增加了他对于自我肯定的需要。我们能够知道自己正在肯定自己；我们也能够感知到自我肯定的缺乏，并因此而感到羞愧。在人的身上，本性和存在并不等同。但对于我那只在房间里蹦跳玩耍的小猫而言，本性和存在是一样的——不论对它怎么样，它都会变成一只猫。猫不用承受拥有自我意识或知道自己知道的负担。虽然它逃避了随此经验而来的内疚感，但同时也失去了拥有这种自我意识而产生的骄傲自豪。橡树的本性与存在也是一样的：物理条件对了，橡子就会长成橡树；橡树不会因为思考这一点或知道这一点而有负担。

意识是本性与存在之间的中间变量。它大大扩展了人性的维度；它使得自觉感、责任感以及与此责任相称的自由界限在人身上成为可能。人类意识的反思性说明了这一事实，即动物行为研究对关于人类攻击性的了解只能提供外围的启示而已。人类的残忍性可以无限扩大，也可能只为虐待成性的乐趣而破坏事物——那是一种动物所没有的"特权"。这一切都源于这一事实，即在人类身上，本性与存在并不等同。

因此，人类只有参与自己的发展，并让自己超越这种或那种倾向，而不管这个选择将会受到多大的限制，才能成为一个自我。自我永远不可能自动地发展出来；一个人只有当他能够了解自我、肯定自我、坚持自我时，才能够成为一个自我。这就是尼采一直宣称承诺与奉献之必要性的原因所在。而且，这也是人比动物以及大自然的其他生物可教得多的原因。因为相比而言人类不那么受本能引导，他能通过自己的觉察，在某种程度上影响自己的演化。其间，存在着作为人的羞耻感与困惑，也存在着作为人的伟大之处。

4. 自我坚持

我们可以抽取默西迪斯生活中的一件事来说明从自我肯定到我们权力光谱中的下一个层次即自我坚持的转换。

默西迪斯必须将支票兑现来买东西：

> 我到经理的办公室请他为支票背书。有个女人打电话给他，所以他把门关上了。我站在门口等了好几分钟，然后敲了敲门。他打开门说："我们今天没有那么多现金……我现在没有时间，你晚点再来。"随后，我就去了店里买东西。我看见两个白人女性去找他，他帮她们的支票做了背书。我再回去找他，他却说"不，不，我现在没法给你背书"，并让我去找另一个人，结果这个人权限不够，无法为我的支票背书。
>
> 我整个晚上都睡不着。第二天我又回去找他，并对他说："你昨天伤害了我。"他向我道歉，并为我的支票背书。

我在面谈结束后思考这件事时，觉得有什么地方不对劲。于是，在她的下一次面谈时，我再度问起这件事。她尴尬地看着我，微微笑着说：

昨天我没有把整件事情都告诉你。我第一次去找他时，头上戴着发卷，看起来很邋遢。第二天我打扮了一下，我化了妆。我的胸部因为给小孩喂奶的关系而变得很丰满，我把外套半敞着。我去找他时，他说："我能为你效劳吗？"我于是解释了前一天的情形，并告诉他我并不是要钱，而只想兑换支票买点东西。他说他前一天拒绝我是因为那两个白人女性想要现金。他用手搅着我的肩，叫我"亲爱的"，并且说他很抱歉伤害了我。

我笑了，默西迪斯说，她之前没有全部讲出来是因为她为此事感到很羞愧。

我完全同意那些断言默西迪斯是把她的性当作自我坚持之工具的人的观点。然而，我却不同意有些人说这只是她早期卖淫模式的延伸。现在，这成了一种有意识地加以使用的策略，而不是为情境所迫而依从的策略。我们在这里所讨论的是自我坚持这个事实，而不是手段。

当自我坚持不再行得通——在此次事件中，这是默西迪斯一晚上睡不着所认识到的——时，个人就会聚集起他或她的权力，与对方做一对一的抗衡。

自我坚持令人不解的一面在于，人类为了练习坚持，而经常主动去找反对意见。这再一次表明，自我坚持不是病态的，而是存在权力的建设性表现形式。我们可以在二到四岁的小孩身上观察到这一点。他们会"挑战极限"，看看自己要做到什么程度父母才会反对，他们为挑战父母而挑战，为说"不"而说"不"。

夏洛特·布勒（Charlotte Buhler）博士指出，当环境引出了道德问题时，比如一个四岁孩子的坚持是不好的，因为他的坚持与妈妈的要求相反，小孩关注"好"与"坏"这个问题的方式可能与妈妈所期望的非常不一样。因此，"我们偶尔会听到四岁的彼得大声对自己说话，并问他自己：'他是个乖小孩吗？他是个坏小孩吗？'然后他一脸高兴，并倔强地宣布：'不，他是坏小孩。'"[10]

在这种主动寻求反对意见的过程中，孩子经常会拒绝做大人要求他做的事情，他会脸上带着微笑站在地板的中央，就好像他知道这一切不过是个游戏一样。明智的父母会接受这种行为，他们并不以此为理由而增加孩子的内疚感，也不以此为借口而妥协，因为那只意味着，孩子必须更努力地找出另一个能够得到父母真诚反对的问题。因为他想要做的只是测试自己的"心理肌肉"（psychological muscles）。这是成长的一个正常且必要的方面——孩子所"练习"的自我坚持的意志。民间传说中有很多这类指涉，就像一首德国童谣里所唱的，孩子会到外面去"学习颤抖与发抖"。

诚如保罗·蒂利希所说，除非有真实的会心，或有真实会心的潜能，否则，个人存在的权力会一直隐而不显。用蒂利希的话说，只有在存在不断对抗非存在的斗争之中，权力才会由隐性变成显性，在蒂利希看来，非存在是否认、毁灭存在的全部方面。这包括：顺从（conformism），它会摧毁独特性与创造性；敌意，它会削减勇气、雅量和理解他人的能力；破坏性；最终是死亡本身。只要我们能够将非存在纳入我们自身，那我们就拥有了存在。"生命过程是一个变得越来越有力量，并将越来越多的非存在纳入其自我肯定当中（而不是被它摧毁）的过程。"[11] 我们的目标并不是忽略或压抑非存在的表达，而是直接面对它们，接受它们，把它们当作生命之必需，并努力地吸纳它们——所有这些做法都可以削弱它们的破坏性力量。通过这些努力，创造力就会出现。

存在只有在实现其权力的过程中，才会显现出来；否则我们该如何察觉到它，更不用说知道其复杂的旁支末节了？权力是在那些克服了反对力量的情境中实现的。

尼采看到了意志的这个方面，并给我们提供了一种测算的方法："我根据它忍受反抗、痛苦、折磨的程度，以及知道如何转化为自己优势的程度，来估算一种意志的权力。"[12] "在自由思考及个人所形成之生活领域中的每一小步，都是以精神和身体的折磨为代价奋斗而来的……再也没有比为人类带来一点点的理性和自由更珍贵的了，它们现在是我们骄傲的基础。"[13] 他相信这必定如此——安逸富足是人类的敌人，它们会腐化且削弱真正自我发展的基础。生命就是自我与困境的斗争。我们听到尼采一次又一次地说："生命是由自我战胜组成的。"他对达尔文的生存竞争概念表示不屑，而主张："所有的生物都不是为了保存其存在，而是努力地为了提升自己，为了成长，以及为了繁殖更多的生命。"在这么做的时候，他们是冒险以自己的存在为赌注的。尼采在《查拉图斯特拉如是说》中写道："我对这神秘的生命本身深信不疑：'你看，生命说，我就是那必须不断超越自身的事物。实际上，你可以称它为生命的意志或朝向某一目的的驱力，即朝向更高、更远、更多方面发展的驱力；但是这所有的一切，都是同一个生命。'"

严格说来，这就是人们不能把权力施予另一人的原因所在，因为如此一来，接受的一方仍旧会把这种权力归于赋予的一方。从某种意义上说，它必须被承担和确立。因为除非它能够被拿来对抗反对的一方，否则，它就不能算是权力，而接受的一方也永远都无法真实地体验到它。

注释

[1] Clara M. Thompson, *Interpersonal Psychoanalysis*, ed. Maurice R. Green（New York: Basic Books, 1964）, p. 179.

[2] D. W. Winnicott, "Aggression in Relation to Emotional Development," in *Collected Papers through Paediatrics to Psychoanalysis*（London: Tavistock, 1958）, p. 204.

[3] Anthony Storr, *Human Aggression*（New York: Atheneum, 1968）, p. 41.

[4] 安娜·弗洛伊德在 1971 年维也纳国际精神分析学会（International Congress of Psychoanalysis in Vienna）的演讲中说攻击性在起源上先于防御。孩子常常会去拿别的孩子的玩具，当玩具的主人要取回自己的玩具时，他就会跑到母亲后面躲起来。我们应该在我们的文化背景中审视这一有趣的现象。

[5] Storr, p. 43.

[6] Ibid., p. 46.

[7] 注意，B. F. 斯金纳在《超越自由与尊严》（*Beyond Freedom and Dignity*）（New York: Knopf, 1971）中，非常爱用控制（control）这个字眼。

[8] 这种说法容易招致那些感兴趣的人进行特别的精神分析阐释。这个年轻人的基本问题在于他跟母亲之间的关系，母亲总是给他买过多的食物。如果

他想要获得心理自由与自主性的话，那么，这样一个老年妇女便成了他要确立的原型，也是他必须象征性地将其杀死的对象（俄瑞斯忒斯式的）。

[9]"每一个存在都要肯定他自己的存在，"保罗·蒂利希写道，"它的生命就是它的自我肯定——即使这种自我肯定是一种自我放弃的形式。"[*The Courage to Be*（New Haven：Yale University Press, 1952）, p. 39.]

[10] Charlotte Buhler, "The Four Basic Tendencies as Existential Characteristics," to be published.

[11] Tillich, p. 4.

[12] Walter Kaufman, *Nietzche：Philosopher*, *Psychologist*, *Antichrist*（Princeton：Princeton University Press, 1950）, p. 183.

[13] Ibid., p. 214.

第七章

攻 击

一个男人晚上九点钟走进了布鲁克林的一家烟草店。这家店的主人是一对老夫妇，这对老夫妇在逃到美国之前，曾是德国集中营的生还者。那个男人要老夫妇把钱交出来，老夫妇回答说店里几乎一毛不剩。那个男人冷血地用枪杀了他们，然后掉头就走。

——摘自《纽约时报》

我的绘画风格是这样的：首先我必须废除形式，将其简化为线条、颜色和圆圈……然后，我必须破坏颜色……接下来，我必须把圆圈拆开，让它只剩下平面和线条……我的艺术作品由最单纯的线条和比例组成。

蒙德里安敬上

——摘自皮特·蒙德里安（Piet Mondrian）写给所罗门·R.古根海姆博物馆（Solomon R. Guggenheim Museum）的詹姆斯·约翰逊·斯威尼（James Johnson Sweeney）的信

我们都同意，上述第一个例子是一起恶意的攻击与暴力事件，而且，我们不知不觉地就会谈到精神病理学。但如果我们在一个不同于此的背景中追问第二个例子是否也是攻击的案例，多数人都会感到很吃惊，然后回答说，当然不是。但是，看看其中的"废除""破坏""拆开"这些字眼——这些无疑带有攻击性。皮特·蒙德里安这位外人眼中沉默不张扬的男子，却在他的艺术作品中用强烈的攻击性来对抗传统的形式。在早期教育、艺术学校和画廊所反映的古老学术传统具有相当大的权力，而蒙德里安却积极致力于打破和重构这些传统。

没错，第一个例子描述的是针对人所做出的行动，而第二个例子描述的则是针对非人的人为造型所做出的行动。但是，我们不能单纯以个人为基础来界定攻击。那些所谓的非人的敌人，如癌症或极权主义可绝不是毫无权力的。我们对攻击所确立的判别标准，是否会大大影响我们所拥有的攻击权力呢？如果是，我们便会发现蒙德里安所追求和反抗的艺术形式，正矗立在我们心灵生活的中心，并且对于未来好几个世纪的人们都将产生更为深刻的影响。

攻击有许多方面，比人们通常所认识到的要多得多。

1. 攻击的意义

自我坚持可能只是一种坚守（例如，"我站这里；你只能到这里为止，不能再靠近了"），而与此相关的攻击是一种向外的移动，一种朝向敌对的人或事物的推力。它的目标在于为了自己或所奉献之对象的利益，而导致权力发生转移。攻击是进入他人领域、完成权力重建的行动。我们权力光谱中的第四个水平之所以会出现，是因为个人或团体坚信，权力的重构无法靠自我肯定或自我坚持来完成。

攻击者想要的很可能是土地和资源，就像国家发动战争强占他国领土一样。或者，攻击者想要的可能是在变化的过程中获得一个智力支柱，就像蒙德里安的新艺术形式。攻击也可能出于对不公正的仇恨，就像弗朗兹·法农呼吁非洲黑人起来反抗。攻击的目标也可能是精神性的，就像废奴主义者的行为。不论目标和动机为何，此刻也不管它何时得到了合理化、何时没有得到合理化，攻击本身都是指为了自己或自己所信奉的信念，而努力地夺取他人的权力、特权或地位。

攻击在权力光谱中出现的位置，就是外显的冲突所呈现的位置。虽然自我肯定中的冲突很不明显、难以察觉，而自我坚持中的冲突稍微明显一些，但这两个层次上的攻击，一般都是指向内部。例如，默西迪斯晚上躺在床上睡不着，因为白天被店里的经理拒绝而痛苦万分。另一个例子是，当我鼓足勇气，在一大群听众面前站起来向演说者发问，以坚持自己的主张时，我的内心是有冲突的，而外在世界却可能无法看到我的冲突。但是，攻击中的冲突，毫无疑问是外显的。攻击中会出现利益与利益的抗衡，而攻击行为便是努力地找到某种解决方式来解决这种冲突。

如果我们遵照美国的习惯，在攻击才冒出头时便谴责其为邪恶之物，那么，我们便打开了道德疾病的潘多拉盒子。根据这种思维方式，当权者的权力就会自然而然地成为有益的，也是神所赐予的，不管是州警冲入阿提卡监狱实施屠杀，还是警察镇压墨西哥裔美国人暴动所展现的权力，都是如此；反叛者自动就会被视为邪恶的。因此，我们会倾向于把某个行动贴上攻击的标签，并因此在那些没有权力者进行该行为时加以谴责，而在当权者进行同一行为时，却把它贴上正义的标签（反之亦然）。

人们之所以如此害怕攻击，是因为其中涉及了潜在的武力。攻击中的武力会从肢体、智力或精神性的意义上，夺走我们的生命。我们都能很好地理解肢体武力。智力的攻击可能具有同样的强制特质，比如，伤人感情的争论，尤其是人身攻击（argumentum ad hominem）。强制也可能是精神性的，比如被他人排斥或被逐出教会的威胁。最后这个可能是一大威胁，这点在大家都熟知的"巫术死亡"（voodoo death）现象中表现了出来。在原始社会中，由于触犯了某种禁忌而受"斩死"（cut dead）惩罚的死刑犯人，受刑后倒在地上；他的脉搏渐渐变得微弱；他的喘息和呼吸变得困难；几个小时后他便会死去。[1] 甚至在文明社会中，"把人斩死"无论是从心理还是精神上，都是一种攻击行为，并且会产生强有力的结果。

攻击（aggression）的两面性，可以从这个词的拉丁词根 aggredi 看出，其字义是"向前走，去接近"。它的主要意思是"接近某人以得到咨询或建议"。它的第二层意思是"行动起来反对"或"行动带有伤害的意图"。换句话说，从起源上看，攻击是一种纯粹的联结，是一种向外的伸展，是为了得到对自我及他人的友好肯定，或为了敌意的目的（比如作为拳击手技术一部分的熊抱）而与他人建立联系。攻击的反面不是爱好和平、体贴、友谊，而是孤立，即与他人完全没有任何接触的状态。这就是这种人的实际状态（我们可能只要自省一下，便能理解这样的人，而不一定要到精神病院去观察）：他无法忍受任何对其所思所为的指责；很快，他便无法接受任何的纠正；最后连一丁点的批评都无法接受。他与他人完全隔绝了。

在心理治疗中经常会发生以下情况：当患者表达某种否定的意见，如"我觉得你在攻击我。我无法忍受这一点……"，或者，当治疗师说"你说的话让我非常生气，让我们来看一下为什么会这样"时，双方都可以去探究一下被撞击到的敏感点是什么。处理好攻击的这些方面，不仅可以真相大白，双方对彼此也会有更深入的全新了解，而且，通常情况下——因为我们既爱他人的美德，也爱他们的过错——双方对彼此也会产生更深的情感。

正面的攻击性包括：克服障碍开启人际关系；没有任何伤害意图地面对他人，并且试图深入他的意识；避开威胁人格完整性的权力；在敌意的环境中，实现个人的自我与自己的想法；克服阻止康复的障碍。

从神经生理学方面看，人类的做爱和吵架非常类似。安东尼·斯托尔指出，情侣之间吵架往往以做爱收场。[2] 骑士与情人之间通常有着奇怪的关系：骑士自龙的口中救出少女，接下来，和她做爱就会成为这个寓言传说的一部分。在争吵时，往往会出现一种生动鲜活的亲密感，其间交织着爱与恨，这种亲密感由于恨而保持着距离，但亲密感仍在，它最终会开花结果成为情或爱。

负面的攻击性是我们社会通常认为的攻击性，所以在这里不需要多做定义。它主要是指：在与他人接触时，意图伤害他人或让他人痛苦；为了自我保护，或仅仅是为了增加自己的权力，而夺取他人的权力。

为什么正面的攻击性总是受到抑制，而负面的攻击性却被如此强调呢？有一个很明显的原因是，我们非常恐惧攻击性，因此我们便假设——虽然只是错觉——如果我们能把自己所有的注意力都集中在攻击性的破坏性方面（就好像那就是它的全部），那么，我们便能更好地控制它。这种只认同一个词的负面意义的做法 [例如，他妈的（fuck）、魔鬼（devil）]，是对原始生命力（daimonic）误用的最古老案例之一。我们这么做，就等于是贴上了"不受限制"的标签，从而把整个领域都排除在外了，所以，谈论"魔鬼"的人，本身就已经在魔鬼的权力掌控之下了。

我们倾向于只强调攻击性之负面的另一个原因在于，攻击性会引起焦虑与内疚。我们以为，如果我们说普罗米修斯是一个想象出来的传说中的人物，并断定自己得到了"亚当第二"（second Adam）即基督的拯救，那么可以免受焦虑与内疚之苦。当这种做法被教条化时，就像许多信奉正统派基督教的人所做的那样，它确实给予了个体一定程度的控制。但是，这个控制系统充其量还是摇摇欲坠的。它的价值远远不及它所造成的伤害，因为它截去了个体的意识，同时也阻断了我们对他人的敏感性与理解。

事实上，我们所做的每一件事情，差不多都混杂了正面与负面的攻击形式。在一场演讲前，我发现自己会有很好的心情："如果有人听得睡着了，我的声音和观点会把他吵醒"（这是正面的攻击）。有时候我又觉得自己有点挑衅："如果有人想打断我的演讲，我就会让他出丑，使他闭嘴"（这是负面的攻击）。

2. 攻击的种类

攻击这个字眼通常以千变万化的形式出现在我们日常生活的语言中。当我们说一笔"具有攻击性的买卖"时，乃是一种恭维，意即冒着很大的风险赚到多得多的钱。在股票市场中，取得成功的往往是具有攻击性的股票经纪人和股票处理方式。"我们遵循一种攻击的原则"这句话在商界广受欢迎，这表示这些人做事机警，并打算为自己博得一席之地。在找律师为你的案件辩护时，你最好找一位具有攻击性的律师，因为他知道如何将你在法律上的对手置于下风。在商界，对攻击的积极运用已广泛地被人们接受。

大多数的攻击都是间接的、经过伪装的，常表现为以微妙的方式打压他人。这在心理治疗中表现为以文明友善、友好合作为伪装。一个患者会说他不得不"诚实"，接着便会不断地吹毛求疵，到处找茬，从治疗师的治疗方式，到治疗师的家庭、办公室，等等，无一不挑剔。当治疗师说了患者不认同的事情时，患者会不止一次地否认，连声说"不，不，不，不"，就好像他很吃惊天底下竟有人愚蠢到说出这样的事来。这种自居人上的技巧，在形形色色的人之间的日常对话中不断出现，特别是在已婚夫妇之间尤其常见。他们会没完没了地吵架，为谁优谁劣而争论不休，吵架的方式通常不是由"受害者"挑选，但是其他人却都很清楚。这种间接的攻击类型几乎总会导致破坏性的结果，而且，我怎么也看不出其中有任何的好处。

此外，还有一种攻击——自我内部的攻击，当事人往往会觉得这是和自己作对的攻击。我今天一大早就坐下来撰写本书。直到现在为止，我都觉得很放松，相对而言也比较开心，甚至可以说比较平静。但是，当我坐在这里思考攻击这个主题时，我散漫的思绪便开始集中起来，我打开了心扉让所有可能的洞见都浮现，我仔细地思考着这个主题。我召唤出自我那些反叛的部分；我向内寻求一场"斗争"，我知道，从这样一场斗争中会涌现出具有创造性的权力和远见。我召唤出原始生命力——竭尽所能地去召唤。如果用神话的方式来描述的话，我会说有一大群小矮人、小精灵和食人魔隐藏在我的心中，但它们不听从我的命令。这场随之而来的混战，要一直持续到某些清晰的想法和洞见出现才会停止，它实际上就是我的自我，为了以全新的方式理解人类的生活与问题，我们就要摧毁传统的观点和看问题的方式。这便是威力十足的原始生命力。

从某种意义上说，所有的艺术都必定具有攻击性。艺术家并不一定就是一群好战分子；他们最重要的战场通常是在自己内心、画布、打字机或在其他艺术媒介上。没有人在观赏汉斯·霍夫曼（Hans Hofmann）的画作（这些画作中明亮的色彩相互碰撞，半边的形状形成不规则的界限，或是与其他色彩混杂在一起）时，不会觉得自己眼前所看到的便是这种正在发挥作用的原始生命力、这种人造的攻击。罗伯特·马塞维尔（Robert Motherwell）和弗朗茨·克林（Franz Kline）为了试图画出我们这个时代的紧张与不安，会往画布上泼一大块黑色颜料，让它粗糙的边缘悬荡在空中，就好像某个巨大的物体在画布上被撕得四分五裂一样。在这些画作中，这些冲突形式所展现出来的权力，被拉到了临界点。但是，如果没有这种拉力，实际上也就是说，如果没有这样的攻击，今天的我们又如何能够从真正的意义上进行创作呢？诺曼·梅勒（Norman Mailer）热衷于拳击，欧内斯特·海明威（Ernest Hemingway）则不仅一有时间就走进拳击场与人较量，而且形容自己在准备写作时，就像在为拳击赛热身一样。这两位作家都有坚持自己权力的需要，他们的创作能力正是来源于这种需要，至少部分如此。

3. 攻击心理学

弗洛伊德最初在其作品中，忽略了攻击这个问题。弗洛伊德《梦的解析》（*The Interpretation of Dreams*）一书的索引中没有出现攻击（aggression）和施虐狂（sadism）这两个词，该书是弗洛伊德的创新之作，出版于 1900 年。首次提到攻击一词是在 1905 年，当时，它被视为弗洛伊德力比多理论的衍生物。攻击性是个体性欲发展的一部分，共有口腔攻击、肛门攻击和俄狄浦斯攻击三种形式。

大约就是在这个时候，作为维也纳"内圈人士"之一的阿德勒，开始强调攻击性是人格中的一种主要冲动。这或许可以部分地解释弗洛伊德不接受这个概念是人类生活中的一种独立冲动的原因所在。

弗洛伊德于20世纪20年代中期提出的第二个理论，乃是一种自我理论。"自我会痛恨、憎恶，并刻意寻求摧毁所有导致痛苦的客体。"[3]第一次世界大战迫使弗洛伊德不得不更为深入地面对破坏性这个主题。当时数以百万计的人们屠杀自己的同胞，以致出现民族自杀。弗洛伊德在反复思考以后，提出了死亡本能（death instinct）这个奇怪的心理哲学理论，这个理论是弗洛伊德在1920年64岁时系统阐释和公布的，他用这个理论来直接应对人类对自己及同胞施以极端残酷行为的现实。尽管大多数精神分析师认为该理论难以接受，但是它确实在最基本的层面上直接面对了攻击性这个主题。该理论还强调这样一个事实，即攻击针对的主要是自己——终究免不了一死的还是自己，因此，为了避免这种自我毁灭，攻击还必定会转而针对他人和外在的客体。死亡本能是个隐喻，它绝不是完全的真理，而是真理的一个重要部分，不可将其忽略。弗洛伊德理论给我们的一个启示是：抑郁症往往是"被潜抑之物的回返"，也就是尚未面对之攻击倾向的间接表达。我们在奥利弗所说的话中可以看到这一点："我用抑郁来避免自己对姐姐发怒。"

弗洛伊德的攻击理论让我们不甚满意。安娜·弗洛伊德（Anna Freud）的说法比较可信，她说如果弗洛伊德还活着，他一定会从根本上修改他的攻击概念。[4]

耶鲁大学研究生院一群极有天赋的年轻人，从弗洛伊德的第二个理论出发，于 1937 年出版了一本著名的专题著作《挫折与攻击》(*Frustration and Aggression*)。他们的理论引发了一系列正反的研究，该理论坚持认为，攻击始终是挫折所导致的结果，而且，只要遇到挫折，攻击就一定会出现。该理论的缺陷在于，它像几乎所有的美国理论一样，不言而喻地假定所有的攻击都是负面的，并隐然认为，如果有一天我们建构了一个没有挫折的社会，那么，攻击将不复存在。但最为重要的是，该理论并没有认真地看待生活中的残酷现实，如黑人贫民窟或奴役制度中的残酷现实等。牢狱中的人们正为了自己的生命而战，他们的攻击行为哪是用挫折就能解释的呢？

阿尔弗雷德·阿德勒的功绩在于，他最先主张攻击 [他最初称其为"权力意志"(will to power)] 是人类生活的根本。阿德勒是个瘦小的男人，他喜欢半开玩笑地说，所有像拿破仑这样的矮个子男人，都会追求权力以作为补偿。阿德勒认为，文明本身就是人类为了增强对抗大自然的权力而产生的。他在维也纳的贫民区长大，一生都是一个坚定的社会主义者。这或许与他晚期作品中失之过简的完美主义有很大的关联，我们从他把"权力意志"改为"追求优越"，后来又改为"追求完美"(striving for perfection) 的历程，便可以看出这种失之过简的完美主义的蛛丝马迹。阿德勒忽略了悲剧的生命观，而在我看来，这与权力理论是密不可分的。

康拉德·劳伦兹对攻击性的研究，从本质上说是一种生物学的研究，因此既具有大多数生物学取向的优势，也具有其劣势。[5] 许多人都将劳伦兹的研究解读为对战争和一切攻击行为的依据，而不管劳伦兹事实上根本就不是这个意思。关键的问题在于，人类与动物不同。人类能够创造象征，并以此为基础建立起文化。国旗和爱国主义便是例证，社会地位、宗教和语言也是如此。创造和处理象征的能力，实际上是一种超凡的成就，同时也解释了人类是地球上最为残酷的物种这一事实。我们不是出于需要而杀戮，是为了忠诚于像国旗、祖国等这样的象征而杀戮；我们是为了原则而杀戮。因此，人类攻击的发生水平与动物不同，我们从动物身上是无法了解人类所特有的攻击形式的。

4. 破坏性攻击

既然我们通常都认为攻击具有破坏力，因此我将只用一段个人的小遭遇来说明一下。我曾受邀到美国电话电报公司的年轻主管大会上演讲。这次大会是一个为期六周的培训课程的一部分，此次培训在新英格兰一所大学的校园内举行，我认为这表现出了美国电话电报公司这个大企业的人文素养。我曾在这类大会上演讲过，效果让人很满意。

但是，出乎我意料而且让我有些手足无措的是，我发现当日的演讲碰到了许多奇怪但不显眼的障碍。一直以来，我对沃尔特·惠特曼（Walt Whitman）的话深信不疑，他说："听众促成演讲。"我的听众似乎很警觉且精神饱满，但是，无论我怎么努力，我就是无法向他们传达我的主要想法。中场休息时我才发现，此次培训的目的之一，就是要让这些年轻的主管（公司将从这些年轻人中评选出少数能够胜任高级职位者）能够富于"攻击性"，而且美国电话电报公司也从活动所在地的大学聘请了两位教授来给这些人打分，看看他们"找出演讲之漏洞"的效率如何。我真正面对的不是想要学习的听众，甚至不是想愉快地享受知识刺激的听众。该公司举办该场演讲的目的完全不在于此；听众不是为了听我讲什么，而是为了找出我所讲内容中的错误，也就是为了找我的弱点而来。简而言之，这是一种为了"打倒"演讲者的复杂听讲形式。这场攻击的竞争性奖赏极有分量，那就是被提拔到高级职位。

这是个没有沟通的案例。这种态度将能成功地阻止任何的演讲者；除非你能感觉到听众至少会听到你的观点，否则你根本无法说出它们。这并不是说听众会同意你的观点；但这确实意味着听众是为了这些观点本身的内在价值而听。如果我一开始就知道听众的目的，那么，我大可把演讲的整个主题改为"攻击及其目的与效应"；这样，我至少可以和听众进行沟通。

5. 建设性攻击

下面有关建设性攻击的例子，取自美国历史上一个崇高且鼓舞人心的片段，它与当今的形势有着惊人的相似性——美国内战爆发前数十年的废奴运动。接下来，我将讨论此次运动中的四位杰出人士：温德尔·菲利普斯（Wendell Phillips）、威廉·加里森

（William Lloyd Garrison）、詹姆斯·伯尼（James Gillespie Birney）以及西奥多·韦尔德（Theodore D. Weld）。[6] 这些重要人士中没有人会怀疑废奴运动最终结果的建设性意义。该运动若能更成功，则美国内战及其所造成的难以想象的苦难都有可能被避免。

这些人非常符合我们对攻击的定义。他们积极地进入他人的领域（奴隶是个人财产，因此是"神圣不可侵犯"的），以完成对权力的重新建构。他们的活动特点是极大的冲突，既包括内在冲突，也包括外在冲突，其中，外在冲突包括对其生命和肢体的持续威胁。

从他们的早年生活来看，这四个人似乎都极不可能在日后为了反对奴隶制度而表现出强大的攻击性。温德尔·菲利普斯曾过着那个时代波士顿高雅人士的典型生活，获得了哈佛大学法律学位；威廉·加里森最初的兴趣是写作和政治；人们最初听说西奥多·韦尔德时，他是一位强化记忆技巧的讲师；而詹姆斯·伯尼因为喝酒而被普林斯顿大学两度留校察看，尽管后来重新获准入学，毕业时还是荣誉学生，最终他成为一位农场主人，过着年轻南方贵族的生活，喝酒赌博样样来。这四个人身上有哪些特质决定了他们的攻击是建设性的而非破坏性的 [像约翰·布朗（John Brown）一样]？

当回顾他们的童年生活时，我们发现，他们每个人都始终如一地得到了父母的关爱。我认为，这点对于理解建设性的攻击本质非常重要。如果一个人得不到他人的爱、没有得到持续的爱，或是父母本身完全没有安全感，那么在他后来的攻击性中会发展出一种报复世界的倾向：只要他人对他不够好，他就会毁掉这个世界。

这四个人——我们必须假设这是从婴儿早期开始的——都对他

人有深切的同情心，后来这种同情心发展成为他们对奴隶和被迫害者的特有形式。加里森和韦尔德因为对黑人遭遇的深切同情，而加入废奴运动。伯尼写道："我们很难说清楚一个人对那些可怜之人的责任是什么；但是，我已下定决心做一件事情：我将不允许有人残酷地对待他们当中的任何一个人。"[7] 菲利普斯因为暴民谋杀了另一位废奴运动者伊莱亚·洛夫乔伊（Elijah P. Lovejoy）才注意到这场运动，后来因为看到暴民威胁到了加里森的生命，而正式加入废奴运动。此后，他的动机和其他人稍有不同，因为他对自己亲爱的故乡波士顿竟然如此忽视公民的自由，经常感到震怒不已。

在暴民的持续暴力威胁之下，对这四个人来说，肢体勇气（physical courage）是必需的，它经得起更为深刻的考验。就他们所朝向的那种攻击性而言，他们必须具备冒险的能力，以及在危急状态中求生存的能力。这四个人在小时候便精力无穷，总是玩剧烈的游戏，还和同伴打架。但是，他们的勇气似乎更多地来自克服焦虑的胜利（就像在上一次分析中所说的，勇气或许一直都在），而非与生俱来。加里森在一封写给朋友的信中说，他在"波士顿公理会"（Congregational Societies of Boston）演讲时，他的"膝盖一如所料地打颤"，而当天有一家报纸也报道说：他的声音非常微弱，以至于听众几乎听不到。不过，他后来重拾自信，强烈呼吁解放奴隶。"虽然加里森在这四位废奴主义者中受的苦最少，也好像以战斗为乐，但是他确实曾多次被愤怒的暴民危及生命，他所体验到的恐惧也不容忽视。"[8]

这里所需要的社会勇气（social courage）甚至让人更为难忘。

伯尼写道：我们所承受的疏离之苦"可不是个小考验。那些曾与我们一起经历艰辛，长途跋涉走到神之殿堂的人都疏离了我们——许多……近亲都疏远了我们，而整个社区……都把你看成破坏和平的敌人"[9]。1834 年，伯尼写信给韦尔德说："没有任何人愿意帮我，我找不到任何一个对这个主题有同感的人！"他一次又一次地面对谴责和暴民的暴力威胁，但是，他相信：

如果真有这样一个时代，那就应该是现在，因为我们共和国普世自由的理想正陷于危机之中，爱国志士应该为了她的解放而大胆地放手一搏……（人类必须）作为自由人（而）非奴隶而死，不然，我们希望一直荣耀的国家，就会永远消失。[10]

他们所遭受的反对，强化了他们的信念。加里森对此做出的回应是：他增强了攻击性，并对黑奴更加认同。他以雄辩的气势写道：

我注意到许多人反对我的激烈言辞；但是，这种激烈言辞难道没有原因吗？我将如同真理一样严苛，像正义一样永不妥协。在这个主题上，我不愿意温和地思考、谈论或写作。不，绝不！你可以让一个家中失火的人不要过度惊慌；你可以要他慢慢从强奸者手中救出自己的妻子；你也可以告诉一个母亲慢慢地救出困在火场里的婴儿；但是，请你不要劝我在目前这件事上运用这一温和策略！我是认真的！我不会含糊其辞，我不会借故离开，我一寸也不会退缩，而且，我不会默不作声。民众的冷漠已足以让雕像从基座上跃起，足以加速死者复活。[11]

在经历如此冗长的攻击活动之后，任何敏感的人都会不时认真地质疑自己立场的正确性。我们特别对伯尼的怀疑和犹豫期有触动，因为它所围绕的正是当代典型的忧虑。他一直害怕自己的决定受情感影响太深，因而尽可能尝试以说理的方式说服自己和他人："当我想起自己是多么冷静沉着地从与这个主题（奴隶制度）相关的一条条真理想到甚至更高的真理，我很满意自己的结论不是一时激情的结果。"[12] 后来，他对于永远无法以理性说服南方蓄奴者一事深感绝望。虽然健康状况欠佳，但他依然来到纽约担任"美国反奴隶制协会"（American Anti-Slavery Society）的秘书。有趣的是，这位理性之士在 1857 年去世之前，已对渐进主义感到绝望："它（奴隶制度）将何时终了？又将如何终了？我不得不说我看不到尽头。"[13]

建设性的攻击会导致痛苦，也会造成内部冲突。献身于这一事业所要承担的痛苦，是越来越多的人投身于此的原因。当暴民威胁加里森的生命时，波士顿的社会贤达都对此感到非常愤怒。著名的亨利·英格索尔·鲍迪奇（Henry Ingersoll Bowditch）医师写道："事情竟然恶化到这样的程度，人们甚至不能在法尼尔厅（Faneuil Hall）的周边范围内谈论奴隶制度。"当鲍迪奇自愿帮站在一旁的市政府人员塞缪尔·艾略特（Samuel Eliot）去镇压暴民时，艾略特"却暗地告知，虽然当局不乐见暴民，但却相当同情他们的处境……我们是被迫镇压废奴主义者的。我对此非常反感，当我带着强烈的嫌恶离开他时，我发誓：'从此刻起，我就是一名废奴主义者。'"[14]

这个时期就像我们自己所处的这个时代一样，"法律与秩序"之力量扮演的角色所呈现出的是一幅令人忧郁的景象。它所揭露的事实我们心知肚明，但是为了自己内心的平静，我们却试图把它遗忘。就像在上面引述的事件一样，不仅有公务人员因为同情暴力而暗中煽动暴力，而且一起类似的事件还有可能被放大千倍：当一个脱逃的奴隶在他们自己的国民军的看护下被强制带回南方时，波士顿的好市民却只是旁观，羞愧而无能为力。事实上，许多原本认为废奴主义者是鲁莽之人、极端主义者代言人的人，在看到这样的事件时，也许便会有不同的想法了。

废奴主义者攻击的主要目标达成了——战胜了在焦虑和内疚时总会浮现的情感淡漠。焦虑是由于那个历史时期的社会动乱而引起的；内疚是由于拥有奴隶而产生的，甚至连那些南方人自己也感觉到了。但是，废奴主义者不会让他们逃进情感冷漠中。他们不断地冲击着大众，不允许任何人的良知沉睡。

这四个人针对奴隶制度的非人本质都表达了强而有力的不满。他们还有一个关乎存亡的远大目标——矫正社会的不公。破坏性攻击有时候只包括第一点，但这两点都必定存在于建设性攻击中。与自我肯定或自我坚持不同的是，攻击之所以会出现，通常是因为反对势力过于稳固和冷漠，且惯性又太强，必须借由更大的力量才能激发出有效的行动。任何社会都会维护它的现状，这是社会的本质，而攻击会不时地演变成暴力，其原因不只在于暴民的盲目愤怒，还在于拥护"法律和秩序"的警察和国民军的行动。

看这四位废奴主义者如何积聚起个人的力量（这种力量并非一开始就存在）、通过自己的努力（用演说的力量，并用自身的例子来给对手施加压力）超越自己，是非常鼓舞人心的。在这种自我超越的过程中，必定会经常出现狂喜的经验，而这正是我们在下一章将要讨论的。

注释

[1] Walter B. Cannon, "Voodoo Death," *American Anthropologist*, XLIV/2（April, 1942）, pp. 169-181.

[2] Anthony Storr, *Human Aggression*（New York：Atheneum, 1968）, p. 16. 在《焦虑的意义》（*The Meaning of Anxiety*, New York：Ronald, 1950）中，我曾指出性爱行为与打斗行为在内分泌方面的相似性。阿尔弗雷德·C.金赛（Alfred C. Kinsey）也曾指出，在性唤醒和攻击性唤醒中，有十四种生理变化是一样的 [*Sexual Behavior in the Human Female*（Philadelphia：Saunders, 1953）, p. 704]。

[3] Sigmund Freud, "Instincts and Their Vicissitudes," in *Dora：An Analysis of a Case of Hysteria*, vol. IV of *Collected Papers of Sigmund Freud*（New York：Macmillan, 1963）, p. 82.

[4] Anna Freud, at the International Congress of Psychoanalysis, Vienna（July, 1971）.

[5] Konrad Lorenz, *On Aggression*, trans. Marjorie K. Wilson (New York: Harcourt Brace Javonovich, 1966).

[6] 我要感谢 S. S. 汤姆金斯（S. S. Tomkins）博士，后面很多内容都来自汤姆金斯博士。不过，汤姆金斯感兴趣的是这些人的承诺（commitment），而我感兴趣的是其攻击性的意义。Silvan S. Tomkins, "The Constructive Role of Violence and Suffering for the Individual and for His Society," in *Affect, Cognition and Personality*, eds. S. S. Tomkins and C. E. Izard (New York: Springer, 1965).

[7] Ibid., p. 165.

[8] Ibid., p. 166.

[9] Ibid., p. 165.

[10] Ibid., p. 163.

[11] Ibid., pp. 163-164.

[12] Ibid., p. 165.

[13] Ibid., p. 166.

[14] Ibid., p. 167.

第八章
狂喜与暴力

在我们的暴力的核心，以及在行动或情感中，都存在着想要表现自己意志的愿望。但是社会复杂性使得人们失去了信心。在这个总是其他人取得成功的世界上，他所做的一切似乎都不再能引以为傲。这是一幅貌似真实的画面，绝望之人高兴地加入可以让他们穿上统一制服后产生模糊身份认同的军队：敬礼和被敬礼的权利。

——雅各布·布罗诺夫斯基（Jacob Bronowski），摘自《暴力的面貌》（*The Face of Violence*）

我们在减少暴力方面几乎没有取得什么进展的原因之一是，我们毅然决然地忽略了它那些具有吸引力、诱惑力和魔力的元素。我们的大脑在理解暴力的过程中，便倾向于把这个主题删除了。当某位国会议员发表反对暴力的长篇演说时，他似乎完全忘了自己小时候也曾追着消防车跑，也曾对斗牛的场面深深着迷，也曾在意外事故发生时跑去围观，感受到一种夹杂着诱惑与恐惧的奇妙感觉。

我们一心否认自己"秘密地爱着暴力"，但是，就在我们运用自己的身体施展暴力的同时，它便以某种形式存在于我们每个人的心中。我们不让自己察觉到暴力的事实，因此便可以秘密地让自己沉溺于享受暴力。如果我们承认"秘密之爱"的现实，那么，我们就必须面对由它所引发的种种更为深刻的情绪意涵，而不让自己察觉到暴力的事实，似乎就成了人类所必需的防御机制。例如，在每场战争的一开始，我们就会匆忙地把敌人转变成原始生命力的意象；因而，既然自己对抗的是原始生命力，那么，我们就可以把注意力移转到备战的状态，而不用扪心自问所有由战争引起的棘手的心理问题和精神性问题。我们因而不再需要面对这样的认识，即我们所杀的正是和我们一样的人。

我会把这些具有诱惑力、魔力的元素合并到一起，置于"狂喜"（ecstasy）这个术语之下。"狂喜"这个字眼可能会让人觉得有些奇怪，部分原因是它的惯常用法被固定在了一个极高的强度水平上：我们会因为一幅伟大的油画而进入狂喜状态，也会因为买彩票中了百万大奖而狂喜。但是，这个词的历史意义却完全没有涉及情绪强度的问题。"狂喜"（ecstasy）一词来源于希腊文 *εκστασις*，语源学上的意思是"站到个人自我之外"，在"个人自我旁边"或在"个人自我之外"。这种使得个人"超越自我"、超越常规的自我界限，并给个体带来一种全新且扩大了的自我觉察的经验，例如印度教或佛教的冥想，都可以合理地被称为狂喜，尽管其强度从量上看可能并不一定很大。我们通常会用狂喜来形容美学经验或恋爱时刻。感觉值得以及知道他人发生改变是因为自己的影响所造成的这类经验，也会给你带来一种"超越自我"的感受，换句话说，这是一种强度较低的狂喜。因此，对于那些强度没有那么大的经验，我一直用"意义感"（sense of significance）来指涉。

暴力与狂喜的经验常常联系在一起，这点可以从我们常用同一个词语来指代这二者看出。我们会说一个人愤怒得"不是他自己"了，他被权力"俘虏"了。也就是说，就像狂喜经验中存在自我超越一样，暴力中也会发生自我超越。而且，暴力中出现的全吸收现象（total absorption），也会出现在狂喜的经验中。在我们这个反智主义时代，当有人反对一切"由于苍白的思想而变得懦弱"的事物时，自我被暴力完全吸收的现象就会变得尤其具有吸引力。

暴力为什么会让我们产生这种狂喜的经验、这种意义感？杰里·鲁宾给我们提供了一个例子。他以一贯的浮夸风格，告诉我们他在奥克兰如何阻止了一列运兵车：

> 警察试图逮捕那些已经跳上火车的人。当他们过来抓人时，我们朝不同方向四散跑去——只有三四个人被逮到。
>
> 我们又叫又喊地跑离火车轨道，穿过街道，就像一群发疯的混蛋。
>
> 我们是胜利的勇士。
>
> 我们狂喜。
>
> 我们挡下了运兵车。
>
> 我们挡下了这列战争机器，让它毙命在轨道中。[1]

不论我们对杰里·鲁宾的印象如何，这都肯定是一种暴力狂喜的经验。

另一个例子是我在研究生院时的亲身经历，虽然不是那么有戏剧性，但却包含了萌芽状态的狂喜经验的一些成分。当时加利福尼亚州有几个年轻黑人因强奸而被指控，没有经过任何审判，便被一群暴徒以私刑处死。纽约的一位牧师在布道时，对这种以私刑草菅人命的行为大加称赞。因此，我们一群人便决定在接下来的周日下午到教堂外抗议。除了在这种场合下产生的焦虑，以及随之而产生的兴奋，甚至可以说是快乐之外，这件事根本不值一提。活动前一晚喷漆制作牌子、组织游行队伍，感觉到与伙伴们的团结一致，对于游行中走在自己身旁的同志，以及游行的正义性，我们丝毫不怀疑。所有这些活动都包含着一种狂喜的成分。我还记得，当天深夜准备工作结束后走回家的路上，当我一个人时才发觉，所有关于第二天就要进行之行动的有效性的问题和疑虑，一下子就涌上了我的心头。但是，不！我和同伴们已经下定了决心，我绝不能让他们失望。我们预期会和骑警发生一些对抗（这确实发生了）；我们希望不要太暴力，但要足以吸引新闻媒体的注意。我们还暗地里希望会发生一些对抗，因为那可以增强我们这群人的凝聚力，甚至还会增加我们的狂喜。

极端强调个人的责任，可能会变成以自我为中心地操纵他人，这是一种会破坏真正的道德并只能产生虚伪的意义感的强制力。大多数美国人都受到个人责任感的压迫，这不仅仅是因为一般的人道主义原因（如陀思妥耶夫斯基所述），还因为美国人所特有的理由。美国人在履行这种责任时，几乎不能从其文化中得到任何的帮助。美国人没有像苦修这样的天主教圣礼，也没有像忏悔这样的仪式

（除了在精神分析中会有极少数之外）来帮助他们摆脱过去的负担。所有的重担都压在了个人的肩上，而且，我们已经看到，他们的无力感已十分明显。这或许就说明了责任倾向于表现为说教形式和琐碎形式的原因所在：过去主要集中于禁烟禁酒，而现在则强调不杀生、不乱扔塑料制品。无论如何，若是少了相应的文化深度给个体提供一个结构，个体是无法为自己的道德救赎负起责任重担的，而且，他最终将会感到孤立、孤独以及与他人的隔离。

在成功反抗行动中逐渐浮现的这种狂喜感说明反抗本身的特性发生了一些重要的变化。典型的反抗行为通常开始于很高的道德目标，例如，伯克利的学生便宣称，他们反对的是现代工厂式大学（factory-university）泯灭人性的非人做法。但是，随着最初的成功带来了狂喜状态，反抗行动的心理特质与意义也发生了改变。一种新的活力（élan）注入其中。对许多人而言，反抗的目标现在成了狂喜本身，而不再是最初设定的条件。反抗已经成了许多反叛者生活中的高峰体验，他们似乎模糊地察觉到，他们将永远也不能再次拥有那么多的意义感。

这通常会导致反抗者对大学或监狱当局的要求在原先设定之条件的基础上，再予以细分和增加。在这一举动中，反抗者会说原来设定的条件已不再是反抗的主要原因。所以，布兰迪斯大学（Brandeis University）校长在黑人学生静坐的当周一直留守办公室，目的是方便与这些反抗者谈判，这些黑人学生每天都会派出不同的谈判代表，提出不同的条件谈判。他们好像想借此行动表明："你们难道不明白，反抗行动本身比那些具体的条件对我们而言重要得多？"

这也说明了大赦条件的提出总是会让人感到好奇的原因，因为在官方没有完全妥协以前，它是不可能被准许的。我对此的诠释是："自始至终，我们想要的就是这种狂喜的经验、这种我们自身的意义感。"这种狂喜可以达到的程度，接近于马尔科姆·艾克斯（Malcolm X）的"革命性自杀"（revolutionary suicide）概念。

我们还必须提一下与个人价值相对的团体价值。团体通常围绕对于参与者而言具有生死攸关重要性的问题而组成。关于任何一个团体，我们都要问一问：它的灵魂中心是什么？它所致力于的目标何在？

1. 文学中的暴力

如果只引用西方电视剧和恐怖惊悚小说中的暴力，那我们的工作便太过简单了。[2] 我们必须探索一个难一点的问题：在古往今来一直指引人类心理与精神发展的文学经典中，暴力发挥了什么样的功能？

首先，我们来看看梅尔维尔的《水手比利·巴德》这一故事中的某个方面。当比利被带到船长维尔（Vere）与大副克雷加特（Claggart）面前，回答有关大副指控他叛变的问题时，他被这突如其来的不公指控震惊得哑然失声，一句话也说不出来。突然喷发出的愤恨让比利失去了言语表达的能力，他只是一言不发地紧紧盯着大副。然后，他所有的愤怒都集中到了右臂上，一记重拳奋力挥出，大副倒地毙命。

当这一十足的暴力行为出现在舞台或银幕上时，所有观众都松了一口气。我们觉得暴力很适合当时的情境。它是一种对美学经验的召唤；少一点都不能满足那个场景的需要。暴力让美学"格式塔"变得完整（如果没有暴力，这个格式塔便不完整）。在那个当口，观众是从美学方面体验到暴力的狂喜的。

但是，如果"暴力是邪恶的"，那么它为什么对这篇中篇小说以及其他许多文学经典来说却如此重要呢？暴力中必定有什么东西符合人类的需要，而且这种东西不可能是完全"不好"的。这种东西必定存在于《格林童话》中，也必定存在于莎士比亚，以及埃斯库罗斯和索福克勒斯的戏剧中。它必定是生活中的现实，在无意识经验水平上寻求认同。这种东西到底是什么呢？

对我们所有人来说，死亡都是暴力行为；我们被迫与此生分开。这个事实一点都没有因为现代药品的发明、一个人最终是否死在医院病床上，以及是否吸食吗啡而成行尸走肉等情况而被否定。死亡随时都有可能出现在我们的面前。也正是这种死亡的可能性，为生命和爱赋予了意义。[3] 不管我们多么天真地希望能够设定自己死亡的方式与时间，可怕的死亡恐惧都会一直存在于我们的想象之中。因为重要的不是事实本身，而是事实的意义。

死亡并不是我们所有人都必须承受的唯一的暴力（或侵犯）。生命中充满了其他的暴力行为。我们的出生、亲子间必然会发生的争执，以及与所爱之人分离的锥心之痛等所有这些都是不可避免会出现的身体暴力与心理暴力经验。任何生命过程都少不了暴力的情节。

伟大文学作品中由暴力带来的美学狂喜，使人们直接地面对自己必然死亡的事实。这是文学对我们的贡献之一。在看过一场舞台悲剧，或读完一部悲剧作品后，我们通常会想独自走一走、想一想。此时，我们会体验到亚里士多德（Aristotle）所谓的"怜悯与恐惧的宣泄"，我们渴望慢慢地加以品味琢磨一番。它不仅会让我们更靠近自己的生命中心，还会让我们更珍惜自己的同胞（这似乎有点自相矛盾）。它帮助我们看清了这一点，即我们都是生命短暂的生物，在出生、挣扎、活过一季之后，就会像青草一样凋零；于是，我们"对于生命之光的消逝愤怒以对"，即使不会产生更为实际的效果，至少会更有意义。

这就是悲剧——如莎士比亚或尤金·奥尼尔（Eugcnc O'Ncill）的悲剧——所召唤出来的体验要比喜剧深刻得多的原因所在。希腊人解决这个问题的方式，是让暴力发生在舞台之外。如俄狄浦斯（Oedipus）、美狄亚（Medea）以及其他许多的悲剧中，都不乏暴力。与此同时，莎士比亚和梅尔维尔作品中的暴力，确实发生在舞台之上；但那是戏剧的美学意义所不可或缺的。这就是戏剧与情节剧（例如，利用暴力的当代电视节目）的差别所在。

我们必须问这样一个问题：在电影或戏剧中引入暴力，是为了震撼效果、惊恐、快感，还是因为它是悲剧不可或缺的一部分？在《麦克白》（Macbeth）、《哈姆雷特》（Hamlet）、《安提戈涅》（Antigone）等剧中，暴力是戏剧的整体美感所不可或缺的。在悲剧中，我们不仅会体验到自己必将死亡的事实，还会超越这一事实，重要的价值会更为清楚地凸显出来。我们没有体验过完全恶意的毁灭性，就像我们在电视上看到东巴基斯坦（今孟加拉国）人被刺刀刺死一样，那是我们愿意付出一切以求免除的可怕邪恶之事。

尽管从经验上看，死亡在生活和文学中总能取得胜利，但人类却凭借把自己的经验塑造成艺术、科学、宗教等文化的不同方面，获得精神上的胜利。

2. 战争中的狂喜

在梅尔维尔那部中篇小说的电影版本中，比利·巴德被吊死后不久，这艘英国战舰上的水手们突然看到一艘法国战舰从离港几英里远的海峡后方驶出。他们全都欢呼了起来。

他们为什么欢呼呢？这些人知道，他们即将投入战争，投入战争所代表的是污秽、残酷和死亡，但他们还是欢呼了起来。诚然，有一小部分的原因在于，此刻战争成了水手们释放被压抑的情绪的出口。这种被压抑的情绪是由于最受欢迎的同伴被判绞刑而默默产生的，这种情绪让他们有些难以忍受。但是，还有更为根本的原因。因此，我们将转向另一个领域，这也是我们最难接受的领域，那就是战争中的暴力。

从理性层面上讲，几乎所有的人都抵制、痛恨战争。第二次世界大战前，当我还是一个大学生时，某位英国文学教授说，他非常确定将会发生更多的战争，我至今依然记得当时我听到这话时是多么吃惊。这位教授说话柔和、敏感，而且绝非好战人士（如果真有这种人存在的话）；但是，我默默地看着他，就好像他是一个被社会遗弃的人。人怎能心存此念？如果我们想要拥有和平，那我们就必须克制战争的念头，也不要相信战争，当然也不能预测战争，难道不是这样的吗？成千上万的大学生和我一样，都是和平主义者，我们误以为，只要我们的和平信念够强烈，便能确保国际和平。我们没有发觉自己的态度是多么接近迷信——以为不去想魔鬼，魔鬼就不会出现。[4]

我们如此地专注于将战争从每个人的心中除去，以至完全忽略了威廉·詹姆斯（William James）在其《战争的道德等价物》（The Moral Equivalent of War）这篇极具煽动性的文章中所表达的观点。威廉·詹姆斯之所以写这篇文章，是因为憎恶美国"与西班牙的污秽战争"，并在 1907 年以该文发表了一场演说。虽然文中所给出的答案不再令人信服，但它仍旧极具穿透力地表达了核心的问题所在。詹姆斯说："虽然我是一位和平主义者，但是我并不愿意在我的言论中提及战争政权的兽行（许多作者已对此做过公正评价）……"因此，他告诫大家，不要相信描绘了战争的可怕之处便可以阻止战争：

> 揭露战争的非理性与恐怖之处是没有用的……恐怖常常令人着迷……当问题在于如何去除人性中的极端性与优越性时，谈论成本似乎有些可耻……和平主义者应该更为深入地探

究其对手所持的美学观与伦理观。[5]

虽然全力反对战争，但我们也无法逃避这一显而易见的事实，即我们并没有成功地减少战争。[6] 我认为，我们之所以没有成功，至少有部分原因在于，我们忽略了"恐怖常常令人着迷"这个重要的现象。我们已经看到，20世纪——一开始便傲慢地以"和平世纪"自居的世纪——从原本相对平静的状态逐渐变成了革命与暴力的状态。此刻，我们可以看到，全世界有多场战争正在进行，其中包括最可耻的越战；我们目睹了这样的事实，即美国已经从自愿从军变成和平时期征兵的国家，从打公开宣告的战争变成打秘密战争。为什么我们这些反战人士这样没用呢？此刻难道我们不应该探究一下，我们看待这种终极形式的攻击与暴力的方式是不是出了什么问题？我建议我们可以直接地问：战争究竟有何诱人之处？[7]

我选择格伦·格雷（J. Glenn Gray）的《武士》（*The Warriors*）[8] 作为我主要的资料来源，那是作者在第二次世界大战中从军四年的日记。他在这四年中，有三年驻守在欧洲装甲部，还有一年则担任欧洲作战指挥中心的执行官。格雷在停战十年后以富布赖特（Fulbright）学者的身份回到欧洲，广泛地研究了战争以及他所知的个人在战争中的动机。

现在，我们丝毫都不怀疑格雷——现在是西部某所大学的哲学教授——和其他人一样反对以战争解决国际纷争，而且，没有人比他更清楚战争的恐怖。但是，根据我的判断，他还试图做一件更为重要的事情，那就是发掘并描述这一终极形式的暴力给人类带来的下意识诱惑。

格雷写道："毫无疑问，有许多人对战争都只是持忍受的态度，每时每刻都痛恨战争；但是很少有人希望尝试战争的滋味。然而，许多人对战争却既爱又恨。他们知道自己为什么痛恨战争，但是他们很难理解并清楚地说出自己为什么会爱战争。"[9]

虽然战争会带来恐怖、无法言说的疲惫、污秽与憎恨，但许多士兵却发现战争是他们生命中最抒情的时刻。

> 我相信，许多坦率的老兵会承认，大家在战场上协同努力的经验，是他们生命中的一个高峰点，即使当代战争的条件已经改变的情况下，也是如此……他们不想错过这样的经验……没有亲身经历过的人，很难理解这种感受，而身历其境的人，也很难对其他人解释。[10]

他又写道：

> 在我们这个时代，有上百万的人——就像我们之前数以百万计的人一样——已经学会了如何在战争的奇特性质下生活，并从中发现了强大的魔力……战火撩拨的情绪氛围一直以来都是令人着迷的，多少人为它沉迷……反省与冷静的推理和它完全不相容。[11]

当和平的迹象越来越明显时，我略带遗憾地（在这本日记中）写道："这种让人们更为粗暴但却或许更具人性的危险的净化力量，很快就会消失了，在和平的最初几个月里，我们当中的一些人将会渴望着那些充满了冲突的旧时光。"[12]

战争的魅力来自哪里？其一，来自极端情境的吸引，也就是说，战场上的孤注一掷（risking all）。[13] 当奥利弗说，示威游行使他"超越了人类的欲望"（beyond human desires），他所涉及的也是相同的质素，尽管程度可能有所不同。其二，来自士兵作为庞大组织一分子的强化效果，这缓解了他的个人责任感与内疚感。因此，战争宣言与道德宣言、道德辩护一样重要，它使得士兵可以把个人的道德责任交付给他的组织。在批评战争机器时，人们常常会引用这一点；而且，谁都丝毫不会怀疑战争确实削弱了个人的责任感与良心的自主性。迈莱和卡利的案例（Mylai and the Calley case）以非常可怕的方式证明了这一点。但是，我们经常会忽略一点，即人既有寻求自由的欲望，也想逃避自由。自由与选择也是一种负担——陀思妥耶夫斯基和有史以来其他无数的人都已经知道了这一点。就像人们在战争期间所做的一样，把自己的良知交给团体，也是一件令人极为宽慰的事。这就是历史上伟大的决定论——如加尔文主义等——也表现出极大权力的原因所在，它不仅把人们分成了不同的等级地位，而且激发他们产生了某种程度的积极奉献精神，这是其他运动所不可能做到的。

和上述这一点密切相关的，是等级中的同志情感——我之所以被接受，不是因为我有任何的个人价值，而是因为我是这个等级系统中的一员。我会因为自己所被赋予的角色，而相信我的战友会在撤退或进攻时帮我掩护。我的价值就是这个角色，其加在我身上的局限却带给我某种形式的自由。

这种感觉自己好像是某个更大整体一部分的能力的崩解，便是一些士兵出现懦夫行为的原因。实际上，任何场景下的肢体勇气是否存在——根据我的心理治疗经验来判断——取决于个体能否感觉到他是在为自己和他人而战，能否感觉到他与战友之间的紧密联系（这意味着他们将随时为对方两肋插刀）。这种肢体勇气最初来源于婴儿与母亲之间的关系，特别是他对于自己与母亲之间牢固关系的信任，最终是他对这个世界的信任。与此同时，肢体上的懦弱（甚至包括小时候避免与他人打架的行为在内）似乎是因为早期曾遭到拒绝，这是一种早期的感受，认为母亲不会支持自己，甚至在打架时也有可能对他采取敌对态度；所以，自此以后，这个年轻人便会凭借自己的力量，独自努力。这样的人无法想象别人会支持他，也无法想象自己要为他人而战，这需要他有意识地做出决定来承担自己的责任。后一种类型的人可能拥有很大的道德勇气（这种道德勇气是他在成为独行侠的过程中发展出来的）；但是他缺少肢体勇气或在团体中的勇气。

此外，在暴力的狂喜中，还有对破坏的渴望。读者们一定还记得奥利弗的话："我有生以来就一直想砸烂一台电脑！"在人类的破坏性中，似乎有着一丝愉悦，一种想要破坏事物和杀戮的返祖冲动。在神经症患者和其他绝望之人身上，这种冲动更为强烈。这种特质的增强早已存在，即使是数百年的文明伪饰也无法将它藏匿。

凡是看过在战场上操作大炮的士兵、注视过刚刚经历战场杀戮的老兵的眼睛，以及研究过投弹手炸毁目标后自述感受的人，都会得出这样的结论：破坏中自有欢愉……这种邪恶似乎超越了纯粹的人类邪恶，必须用宇宙哲学和宗教的术语才能解释。从这个意义上说，人类在某个方面所表现出来的邪恶，可能是动物永远都无法比拟的。[14]

　　在这种破坏欲望的驱使下，士兵的自我暂时地背弃了他，他完全浸淫在自己的体验之中。这是"一种为了与一些客体（这些客体到目前为止还是陌生的）结合而进行的自我剥夺"。这是神秘主义者用来指代狂喜经验的技术语言：此时自我"消解"了，神秘主义者体验到了自己与"整体"（Whole）的结合，不管这个整体是光明、真理还是上帝，都是如此。我们通过暴力，克服了自我中心。

　　所有这些都是暴力狂喜中会出现的元素。暴力中的欢愉可以使个人脱离自己，把他推向他以前从未经验过的某种更为深入且更为强而有力的东西。个体的"我"不知不觉地变成了"我们"；"我的"则变成了"我们的"。我把自己交给了它，让自己随心所欲；随着我感觉到自己原来的自我正慢慢地消逝，你瞧，一种新的意识、一种更高程度的觉察出现了，这是一个新的自我，一个比原先更为宽阔的自我。

　　现在，让我们来看一下当代人：当大众传播的范围变得越来越广阔无垠时，他却觉得自己没有意义、孤独，而且，更为孤立了；当晶体管收音机无所不在，而电视与报纸上的话语不断向他袭来时，他的听力敏感度却变得越来越迟钝；他只有在失去了自己的同一性时，才察觉到同一性的存在；他虽然渴望共同体，但在找到后却只觉得尴尬和无助。当我们打量这样的现代人时，如果说他连暴力与战争可能带来的狂喜都深切渴望的话，难道还会有人觉得吃惊吗？

现在让我们看看社会中的这种人：他年复一年地生活在莫名的焦虑中，害怕可能会"发生"什么事情；他知道可以在想象中摧毁那些"敌国"，当他受够了日常的生活时，就会求助于这样一种幻想；他总是生活在觉得该采取行动却又裹足不前的恐惧中，他受到狂喜与暴力"秘密"许诺的诱惑，从而觉得与其继续让自己处在这种模糊不清的恐惧之中，还不如让自己屈服于行动的诱惑、幻想和吸引力。这种人会成为外表温顺的主战人士，难道有人会觉得奇怪吗？

这是我生平第一次能够理解"美国退伍军人协会"（American Legion）。在我看来，该组织一直只有负面的善恶观念——不论它支持什么，我都反对；不论我支持什么，它也都反对。当我没有时间思考正义站在哪一边时，这倒不失为一种不错的暂时机制。但是，我永远都无法理解，退伍军人协会或其他老兵组织为何耀武扬威，并且大肆搜捕每一个可能的共产党员，以至于到了一种荒谬的程度？不过，现在我已经知道，这些年轻的团体成员在一开始被征召打仗时，大多数从事的是为汽车加油等无足轻重的工作。但是，在法国，他们却成了英雄，成为女性的骄傲，他们面前的道路上撒满了鲜花，所有的荣耀都加在了他们身上。他们是有价值的，而这对他们来说，很可能是生平头一次。他们回到美国后，有些人只能找到继续给汽车加油的工作，而那些找到了较好工作的人，也可能同样会体验到和平时期空虚生活中的绝望。难怪他们会因为太过无聊而经常聚在一起，他们会重新创造出近似战争的经验，例如"搜索与破坏"的反共任务。他们想找回原来的生活，渴望找到一些能够给他们的生活带来某种意义的东西（从本质上说，他们的生活没有什么意义可言）。

3. 认同的追寻

当格伦·格雷于 1955 年回到欧洲，探望 15 年前欧洲地下抗暴运动的战友和朋友时，有一个法国女人（她此时与先生及儿子一起生活在舒适的中产阶级的家里）坦诚地说："现在我的生活真是说不出的无聊……怎么样都比每天一点事情都不发生来得好。你知道我不喜欢战争，也不愿意回到战争时代。但是，战争至少能够让我觉得自己是活着的，在战前和战后我都好像没有那样活过。"[15]联想他自己在听到一位德国战友说的话后产生的体验，格雷继续写道：

> 他现在很胖，抽着昂贵的雪茄，谈到早年战争快结束
> 时我们在一起的岁月，当时他又冷又饿，不知该怎样养活妻
> 儿而饱受焦虑之苦。"有时候我认为那时的我们比现在更快

乐"……他的眼里出现了类似绝望的神情……这些人并不是以感伤的怀旧之情渴望旧日时光；他们所坦白的是，当前的贫瘠生活使自己的幻想破灭。和平暴露了他们内在的空虚，而之前战争的激烈与兴奋掩盖了他们的这种空虚。[16]

暴力的狂喜正是逃避这样一种空虚的出口。有一部分贫瘠感是由于文明存在的不可逃避性，它把许多风险与挑战踢出了人们的生活，而对许多人（如果不是大多数人的话）来说，风险与挑战似乎比吹捧出来的富足重要得多。不论我们怎样看待暴力的破坏性，暴力的确把风险与挑战带回到我们的生活之中；生活于是不再空虚。

只要人们没有体验到自身的意义，就会出现暴力的动乱。每个人都需要某种意义感；如果我们的社会不能让人们实现这种意义感，那么他们将会以破坏性的方式获得这种意义感。我们面前的挑战是，找出能够让人们获得意义与认同的方法，这样，破坏性的暴力便不再成为必然。

注释

[1] Jerry Rubin, *Do It: A Revolutionary Manifesto* (New York: Simon & Schuster, 1970), p. 36.

[2] 有人带着复杂的情绪，不停地调换电视网络的节目，目的是"清除"电视节目中的暴力。我很遗憾地说，这一努力的结果，只会导致更多的暴力压抑，只会导致以更为微妙的方式来呈现暴力，而不幸的是，这一努力还导致更大的不诚实，将所有的污秽、肮脏、丑陋都排除在外。从长远来看，这非但

无法成就非暴力，反而会导致虚伪与伪装。

[3] Rollo May, *Love and Will* (New York: W. W. Norton, 1969), p. 99.

[4] 事实上，相反的观点被证明更为正确。在我大学毕业后几年，希特勒正是利用了美国人掩耳盗铃的心态。由于不愿意面对某些人，尤其是希特勒的邪恶程度，我们因而变成了那种邪恶的共犯。

[5] William James, "The Moral Equivalent of War," in *Pragmatism and Other Essays*, ed. J. L. Blau (New York: Washington Square Press, 1963), pp. 290-296.

[6] 根据一部当代历史纲要 [Louis L. Snyder, *The World in the Twentieth Century*, rev. ed. (Gloucester, Mass.: Peter Smith, 1964), p. 138]，欧洲在 20 世纪头 30 年，便发生了 74 场战争，这个数字比以往 800 年的战争总数还要多。即使考虑到所有显而易见的因素，如人口密度的增加、小战争爆发的频繁（尽管我们同样也可以否认大型的战争！）等，这一事实也让我们强烈怀疑以下这些让人感到宽慰的假设：人类变得越理性，就越少发动战争；武器的致命性越高，人类就越少使用武器。这样的假设也只是给自己壮壮胆而已。帕斯卡尔在深思了人类（homo sapiens）问题之后，令人佩服地表达出了我们的问题，他一声长叹："如果理性只有合理的就好了！"

[7] 在下面的分析中，我将把越战排除在外。我们在此处感兴趣的话题是攻击与暴力；而越战似乎更多表现出的是人性丧失的问题。不管怎样，既然越战还在进行①，我们就不好谈论它，而只要说一说世界大战等先前的战争即可。

[8] J. Glenn Gray, *The Warriors* (New York: Harper & Row, 1967).

[9] Ibid., p. 28.

[10] Ibid., p. 44.

[11] Ibid., p. 28.

---

① 本书英文版出版于 1972 年。——译者注

[12] Ibid.

[13] 我在这里找到了发生在瓦茨（Watts）、底特律（Detroit）、纽瓦克（Newark）的黑人暴动之间的相似性。我们在这里想要发现的是，在每一种极端处境中会出现的令人着迷的元素。从某种终极意义上说，战争和暴动会让个体参与者"冒极大的风险"。我们的问题是：如果现代不可能发生战争，那么，那些需要以这种极端方式生活的人，该怎么办呢？这完全不是战争能否避免、有无必要的问题；它所诉求的是，我们必须关注如何矫正希望战争发生的需要，以及通过战争才能满足的需要。

[14] Gray, p. 51.

[15] Ibid., p. 217.

[16] Ibid.

第九章

对暴力的剖析

在一个民主社会，暴力与苦难十分重要，它们不仅会增强我们对于民主价值观被侵犯的反感，也会加深我们对这些侵犯行为之受害者的同情。

——希尔文·汤姆金斯（Silvan Tomkins），摘自《暴力与苦难的建设性作用》（*The Constructive Role of Violence and Suffering*）

暴力就像平静了一段时间的水突然沸腾起来所引起的化学变化。如果我们没有看到底下一直在加热的燃烧器，那我们会误以为暴力是一个不连续的偶发事件。我们没有看到，在根本不给个体提供任何帮助的压抑文化中，个体为了对抗可能发生的事情而使用暴力，是完全可以理解的结果。暴力常常发生在一段平静时期之后，就像 20 世纪 50 年代的学生是"沉默的一代"（silent generation）一样。悲哀的是，我们只有在日后才能看到潜藏在这种情感淡漠之下的力量是多么具有爆炸性。

1. 暴力的精神神经层面

最典型也是最简单的暴力形式，便是受抑制的热情的爆发。当一个人（或一群人）长期被否定时，他有什么样的感受都是他的合法权利。当他长期承受着无能感的重担（这种无能感会侵蚀他仅有的自尊）时，暴力便是可预期的最终结果。暴力是破坏驱力的爆发，我们可以将这种破坏驱力解释为阻碍个人自尊、行动与成长的东西。个体有可能会被这种破坏欲望完全吞没，以至于任何挡他路的东西都会被摧毁。因此，个体会盲目地出击，而且，在此过程中，常常会毁掉自己关心的人，甚至于自己也不例外。

暴力在很大程度上都是肢体事件。但是，这种肢体事件是在心理背景下发生的。不论是因为长期的无形累积，还是因为突如其来的刺激，想要出击的冲动快得让我们无法思考，我们只能尽力地控制它。如果有人在地铁上突然重重地推了我一下，我会"两眼发红"，当场就想回揍他一拳。但是，当我冷静下来后，我很清楚，如果自己真的在地铁上挥拳揍了那个人，那么，我的厄运就注定了。足球运动员可以通过提醒自己在下一场比赛中找机会表现他的力量来控制自己的施暴冲动；但是，对于在文明生活的大多数活动中扮演旁观者角色的我们而言，控制和疏导自己的暴力冲动要困难得多。

在大多数人看来，攻击与暴力之间有着密切的联系是很合理的——在我们的口语中就有攻击与暴力的说法。杰拉德·赫扎诺夫斯基（Gerald Chrzanowski）说，攻击与暴力的关系，就像焦虑与恐慌的关系。当攻击性在我们体内积累到某个程度，感觉就好像某个开关被打开了一样时，我们就变得暴力了。攻击是与客体联系在一起的，也就是说，我们知道自己对谁、对什么事情生气。[1] 但是在暴力中，这种客体关系瓦解了，我们疯狂地摇摆不定，胡乱地攻击周边的人。当事人的心智模糊不清，对敌人的知觉也不清楚；他对环境失去了觉察的能力，只想把内在的冲动发泄出来，到处施暴，而不管结果会怎样。库尔特·戈尔德斯坦（Kurt Goldstein）提醒我们，人类是能够抽象思考、超越具体情境的动物。而施暴者的抽象能力崩解了，这也正是他做出疯狂行为的原因所在。

大多数暴力事件都是突然爆发的，这让我们想到了一些问题。身处暴力时，输入的刺激与产出的肌肉（也就是突然想还击的肌肉运动）之间有没有直接的关联？这种关联是皮质下的（subcortical，它常与这样一个事实联系在一起，即它发生的速度非常快，以至于当事人在时过境迁之后才能回过神来）吗？这些有关兴奋传输路径的讨论，仅与经验本身类似，虽然只是类似，但也有助于我们对这一过程的理解。尤其是，它们可以帮助我们了解：为什么一个人会被暴力控制，而不是主动控制暴力。

自从沃尔特·坎农（Walter B. Cannon）在哈佛大学生理实验室完成了他的经典研究之后 [2]，人们通常认为，有机体对威胁的反应共有三种：打（fight）、跑（flight）与延迟反应（delayed response）。例如，坎农论证说，如果有人在地铁上突然粗暴地重重推了我一下，肾上腺素会涌入我的血液中，血压会升高给肌肉提供更多的力量，我的心跳也会加快——所有这些都让我准备好向攻击者回击或逃窜。[3] "跑" 通常是在焦虑与恐惧中发生的；而 "打" 则通常是在攻击暴力中发生的。因为有了这些生理上的变化，暴力经验给当事人提供了极大的能量。他会感觉到一种超能量（他在此之前并不知道自己已经拥有这种力量）；他可能会像默西迪斯一样，在此心境下打得更为起劲。这个事实就像药物一样，引诱着个体一次又一次地把自己交付给暴力。

面对威胁可能做出的第三种反应是延迟反应。这实际上也是大多数人的反应。一个人的受教育程度和社会地位越低，越倾向于直接做出反应；而受教育程度越高，就越倾向于延迟反应，直到他有机会思考和评估打或跑所可能带来的结果。这种延迟反应的能力是文明赠予我们的礼物或是负担：我们要等到将事件纳入意识之后，再决定怎么做才是最好的反应方式。这给了我们文化，却同时也给我们带来了神经症。典型的神经症患者可能一辈子都在和新认识的人打一场他从孩提时代起就没打赢过的古老战争。

在拥挤的地铁上，难道我们不是随时 "准备" 好做出敌意的反应吗？我在这种情境下出现暴力类型的反制冲动的可能性，远比在舞池中被人推挤了一下要大得多。所以说，其间一定存在着某个象征性的审视过程。我如何诠释眼前的情境，将决定我是否准备好做出敌意的回击：把这个事件诠释为宣战的事件（causa belli），或者只是微笑地接受对方的道歉（如果对方致歉的话）。诠释通常既包括无意识因素，也包括意识因素：我赋予了它某种特定的意义；我把这个世界看成是敌意的或是友善的。因此，这里就有了象征，它是人类整合意识与无意识、历史与现在、个人与团体的手段。这也就是沙利文等人会说这样一句话的原因所在，即有机体的各个过程都涵盖在了象征过程之中。[4] 这个象征过程决定了个体的意向性。

所以说，个体看待、诠释周围世界的方式，对其暴力而言非常关键。正是这种看待、诠释周围世界的方式，使得一个安静坐在车内的黑人，当警察盘查他的身份时，会随时准备好攻击。当然，这里也潜藏了警察的"大男子气概"（machismo），他受到自身权力需要的驱使而想要羞辱黑人。不管诠释是病态的，还是仅仅是想象的、错觉的和完全虚妄的，情况都不会有任何改变：是他的诠释决定了他将如何做出回应。偏执狂患者之所以会射杀他人，是因为他相信对方正在实施魔法，想要杀了他，所以他才开枪自卫。仅仅称此为"偏执狂"是没有任何帮助的，除非我们能够借此绕到他象征诠释的背后，并从凶手的角度来看待这个世界（至少暂时性地以这种角度看待世界）。

甚至在国际关系中，对他国行动做象征性的诠释，对于我们理解暴力和战争也非常重要。我们已经说过，暴力的根源在于无能。这不仅适用于个人，也适用于种族群体。但是，在国家的层面，暴力则来源于无能的威胁（threat）。各个国家似乎都觉得，要保护好自己，就有必要把边界设得越遥远越好；它们在跷跷板式的军备竞赛中，必须预先知晓平衡，必须察觉其他国家是否正在累积力量，对我方形成优势。如果一个国家真的变得无能，它就不再是一个国家了。

参议员 J. 威廉·富布赖特（J. William Fulbright）曾指出，我们对他国行动的诠释是何等重要。[5] 自雅尔塔会议后，美国政府便将苏联行为——例如，古巴导弹事件、苏联对 U-2 战机的反应等——背后的动机诠释成对美国的攻击。富布赖特指出，我们也将这些事件诠释成是因为苏联方面受到恐惧的驱使而造成的。更具体地说，他认为，这些事件所表现出来的好战姿态，是赫鲁晓夫（Khrushchev）向苏联将领行贿的小礼物（赫鲁晓夫要想与美国保持更为友善的关系，就需要先安抚这些将领）。如果把苏联的举动解释成攻击性的，那我们就会猛烈地反击它，而这样做却是在帮苏联军队的忙，让它有借口罢黜赫鲁晓夫，成立一个不那么友好的政府。一些国家在误读他国动机的情况下，有可能做出偏执狂患者所做的事情：这些国家可能会因为敌意与攻击的投射，而损害自己的利益。

2. 暴力的种类

可以分辨出来的暴力至少有五种。第一种是纯粹的暴力（simple violence）。默西迪斯抵挡刀枪的暴力梦，便属于这一类型。这是许多学生反抗运动的特征，他们从中得到了肢体的自由，被压抑的能量涌了出来，而且可以免除个人良知与责任的限制（这一点我们在前面已经谈及过）。这是对长期处于无能情境状况的全面抗议，而且，通常还带有高度的道德要求。

但是，几乎没有哪种暴力会停留在第一阶段。第二种是有计划的暴力（calculated violence）。许多（如果不是大多数的话）学生反抗运动都是围绕着有计划的暴力进行的。法国学生在巴黎进行的反抗运动，到了第二天、第三天，便被专业的革命分子掌控，而以道德要求开始的领导权，也因为领导人利用学生的深切挫折感以及他们的能量而发生改变。

第三种我称之为被煽动的暴力（fomented violence）。这要不是德国纳粹党秘密警察头子的杰作，就是任何国家极左派或极右派的煽动者所为。演说者为了达到自己的目的，便特意针对大多数民众的无能感和挫折感加以刺激。现代史上有许多例子都证明了：把人民当牛马的话，在这个过程中人民就真的成了牛马。

第四种是缺席者的暴力（absentee violence，或称工具性暴力）。生活在社会上的所有人，显然都在某种程度上参与了该社会的暴力，尽管我们大多数人是根据我们自身道德提升的有利点，躲在僵尸般的良知背后来参与社会暴力的。除非纳税人投票支持战争，否则越战不可能继续下去。从这个意义上说，不论是支持还是反对战争，我们所有人都是导致战争爆发的一分子。

第五种暴力类型和上述四种不同：它是当权者在其权力受到侵害时，为了避免这些威胁而进行的暴力攻击。我们可以称之为来自上层的暴力（violence from above）。它的动机通常是为了保护或重建现状。警察已不再是逮捕罪犯的合法角色，而成了惩罚者。这一领域的学者，如汉斯·托赫认为，这种暴力通常比其他暴力更具破坏力——一部分原因是警察有警棍和警枪，还有一部分原因是他们内心蓄积了大量的个人怨恨，随时可以点燃怒火。我们历来假定，政府成立的目的是保护弱者、使穷人免受剥削，同时也照顾强者、富人的利益，美国梦尤其认定这一点。站在街角的那位警察是大家的朋友，他会在你迷路时为你指引方向，他是将秩序带到西部的热爱法律的模范执法警长。但是，在这第五种暴力中，所有这一切都被抛在了一边。而这种暴力更具破坏力，这恰恰是因为它歪曲了先前对民众的保护。政府本身于是也降格成了战士们的战场。

3. 破坏性暴力

暴力在行动中统合自我。让－保罗·萨特（Jean-Paul Sartre）写道，暴力就是创造自我。它是一个组织个人权力的过程，目的是证明自己的权力，建立自我的价值。它是甘冒一切风险的行动，是完全的投入，也是彻底的坚持。不过，它统合了自我中的不同元素，却独独忽略了理性。这就是我在前面会说自我统合的层次绕过了理性的原因所在。不管施暴者内在的施暴动机或后果是什么，暴力所造成的结果对处于该情境的其他人通常具有破坏性。

暴力中大量累积的肢体元素，是个人投入总和（the totality of one's involvement）的象征。当暴力喷发出来时，我再也无法闲坐一旁。动作控制了我的身体，召唤我去冒险，以表现我的总体投入。一旦暴力爆发，既没有思考的欲望，也没有思考的时间；我们就会置身于一个非理性的世界中。它有可能像贫民窟暴动中通常表现出来的那样是次理性的（subrational）；也可能像圣女贞德（Joan of Arc）那样被认定是超理性的（super-rational）。此时，理性甚至连虚假的控制都不再拥有。

《如果》（If）这部电影非常现实地描绘了英国男孩在寄宿学校一贯的无聊生活。日常生活的重担、孤独，以及虚伪的道德规约，很快就导致这些学生发展出了性施虐癖和同性恋。在严厉的鞭打下，这些男孩之间开始形成了同志间的友爱和忠诚。后来，带头的男孩在大教堂底下发现了一处藏匿机关枪和弹药的地方。电影的结局是一个超现实的场景：这些男孩带着枪站在教堂的屋顶，向底下盛装前来参加典礼预演的英国绅士淑女们扫射。这部电影所呈现的是暴力的发展阶段：从分离到孤独，到同志情谊，到性虐待，再到暴力，依次提升。

枪支的可得性与暴力之间，存在着一种奇怪而又可怕的关系。这种科技形式不仅极大地扩大暴力的范围与效果，而且对使用暴力之人的意识产生了强有力的影响——通常使其变得麻木不仁。有一天，我待在新罕布什尔某个偏远的农场，看到农场苹果树下有一只走失的狗，它好像生病了。当时我已独处了一段时间，在那种情况下，人通常会想出一些怪点子，我因此认定那只狗得了狂犬病。虽然我无法走近那只陌生的狗所在的树林，但我们全家都深爱的狗狗却做得到，它也真的做到了。它绕着那只黑鼻"狂犬"不停地嗅，不论我们怎么叫它，它就是不肯回来。于是我回到屋里，找到一把我儿子在农场用来练靶的鲁格尔手枪，插入一个弹夹，然后出来射杀那只狂犬。这个故事的重点在于，手上握了一把可以用来射杀活生生的动物的手枪让我在心理上成了一个完全不同的人。我可以把死亡派给任何人，因为我已被死亡的工具掌控了；我已变成一个充满敌意的非理性的人。这个时候是手枪控制了我，而不是我控制手枪：我成了它的工具。

我讨厌这样的自己，震撼之余，我转身回到了屋里，把枪丢到一边。这件事以一种完全不同的方式得到了解决。

对于科技对人类意识所产生的影响，我们所了解的并不确切，但是，持有枪支能从根本上改变一个人的人格，这一点我们都十分清楚。身为军官的格伦·格雷说，他出门时若皮带上没有别着手枪，他就感觉像没有穿衣服一样。当我不在军队中，而我的手指扣在扳机上想开杀戒时，我觉得自己像是个方向出错了的机器人，无法清醒地控制自己的行动。

枪支对人格产生影响的极端形式，可以在查尔斯·费尔韦瑟（Charles Fairweather）的遭遇中看到，这个十来岁的孩子发狂地冲到了内布拉斯加，在被捕前已连杀十一个人。他在还是个小男孩时便说："我爱枪，它给我一种无与伦比的权力感。"他的故事其实很平常：他长相古怪，罗圈腿，再加上带着厚厚的镜片，因此，从入学第一天起便常常受到嘲弄。他很小的时候就象征性地把这个世界诠释成一个充满了冷嘲热讽的地方，而他对认同的渴求，因为从未得到回应而日益强烈。后来他发现，只要他大发脾气，一再在打斗中击败校霸（每一次，他都设法以非常猛烈的暴力取胜），他便能得到认同。他的父亲将他形容为"一直都是那个安静的小孩"，这又一次证明了：外表温驯的人很可能恰恰就是有暴力倾向的人。他虽然视力不佳，但却成了一个不凡的神枪手。

高中一毕业，他便交了女朋友，还找到了一份垃圾车助理的工作。在支持他的少许认同消失后——他失去了工作，女友的妈妈又把他赶了出来——他便拿了三把枪，打死了女友的妈妈和继父，他还在他们的家里住了好几天，用纸把两具尸体包好藏在鸡圈里。他强迫女友跟他一起亡命天涯，于是走上了世人熟知的迪林格（Dillinger）与雌雄大盗（Bonnie and Clyde）的暴力之路。

这则血腥故事的重点在于，他在很小的时候就象征性地把世界诠释成一个充满嘲讽的地方。他最终的暴力获得了双重的回应：暴力回应了他对认同的渴求，同时也报复性地嘲弄了这个世界。（我们再一次看到了暴力爆发中的可怕逻辑。）从他后来被盘问被他谋杀的人的相关情况时表情麻木的状况，我们无法得出结论说他一直都如此无情，一直都具有典型的精神分裂症症状。很显然，沉溺于暴力的人必定会变得无情和无动于衷，就像用机关枪无情扫射敌人的士兵一样，要不然他永远都无法去做他认为自己必须去做的事情。

我们的脑海里萦绕着他儿时一直说的那句话："我爱枪，它给我一种无与伦比的权力感。"枪支作为阴茎的象征以及它与性的关系，是众所周知的事。二者都是细长型，都会射出某种东西，这种东西能够从根本上改变被它射入的人。因此，枪支已经成了男性权力的最佳象征。梅·韦斯特（Mae West）在迎接男友时所说的话，至今依然是个经典表达："很高兴看到我的是你口袋里的枪还是你？"

但是，就像斯坦利·库尼茨（Stanley Kunitz）所说，枪支在文化方面的意涵同样具有说服力。我们用枪猎杀动物以填饱肚子；我们用枪保卫家园的安全；在拓荒时期，我们靠枪过活，在这方面美国人一个多世纪以来几乎没有改变过。在所有这些方式中，枪支都非常有价值，是一种令人赞誉的权力象征；能够熟练地耍弄枪支，更是令人赞誉的事情。许多人在拥有枪支时，会觉得自己所拥有的权力如果被剥夺就是不公平的。这是怎样的一种权力啊！有了枪，他就可以大展雄风，可以射杀比自己大得多的东西。意识心甘情愿地屈服了。电影《巴顿将军》(Patton)中有一幕是这样的：巴顿将军跑到外面，对空射击轰炸美国在阿尔及利亚基地的德国飞机，直到弹尽为止，这是一种幼稚的行为，一种小男孩玩枪的延续，令人觉得时光错置；但是，这的确是证据确凿的暴力表现。

4. 建设性暴力

从心理学上讲，人们生活在类人类（subhuman）层次的情境有无限多种，而且，他们发现，某些暴力是能够赋予生命的。过度害羞的人、因猜疑而无法与他人建立人际关系的人、无法付出真爱的人，以及主动让自己与那些本可以丰富他自己的经验相隔离的胆小鬼等所有这些人身上都杂糅了些许的暴力，这些许的暴力有助于矫正他们的缺陷。不过，它也需要这些个体超理性奋力一搏，甘冒风险，全心投入，才能产生一种成就感。当一个温顺了一辈子的女人最后终于大发脾气，开始长篇大论地抨击时，我们都会报以微笑，默默地为她欢呼，至少她不再无动于衷。一位朋友最近告诉我，他有两个上大学的儿子，放假一回家便处于高度紧张的处境，因为家里住了两位生病的亲戚。几天后，其中一个儿子气得撕破自己的帽子，另一个儿子则把两个烟灰缸往墙上砸。我的朋友说："这是好的暴力。"爆发怒气似乎可以厘清心理上的纠葛，使我们能够更为诚实地面对现实。因此，大多数人在发怒之后，通常会感觉好受一些。

我们在前面曾说过，暴力在类人类的水平上统合了自我。现在有许多人（实际上是大多数人）确实过着这种生活——浑浑噩噩、没有尊严的日子。弗朗兹·法农描写过这样的非洲人：他们一生都只能算半个人类，数以百万计的中南美洲人、印度人，以及在美国这个富裕国家中过着次等生活的人，也都是如此。对这些人而言，暴力可以提升他们心理性存在与精神性存在的层次。就像暴力统合了自我，使人们觉察到了人类意识底下的东西一样，它也可以使未开化的人提升到人的水平。这可能会以政治抗争的形式出现，这些政治抗争会导致团体打破它们的冷漠，并且成功地扭转执政党的社会改革。执政党自愿、自动放弃权力的例子少之又少（如果有的话）；权力自有其藏身之所。

我之所以在此提到法农，是因为他是一位黑人精神病学家，同时也是阿尔及利亚反抗运动的参与者，他为我们描绘了建设性暴力的原型。法农出生于马提尼克岛（Martinique），受训于巴黎，并在阿尔及利亚革命期间前往该国；后来，他得了癌症，死的时候还不到四十岁。他撰写了《全世界受苦的人》一书，这不仅让他成了阿尔及利亚的革命理论家，还让他成了所有非洲黑人的革命理论家。他的论点是这样的：殖民当局把人分成三六九等，把白人置于半兽的黑人之上。因此，政府成了维持社会现状的机构，而要维持社会现状，原住民就必须永久保持顺从。法农在书中充满激情地肯定了原住民的尊严、他们的潜在意识以及未来的自由。他深信，如果没有暴力，这一切将无法实现。这些人饱受了几个世纪的剥削之苦，并忍受着由此而导致的冷漠。他们要想在心理上与精神上重生，就必须依靠暴力。

虽然通常情况下看起来都是如此，但原住民并没有选择暴力。殖民当局积极介入，制造原住民彼此间的纷争，结果则巩固了殖民者自身的利益。这样的情况往往被冠上某些如"白种人的负担"等陈词滥调；但是关键在于，殖民政府是为了他国的利益，而不是为了原住民的利益，不论被殖民的是黑种人、棕种人还是黄种人，都是如此。

暴力是黑人挣脱殖民当局桎梏的唯一方法，也是他们发展出某种内部团结统一性的唯一方法。法农认为，未开发国家在受到长期的剥削之后，便会与殖民当局处在不同的层次上；暴力是黑人走向民族主义的一个发展阶段。它是整合之道、自尊之道，也是觉察自身权力之道。某位持和平主义态度的教友派信徒（Quaker）看了法农的这本书，之后他评论说，书中凡是提到"暴力"这个字眼的地方，我们都可以把它解读成非暴力，而意思仍然相同。换句话说，法农在书中所说的其实是人的尊严、意识的诞生与发展，以及人际关系的整合。

法农跟我们谈到了他在做精神病医生时治疗过的阿尔及利亚黑人。其中有一位患者白天开出租车，晚上与反抗军并肩作战。法国士兵抓走了他的妻子，对她实施轮奸，还严刑拷打，目的是逼她说出有关他的情况。有这种遭遇的人必定会患上抑郁症（这也就是法农给他治疗的原因），也必定会成为反叛者，只有这样他才能拥有起码的自尊。

法农主张超越理性（beyond rationality），白人都已知晓这一点。黑人的尊严不仅仅来自他们的大脑，也来自他们的整个有机体，以及他们的集体无意识（collective unconscious，这是他们有机体的一种表现）。他们正走向一种新的秩序、新的形式，而这些都是新理性的一部分。虽然旧有的秩序与形式在这个过程中会被摧毁，但任何头脑清楚的人都会同意：殖民社会的形式（以在性、社会和经济方面对黑人进行非人的剥削为基础，而黑人只能对其唯唯诺诺、唯命是从）应该被摧毁。这种殖民社会的形式将导致更不公正的事情的发生；让我们期待社会可以变得更为公正一些。萨特为《全世界受苦的人》一书撰写了导言，他在导言中写道："……在无助的时候，他们想杀人的疯狂冲动便是其集体无意识的一种表现……暴力是被压抑的愤怒。"就像我们在前面曾说过的，这种暴力往往会转而针对自己。在论证暴力会转而针对导致暴力发生的原因即殖民当局代表时，萨特与法农的观点听起来都有点愤世嫉俗。但是，从长远的公正视角出发来看当前的情境，我们便会相信他们的立场是实事求是的，不管这对富裕国家会造成多大困扰都是如此。

法农写道：

我们应该提升这个民族；我们必须发展他们的大脑，让他们的大脑充满想法，改变他们，让他们成为真正的人类……

……整个民族整体的行动意识，乃是一个国家的鲜活表现；它是整个民族男女的协调一致的启蒙行动……我们首先应该把尊严归还给所有的公民……[6]

法农所推荐的暴力不是在布娃娃上插针或槌打枕头之类的行为，而是以消除社会压迫的真正邪恶为目标。这个黑人表达出来的愤怒，不仅替其他黑人兄弟表达了愤怒，而且肯定了他自己，即使他在这个过程中牺牲了自己的生命，他也会这么做。

注释

[1] 我要感谢杰拉德·赫扎诺夫斯基博士对这些观点所做的讨论。

[2] See Walter Cannon's *The Wisdom of the Body*（New York：W. W. Norton，1963）.

[3] 我在《焦虑的意义》（New York：Ronald，1950，pp. 62-63）一书中，曾对这些自主神经系统中交感神经分支系统的运作做过描述。

[4] Harry Stack Sullivan, *Conceptions of Modern Psychiatry*（New York：W. W. Norton，1953），p. 4.

[5] J. William Fulbright, "In Thrall to Fear," *New Yorker*, Jan. 8，1972，pp. 41-62.

[6] Frantz Fanon, *The Wretched of the Earth*（New York：Grove Press，1965），pp. 204-205.

第三部分

第十章
无知与谋杀

谋杀鲜少符合下列刻板印象：一个冷血而精心策划的杀手跟踪一名毫无警惕、无助而消极的受害者。大多数凶杀案都发生在激烈的争吵之后，而且，受害者在争吵中，通常扮演了导致自己死亡的积极角色。

——埃尔顿·B. 麦克尼尔（Elton B. McNeil），摘自《今日暴力》（Violence Today）

一旦无知介入行动，它有可能避免谋杀吗？过去这几年，特别是在肯特州立大学（Kent State University）、杰克逊维尔（Jacksonville）和奥古斯塔（Augusta）等地发生枪击事件后，这个麻烦的问题再次尖锐地出现在我们面前。自意识诞生，以及伊甸园神话在我们先祖大脑中形成以来，这个问题就一直困扰着我们。阿尔贝·加缪（Albert Camus）仔细地思考了这个问题，并将自己的想法记录在《反叛者》（The Rebel）中。梅尔维尔也沉迷于这个问题，并撰写了他的最后一本书《水手比利·巴德》，试图解决这个复杂的问题。

例如，受害者是不是做了什么让自己成为受害者的事情？这个问题直指无知的意义核心。处女自身除了卖弄风情之外，是不是还做了什么事情构成了对男人的挑战，从而结束了自己的童贞？在几乎所有文化的牺牲仪式中，无知不是都与谋杀诡异地结合在一起吗？在人类历史的朦胧开端中发现的现象，以及一直延续到向克里特岛的人身牛头怪物（Minotaur）或现代战争中的摩洛神（Moloch）献祭童男童女的现象，这其中的意义又是什么呢？

当我们将无知与谋杀的问题进一步推向人类意识的最远端时，我们可能就会发现这是一个无法单靠理性便可以得到圆满答案的亘古问题，相反，我们必须像里尔克（Rilke）给年轻人的建议那样"活在这个问题的当下。因而，你可能……会在遥远的某一天，想出答案来"[1]。不过，在我们努力试图想通这个问题的过程中，我们可以预期会对暴力发生的主要原因有新的理解。最重要的是，分析无知与谋杀这个问题，预示着在即将来临的这个世纪一种新的伦理将会浮现。

在对比利·巴德的诸多描述中，梅尔维尔谈到了一种"心胸宽阔的年轻人的处子经验"。无知是一种慷慨，尤其是儿童，他们因为不曾经历过背叛（遭受背叛的经历将会导致愤世嫉俗），所以能够相信、信任他人。无知与"心"（heart）有关，因为那是一种情感状态、一种感知生命的方法，而不是一种算计的方法。它是"纯洁的"，因为它出现在生命中性欲、温柔、利用、背叛等各种可能觉醒之前。过去，性经验的缺乏被认为是无知的象征，我们应该记住一点，即它是一种象征，而不是具体的内容。

此外，无知也是一种无能为力的状态。在我们讨论无知时，有一个问题能确定无知者利用这种无能为力状态的程度如何。这个问题就是：无知在多大程度上被当作一种生存的策略？

1. 肯特州立大学的悲剧

当我们开始讨论 1970 年发生在肯特州立大学的枪击事件时，很快就会看到，这是一个证明本书部分主题的例子。之所以这么说，原因在于这一事实，即在被杀的四名同学中，有两名与抗议活动完全没有任何的关系。其中一名身着预备役军官训练营（ROTC）的制服，当时正穿过校园去赶赴战略课的考试，另一名则正走在去上音乐课的路上。这其中的道德教训非常清楚：再也没有人能在旁边看热闹了。同时，这也暗含了人类命运与共的事实——我们都是此次悲剧事件的一部分。在个人自身的意识屈服以前，谁都不能划清自己的道德界线，并宣称自己与这些事件无关。电视等大众传播媒介只是基本上参与人类重要事件的表征而已。加缪提醒我们说："活着，就是在判断。"[2] 我们相信，我们将会发现，这种对自身介入的觉察，完全不是受虐式捶胸顿足或静默主义者遁世的借口。相反，它可以锻炼我们的伦理敏感性，使其更为敏锐，同时，还可以让我们发现（尽管这可能只是部分的发现），为促进种族整合而进行持续有效斗争的基础，或者免于强迫性战争的基础。

我选择阿莉森·克劳斯（Allison Krause）作为这四名学生及

其无知的代表。据报道，阿莉森·克劳斯当天在国民兵子弹上膛前，曾把一朵花扔进他们的枪筒里，并且说："花朵比子弹好。"俄国诗人叶甫根尼·叶夫图申科（Yevgeny Yevtushenko）将阿莉森写入了诗中，尽管这首诗有感伤的倾向，但也确实揭示了一些重要的方面：

> 十九岁的阿莉森·克劳斯，
>
> 你被杀害了，而原因只是
>
> 你喜欢花朵……
>
> 子弹，
>
> 推出了花朵……
>
> 让世界上所有的苹果树，
>
> 不裹白装——
>
> 却穿戴着悲戚。

到目前为止，我们只看到当天所发生的事件：有四名学生被杀害，整个事件在残酷的流弹四散中结束。但是，叶夫图申科知道，自己所触及的只是无知的表面，只是一种非常简单的无知。在下面的诗句中，我们看到了无知与邪恶的复杂性：

> 但是，一位越南女孩——与阿莉森同岁——
>
> 她手中紧紧地握着枪，
>
> 这是一朵用民众的愤怒

武装起来的花朵吗……[3]

我认为，"武装起来的花朵"与"抗议的带刺花朵"（这首诗中稍后出现的诗句）指的是添加在原初的纯粹无知之上的经验维度。现在，我们终于明白，愤怒是基本的动机。

叶夫图申科现在所说的是另一种不同的无知——"武装起来的花朵"不再是孩子般无能为力的产物，而是由愤怒的力量所导致。那个越南女孩知道，花朵通常长在荆棘丛中，因此必须小心地处理。她的无知没有避开邪恶，而是直接面对邪恶，这种无知所根据的假设是：人类历史是善恶之间永无止境的辩证史，而且，在人类历史以及人类灵魂深处，都没有纯粹的恶或纯粹的善这种东西。叶夫图申科将"花朵"与"武装"并陈，让我们想到了耶稣在《马太福音》中所用的词句（他以那句话来为即将到世界各地的信徒送行）："你们要灵巧像蛇，驯良像鸽子。"这又一次奇怪地将无知与经验放到了一起，他希望这句话能够在这些信徒日后的工作中，成为有效社会行动的基础。

2. 国民兵

现在，让我们来想一下某个"敌人"的无知，这个"敌人"是一位大约和阿莉森一样大的典型俄亥俄州年轻国民兵。我在这方面所得到的帮助，是一位大学女同学的来信，该女生的弟弟正好就是个年轻的国民兵。下面我将引述信中的部分内容：

> 在那些日子里，我的弟弟迈克尔（Michael）非常害怕接电话，他怕国民兵总部打电话叫他到附近某个校园去执行防暴任务。他之所以加入国民兵，是为了避免被征召进正规军而被派到越南去打战。迈克尔说他们团里的其他人也像他一样害怕接到电话。他一点都不确定这些抗议的学生是不是有错，而且，即使他们真的有错，派国民兵去镇压也不是解决事情的办法。
>
> 如果我弟弟被叫去执行防暴任务，而某个不负责任的军官又给了他一把子弹上膛的枪，再加上与学生的对抗紧张起来的话，他可能真的会对学生开枪……我认为，阿莉森·克劳斯与射杀她的国民兵，都只是在扮演着不属于他们自己的角色而已。

从她写给我的信中，我们可以假设，迈克尔被动员了起来，并去了肯特州立大学校园。他偶然知道了这一事实，即让人觉得很遗憾的是，肯特州立大学的学生刻意不与当地居民进行任何真正的沟通——实际上，他们甚至还故意跟当地的居民过不去。据《纽约时报》（New York Times）新闻报道，这些学生将于星期六晚上在市中心人行道上静坐示威，对着从他们身边走过的居民喊一些淫秽的口号，虽然令人难以相信，但这些学生完全没有意识到此举将会在肯特镇居民的心中引起多大的仇恨。在两天的时间里，迈克尔看到一栋建筑物被烧成灰烬，他前一天晚上只睡了三个小时，抗议学生对他叫嚣着，说着淫秽的笑话，并在他随着大部队穿过叫骂的群众时，用石头砸他。

我们要谴责我们假想的这个年轻国民兵迈克尔，说他是凶手吗？如果我们谴责他——因为是他扣动了扳机——并就此撒手不管的话，那么，我们便阻碍了自己了解大部分现实的机会，并恰恰在自己最应该坚持的时候屈服了。迈克尔的姐姐在给我的信中，进一步指出了她所认为的犯人是谁：

> 我认为，我们的国家已经变成一种巨大的不实与恐惧……那是一种脱离现实的状态（out-of-touchness），它剥夺了人们的大多数选择权，人们只能苟活。

无可否认，这种巨大的"不实与恐惧"确实存在。在我们这个时代，我们都很可能生活在加缪在其早期小说《局外人》（*The Stranger*）中所预测的心理状态中，小说中的非正统派主角默尔索（Meursault）大体生活在一种半意识状态中。他和一个女孩在彼此都好像处于半睡半醒的状况下做爱，最后，他又在半觉知的状态下，于沙漠烈日下开枪打死了一个阿拉伯人，这让我们纳闷（毫无疑问也会让他自己感到纳闷）：他是否真的开枪打死了那个阿拉伯人？他因为杀人罪而被审判。他的罪行实际上是谋杀了他自己。

写给我的信中所谓的"巨大的不实"和"脱离现实的状态"，使得每个人都成了他人以及他自己的局外人。在感官遭到持续攻击（犹如狂风暴雨的大海上的海浪）时放弃自身的意识，这是当代人的一种病，但这个事实并没有使我们的问题变得更容易解决。

但是，你我也都是这个充满"巨大的不实与恐惧"的国家的一分子。当我们认为"国家"或"社会"出了毛病，就会倾向于用匿名的"它"来称谓，这个"它"对我们（即这个"国家"或"社会"中的人）做了一些事情。于是，它成了方便我们投射的部分借口，而我们因此避开了问题比较深刻的层面。我不是在怀疑社会心理学的重要性，社会心理学研究的是团体扮演角色的方式，以及出于不同的安全目的而利用这些角色的方式。我还认识到了电子科技对个人的影响、科技的极其非人化，以及我们每个人在这个"我们从未制造过的世界"上经历无数压力的体验。

但是，我们的社会、我们的国家之所以拥有此种权力，是因为我们作为个人总会屈服于它；就像我先前曾指出的，我们已经放弃了自己的权力，于是，我们就会因为自己的无能为力而遭到侵犯。从这个意义上说，是我们自己伤害了自己。人类的生存取决于能够坚持自己的意识，有足够的力量来与因科技进步而使我们变得愚蠢的压力相对抗。如果国家真的变成了一种"巨大的不实与恐惧"的状态，那么，体验这份不实与恐惧的便是你我诸人了。

所以，我们必须继续努力，去理解无知与谋杀在心理上的运用。

3. 比利·巴德的悲剧性缺陷

就像阿莉森·克劳斯和她的同学一样，梅尔维尔笔下的比利·巴德也被描绘成了无知的化身。比利·巴德被人称为"英俊水手"（Handsome Sailor），是一个品行高尚的年轻人，在美法战争期间，因缘际会从他原来的船人权号（Rights of Man）被迫调到无敌号（Indomitable）战舰上服役。他拥有乐观开朗的气质，体格非常健壮，似乎总是船上任何团体的中心人物。显然，他深得船上每个人的喜爱。梅尔维尔叫他"处子"，并且常常把他比作"天使"。船上一位丹麦籍老水手叫他"巴德宝宝"。比利·巴德就像花仙子一般，他实在太好了，好得让人有些难以相信。

在比利的身上，梅尔维尔显然试图要留住孩童的无知（这将成为我们当前的问题），并让他把这种无知继续带进成年期，在正常的情况下，这种无知将融入某种新的事物。梅尔维尔写道："然而，孩子的全然无知，只不过是懵懂愚昧，随着智力的发展，这种无知或多或少都会减弱。不过，在比利·巴德的身上，虽然他的智力发展了，但他的纯朴、单纯却大体上没有受到影响。"就像我们这个时代的花仙子一样，这样的人物最终注定要以悲剧收场。

比利只有一个明显的缺陷（我们谁都不会说这个缺陷是悲剧性的，而只会说这是人生难免的缺憾罢了）：当他情绪高涨时，便会口吃。

我刚才是不是说过每个人都喜爱他？其实也不尽然。船上的大副克雷加特就陷入了自己对比利的情感矛盾中。一方面，他被比利俊美、自然的优雅气质吸引；而另一方面，他又对比利所代表的纯洁无知感到憎恨。在梅尔维尔看来，克雷加特是"船上唯一能够理智地对比利·巴德所代表的道德现象做恰当评价的人"。但同时，

克雷加特却对此没有信心去理会，而且充满了愤世嫉俗的不屑之情
——"怎么样都比无知好"[4]！

这种对待无知的态度，与我们大多数人所持有的态度只有程度
的差别而已，看到这一点非常重要。无知者通常希望能够从我们这
里得到点什么，唤出我们给他关爱与支持的倾向；许多人都憎恨自
己身上的这些倾向，但更憎恨那些导致他们按照这些倾向来行事的
事物。当面对真正的孩童般的无知时，我们会深受感动，会想去保
护那个孩子，但我们同时又希望，他将长大到可以保护他自己的年
纪。但是，当这种无知出现在成人身上——例如一些主张非暴力和
平的人士、花仙子或公社居民——时，我们会被它吸引，我们的良
心会被深深地刺痛，但我们同时也因自己的同情心被不自主地引发
而感到困扰，我们还隐约地觉得自己被利用了。这些无知者是世界
众生中的一根刺；他们威胁要消灭"法律和秩序"，也就是警察和
政府当局。在被杀害的前一天，阿莉森·克劳斯朝国民兵枪筒中丢
入一朵花的象征行动，向所有公认的有关枪械力量的信仰发起了公
然的挑战。因此，无知会威胁、颠覆我们所知的这个世界。

真正的无知是一种善，而且，这还会让许多人陷入一种矛盾的
状态之中。我们都还记得，古代雅典的公民曾用投票方式赶走了一
位被称为"大善人"（Aristides the Good）的公职候选人，因为他们
对他老是把自己说成"大善人"（the Good）非常反感。善会对我们
有所要求，天真地相信人们只喜欢善，是人类最原始的幻觉之一，
我们需要一个像陀思妥耶夫斯基那样的智者，才能澄清这个错误的
概念。

克雷加特在他的世界中，无法忍受这种纯然的无知。我们可以将他的矛盾情感描述为是在妒忌和憎恶的滋养下发展起来的。他似乎会对比利微笑，但这种微笑实际上是不是扮鬼脸呢？梅尔维尔写道，克雷加特是个"本性邪恶的躁狂之人，不是邪恶的训练、腐化的书本或放荡的生活使然"，他"生来就如此，简言之，他'本性邪恶'"[5]。他再次把克雷加特描述为一个"明白善却无力行善的人；一种像克雷加特这样精力过剩的本性（这样的本性几乎一直都有），除了退回到他的本性之外，还有什么能倚靠的呢……"。梅尔维尔在这里所描述的是原始生命力——一种甚至比人们自身的生存需要更能控制他们的力量，用歌德的话说，是使人们敢于挑战整个宇宙并与其对抗的力量。因此，如果它不断地滋生扩大，当它意图推翻本性自身时，便会以悲剧收场。

梅尔维尔的故事在最为简单的层面上非常清晰地展开。一个月黑闷热的晚上，比利睡在甲板上，一名水手走到他身边，要比利帮忙，加入他们的叛变计划。比利愤慨地拒绝了。但是，就像所有不愿意伤害他人情感的秉性善良的人一样，比利没有断然地说"不"，甚至从不曾想过要把这件事情告诉其他船员。

后来，克雷加特到船长面前控告比利，说他计划叛变，并把比利叫来问话。当克雷加特不断地重复他的控诉时，比利面对如此不公正的指控感到非常震惊，他结结巴巴地一句话也说不出来。船长大声地说："小子，为你自己辩护啊。"当他注意到比利有语言障碍时，又说："孩子，别着急，慢慢来。"但是，这种父亲般的关怀让比利的语言障碍更为严重了。在这种愤怒却无力表达的状态之下，比利的所有激情都汇聚到打死克雷加特的那一拳上去了。

维尔船长知道自己别无选择，依照战争期间施行的战舰法律，必须将比利吊死。船长在绞刑执行前去探视比利，发现他对自己即将来到的死亡"就像一个孩子听到这件事情一样无动于衷"，他吻了吻比利的脸颊，得出结论说："在被判刑时，无知是一种比宗教更好的东西。"第二天天刚破晓，比利就被吊在了主帆的帆架上。行刑前，在面色凝重、低声啜泣的水手们的目睹下，比利大喊："愿上帝保佑维尔船长！"船员们受到比利情绪的影响，也重复地这么喊。这便是比利心灵纯净、没有恶意或报复之心的证明。

比利·巴德与肯特州立大学的学生之间有何异同？二者之间最大的不同在于，比利挥出了打死克雷加特的那一拳，而肯特州立大学的学生则是被杀死的一方。不过，我们不能让自己的判断或伦理被瞬间的肌肉运动决定，因为这样我们就得完全依赖于个人的自控力了。而且，这样的话，它最终会变成一种教条主义。这是所有刻板的教条主义所犯的错误（不论它是宗教导向还是科技导向，都是如此），我们的主要目标便是避免这样的刻板态度。

比利·巴德与肯特州立大学的学生们有几个共同的重要特征。二者都是本性无知的化身（personification of essential innocence）。二者都经历了完全出乎意料的结局。不论是比利还是学生们，都没有认识到这个世界的邪恶；他们不允许也不愿意让自己看到人类的残酷与人性丧失。这两种情况都与基督十字架上的"代人受难"（vicarious suffering）模式相符——比利·巴德出自梅尔维尔之手，学生们则是无数大众的象征。梅尔维尔对其故事主人公的综合评语，也显然适用于这些学生：比利·巴德的"极度痛苦来自一位心胸宽阔的年轻人的处子经验，他体验到在某些人身上可以有效运作的魔鬼化身"。

当我们更深入地了解这个故事时，就会发现一些有关无知的非常重要的东西。为什么比利没有感觉到克雷加特对他的敌意呢？并不是没有人警告过他。老水手丹斯克 [Dansker，他在该书中扮演先知的角色，就像《俄狄浦斯》中的泰瑞西斯（Tiresias），以及现代文化中的精神分析师] 一次又一次地告诉比利：克雷加特"憎恶他"。但是，当比利开心地回答"可他对我从来都是笑语相迎"时，丹斯克指出，这也是克雷加特邪恶计谋的征兆。比利对"疑心"或"不信任"浑然不知。我们必须把这些特质（对于我们了解当代世界以及原始生命力的内在世界来说，这些特质非常必要）的欠缺，看成比利性格中的悲剧性缺陷，而比利的口吃，只不过是他这个悲剧性缺陷的外在生理症状罢了。

梅尔维尔说过许多次："无知是他的眼罩。"这是一个值得注意的句子，尤其是它跟在了这样一句话之后，即如果比利曾经"意识到自己做过或说过什么激怒了长官，那么，情况就会不一样了，他的洞察力就算不会变得更为敏锐，至少也得到了净化"。比利不愿看到这一点必有其缘由。事实上，比利利用了自己受人喜爱的优势：他记得克雷加特就曾对自己说过，"英俊就是英俊"；而且，在被带到船长办公室接受询问的途中，他还想"船长对我似乎很和善"，他"可能会把我派到船上更好的新工作岗位"。简而言之，对比利来说，保持无知已成了——尽管这是完全无意识的——一种有用的生活策略。

不过，还要注意另外一点，如果比利曾经意识到自己做过或说过什么激怒了长官，那么，"他的洞察力就算不会变得更为敏锐，至少也得到了净化"。而事实上，他确实因为自己蒙蔽了双眼，而没有看到或知道这一点。梅尔维尔的想法很奇怪，他认为，精神与无知是相对立的。它们非但不同，而且相互对立。贯穿全书，梅尔维尔都将比利描绘成一个几乎不具精神性特质的人（"精神性领域对比利而言，是完全模糊的"）。比利的"本性无知"被定义成了"难以压抑的异端思想的爆发"。后来，在比利被吊死时，船长觉得他的无知是"比宗教更好的东西"（这本书是在梅尔维尔去世前不久完成的）。比利·巴德"通过生前如此锥心刺骨的深刻经验，如今精神性终于得到了净化"。

所有这些都说明了这一事实，即比利无知但却不具精神性。因为精神性需要经验，同时也以经验为基础，诚如梅尔维尔所言，它锻炼了自我，深化了意识和觉知，净化了我们的洞察力，并使我们的洞察力变得更为敏锐。而无知就像眼罩一样，它会阻碍我们成长，阻碍我们发展出新的觉察，让我们无法认同人类的苦难和欢乐（苦难与欢乐对无知者而言都是完全陌生的）。

经验有两个潜在的极端：保持无知，隔离不吸引你的东西，并尽力保持伊甸园的状态；或者努力提升精神性，走向诗人华兹华斯（Wordsworth）所说的"人性中更深层的乐曲"。

受害者和使自己成为受害者，这两者之间有什么关系吗？人类的相互依存又意味着什么？事实上，我们都被困在一张网里（这张网既包括意识因素，也包括无意识因素），它就像环状的波浪涟漪一样，从我们自己向父母、孩子逐步扩散开，直至终极的人性大海为止。比利·巴德能够找到借口来逃避感知他的行动对他周围的人（包括克雷加特）所产生的影响——实际上，这说的是他的俊美与无知所产生的影响——这份责任吗？把自己快乐的生命仅仅建立在自身信念与正直的基础之上，却对人与人之间向外扩延的波澜毫无所觉，这是怎么回事呢？这难道不是一种不真实的纯洁吗？明明是必朽的生命，却伪装成不是如此。在我们这个相互依存的世界中，我们不再能接受这种不真实的纯洁，更不要说称赞它是正当的行为了。因为这种无知可能会有意掩饰些什么；它是一种孩童的无知，而我们已不再是孩童。当你拥有了体验这个世界的能力，你便同时也担负起了感知那种体验的责任。

4. 处女与龙怪

在史前和人类历史中，强调童男童女牺牲的根源何在？为什么牺牲的总是无知者？难道斯芬克斯（Sphinxes）与龙怪不是我们自己的攻击性与暴力的投射吗？[6] 早期的城邦公民就像现代人一样很难控制他们自己内在的攻击性与暴力倾向。他们只能通过把自己内在的龙怪，向外投射到城外洞穴中的神话怪兽身上，从而控制住这种攻击性和暴力倾向。这是人类先祖所做出的极具吸引力的努力，他们把自己的"动物的""黑暗的""野蛮的""隐匿的"等倾向，驱赶进了城市四周的森林里。

年复一年，徘徊在底比斯（Thebes）城门外的斯芬克斯，以扑食人类作为自己应得的赎金。"虽然她只做出了谋杀这个举动，但其中却有一种象征。"布罗诺夫斯基（Bronowski）这么写道。[7] 只有通过猜测——猜测是人类所特有的凭借其理性与直觉而做出的行为——获得这个谜语的答案，斯芬克斯的诅咒才有可能破除，而这个谜语的答案竟然是"人"。虽然说法可能会有些许不同，但这事实上对我们来说一直都是个谜：为什么"人"需要这种活人牺牲（这是一种粉碎、破坏、吃掉其同胞的需要）？《三便士歌剧》（*Three-penny Opera*）里有一句歌词是这样唱的，"人以他人为食"——这是每一次人类社会崩解，赤裸裸地暴露出人类存在的本质时，都会被迫面对的真理。是不是我们内心有什么东西会让我们为了自己的男子气概而吃人呢？虽然这个想法太过残酷，让我们实在不忍去想，但是我们必须对它审思一番。

但是，更具启发意义的是，那个猜出斯芬克斯谜题的人（俄狄浦斯），就是将斯芬克斯带回自己内在正确位置的人。俄狄浦斯是个勇于认清这样一个事实的人，即人类——至少在幻想中是这样，这在其中是行为的意义价值所在——有奸母弑父的倾向，他可以用真实的视角来看待自己，他知道善恶共存于自己的内心，他了解自己内在的斯芬克斯。俄狄浦斯这个怀着决心、愤怒且绝不放弃地致力于追寻自身同一性的人说："我必须弄清楚我是谁？我来自哪里？"俄狄浦斯是迫使自己看到全貌的人。接下来，就是永恒冲突的戏剧化行动，他挖出了自己的双眼，双眼是人类的视觉器官，是认识、理解人类生活以及这个世界的象征。俄狄浦斯后来在柯罗诺斯（Colonnus）必定思考了内疚与责任的问题。他一生的经历所要告诉我们的是：应对斯芬克斯的唯一方法，就是把她带回我们心灵中她真正的家，并且就在那里直接面对她，也就是内疚与责任。选择很明确——我们必须在城门外向斯芬克斯献出活人牺牲，否则，我们就必须接受内疚与责任是真实存在于我们内心的东西。无法负责任地接受自己的内疚的人，会不断将自身的内疚投射到城外的斯芬克斯身上。

龙怪是一个类似的象征；社会为了摆脱自己身上的邪恶，就把这种邪恶投射到了森林龙怪这个形象上。而处理这种邪恶的方式是，每年向龙怪献祭童男童女。龙怪并不是一个与我们不相容的物种；这座城内就有他的同盟者，而且，事实上每个个体的内心也都有它的盟友。"如果圣乔治（St. George）真的是一个基督教圣徒，那么，他所对抗的龙怪便是更为古老的活人牺牲仪式，而且这个仪式是他自己人为制造出来的。"[8]圣乔治似乎主要待在北欧地区，那里树林茂密，充满了不祥的预兆，容易让人陷入快乐和恐怖的幻想之中。漫步林间会带给我们狂喜，部分是因为树林赋予我们的灵感，让我们活出自己富于诗意和爱欲的幻想。我们在许多故事和画作中看到，骑士从龙怪口中救出无助少女的情节都是发生在树林中，这绝非偶然——一开始我们会很好奇这位少女跑到那里去做什么，但随即我们又会想起，她是在强大的投射力量下，鼓动美丽的幻想双翼飞到那去的。它在很大程度上是一种爱欲的投射，是少女和骑士所共有的一种投射。

现在，回到我们在这一部分开头所提出的问题：为什么人类经常用童男童女来献祭呢？雅典每年送给克里特岛上的人身牛头怪物七个童男童女，只不过是无数案例中的一个罢了。为什么我们总是牺牲那些无知者？他们显然对嗜食人肉的龙怪特别有吸引力；它爱温柔、无助、无能为力的人，而不是阅历丰富者。我们知道，我们所有人的幻想中真的都是如此——无知的人、无能的人和没有经验的人，有着特别的吸引力。是因为我们可以给他们提供经验，并因而提升我们的自尊吗？我们从未听说过龙怪吞食了哪个八十岁的老太太或老头子。只有童男童女才能满足龙怪的胃口。

我们最多只能从我们当代处境的视角来尝试回答这个问题。我们千万不要认为，我们已经拥有足以让我们自吹自擂的现代文明，就"超越了原始的人类牺牲"。对此我们照做不误，只不过牺牲的不是七个童男童女，而是数以万计的人罢了。我们向其献祭牺牲的神叫摩洛神。美国已有超过五万名年轻人在越战中牺牲了，如果再加上越南人（当然，我们必须把他们算进去），牺牲的人数就会达百万以上。古老的龙怪到了现代，竟然在像越战这样的事件中重新复活，真是令人感到神奇，焦土政策、火烧坦克、遍地硝烟弥漫、国家风雨飘摇，而且实际上还包括对越南人民的大屠杀，都是龙怪重现的例证。我们现代的摩洛神是很贪婪的。意思是说，我们内心有太多的攻击性和暴力需要投射出来。我们通常是以抗议、内在冲突、顺从、情感淡漠等方式来处理这些内心的攻击性和暴力的，不过，我们以后依然会继续这么做。

我们很难系统地阐释为什么我们会特意把童男童女献祭给这

个摩洛神，或许是因为我们的思维与所谓的军事需要（而事实上它与我们的问题毫不相干）完全混搅在一起。也就是说，我们之所以征召年轻人参加越战，是因为教他们开飞机或开枪可能更为容易一些。不过，这听起来好像是一种合理化解释。它与牺牲这个古老仪式之间是如此相似，以至于让人难以忽略。

显然，整个军队组织是妒忌年轻人的，妒忌那些无知者，妒忌这些年轻人的生活超过了他们。对青春的崇拜让这种情况变得更糟了，尤其在美国更是如此，什么都是越年轻越好。那些失去无知已久的年长者，宣告了必须由这些年轻人来打的战争；于是我们经历了制服、军乐队、歌曲，以及大量口号宣传等一整套复杂的仪式，而这在很大程度上是我们自身对日本或北越的攻击性和暴力的投射。

代表既定方式的循规蹈矩的人，也害怕年轻人。这种现象在我们这个时代、这个社会尤其明显。妒忌与恐惧——这二者是出现牺牲的两大动机，尽管它们不能被深究，但可以暂时地帮到我们。

人类生活中似乎生来就有一种要克服无知的冲动，这种现象很奇怪，但也可以理解。这一点是不是（以某种奇怪的方式）和我们想要快点长大而不会那么轻易就被牺牲的内在冲动有关？正常的小孩都想长大，去体验关于自己的一切，成为这个世界上的一个人；虽然他拥有的自然防卫机制不让他触及过于危险的经验，但是他仍期待长大，到那时他便可以充分地依靠自己来卸掉这些防卫机制。通常情况下，我们都倾向于想让无知消失。刚进入青春期的女孩，常常不自觉地表现出轻佻的模样，这也是想要克服无知这种古老冲动所上演的部分戏码。亚当与夏娃的诱惑（表现为吃下苹果，并因而获得"关于善恶的知识"），便是一种想去经验和被经验的鲁莽冲动，想把无知抛却，使其成为过去式。

性经验常常被视为无知丧失和"经验"获得的象征，这点绝非偶然。年少时急着失掉贞操的鲁莽冲动，很可能会事与愿违，造成经验的丧失而不是获得。这种经验本身通常并没有什么重要性可言（我的一些女患者曾说起，她们对夺取其贞操的男人是这么说的："这样就好了吗？"）。在女孩/女人和男孩/男人的转变中，个人可以获得释放，进入一个全新的经验维度，如果他们准备好了要抛却自己的无知，那么，这种经验便会为他们带来前所未有的无限可能的觉知与温柔。

在校园抗议行动中，我们经常可以观察到一种奇怪的需要（通常是无意识的）：抗议的学生希望自己被逮到，并以这种方式克服自己的无知。我有一个朋友是美国东部一所大学的大三学生，他所参加的抗议活动，刚开始似乎毫无目的。后来，这些学生偶然间发现了预备役军官训练营；他们在反预备役军官训练营的抗议行动中，很快赢得获胜关键点。不久他们就占领了一座学术大楼。当警察抵达时，我那个朋友从后窗跳出，逃走了，他的自保需要显然与他的抗议需求相冲突。后来，他又加入了另一个团体，这个团体主张学校的宿舍和自助餐厅所雇用之黑人和白人的数量应该相等。这些学生坚持学校要马上做到这一点，并把学校的教务长"抓"了起来，囚禁在他的办公室里，直到目的达成为止。结果在预料之中：我的朋友和他的同伴被警察抓了起来，并且很快被学校退学。我的朋友本是学校里最优秀的学生之一，而现在他被逐出课堂，每天有用不完的闲散时间。

他做了什么？他去了新英格兰，并花了几个星期的时间细细思考。有人可能会有这样的感觉，觉得这就是抗议的真正目的：他想被逮到。他正对着一个毫无结构可言的世界大喊，要求这个世界给他提供某种结构。在这个年轻人的身上有一长串的成就，他是名人之子，他从未碰到过可以检验其力量的事情，在他的成长道路上也从来都没有出现过任何阻碍他前进并需要他付出勇气的事情。这样的学生所渴求的，是能够获得和他们原先的无知相当的经验。从某种意义上说，年轻人已经失去了他们的无知：集中营和原子弹已经使他们的世界变得毫无结构可言，但他们却没有对等的经验来与之相配。他们所渴求的是和他们过早丧失的无知相匹配的经验。

"龙怪和斯芬克斯都存在于你的内心。"如果龙怪与斯芬克斯真的存在于我们的内心，那么，我们首先必须察觉到它们。我们的错误不在于制造神话，那是人类想象力健康、必要的功能，是走向心理健康的助力。我们以理性教条为基础对其加以否认的做法，只会让我们内心的邪恶和我们这个世界的邪恶更难处理。不，龙怪和斯芬克斯本身并不是问题。问题仅仅在于，你是投射它们还是直接面对并整合它们。承认它们存在于我们的内心，就意味着承认在同一个人身上既有善的一面，也有恶的一面，而且邪恶潜能的增加与为善的能力成正比。我们所寻求的善，是一种日渐增强的敏感性、一种敏锐的觉知，也是一种增强了的对善恶的意识。

布罗诺夫斯基的戏剧《暴力的面貌》中，普鲁克斯在剧情接近结尾的时候说："暴力有着堕落天使的面孔。"然而，除了人类之外，还有谁是堕落天使呢？除了堕落天使外，还有谁是人类呢？因此，在这部戏剧即将落幕时，紧接下来的一句台词便是卡斯特拉（Castara）的回答："原谅人类的暴力吧……因为暴力拥有一幅人的面孔。"[9]

注释

[1] Rainer Maria Rilke, *Letters to a Young Poet*, trans. M. D. Herter Norton（New York：W. W. Norton, 1934）, p. 35.

[2] Albert Camus, *The Rebel*（New York：Harcourt Brace Javonovich, 1970）, pp. 6-7.

[3] In the *New York Times*, May 19, 1970.

[4] 书中出现了明显的同性恋因素，但它们不是主要的因素，如果把它们说成是主要因素，将是一种过度简单化的做法。我把这些同性恋因素看作克雷加特无法在他的世界里忍受比利·巴德的一个方面，他无法在他的世界里忍受比利·巴德当然还有其他方面的因素。

[5] 这种说法是梅尔维尔从柏拉图那里借鉴来的。我建议读者不要陷入它是否真的"与生俱来，本性如此"这样的无用辩论，它显然与我们从当代心理学中所学到的很多内容完全相反。不如我们就认为"邪恶天性"是原型，不是单纯通过环境的改变便可以对它进行恰当处理的。

[6] Jacob Bronowski, in *The Face of Violence*：*An Essay with a Play*, new and enlarged ed.（Cleveland: World, 1967）, p. 2, 也表达了这个观点。

[7] Ibid., p. 2.

[8] Ibid., p. 3.

[9] Ibid., p. 166.

第十一章

反叛者的人性

在我看来，热衷暴力是人类对抗社会约束的古老的象征性姿态。邪恶之人可能会利用这种冲动，但若把此冲动视为邪恶，则是一场灾难。因为没有哪个强大的社会不承认抗议者，不从自然界动物身上汲取力量的人，不能算作真正意义上的人。暴力是炉边的斯芬克斯，它有一张人的脸孔。

——雅各布·布罗诺夫斯基，摘自《暴力的面貌》

在特吕弗（Truffaut）的电影《野孩子》（*The Wild Child*）中，我们看到了一起真实事件的重演，这起真实的事件发生在 18 世纪，但在这里却特别能打动我们。在电影中，有一位医生想教导一个一直过着动物般生活的野孩子（这个孩子是在树林中被发现的），看能否让他重新过人类的生活。被特吕弗取名为维克多（Victor）的这个温情男孩，学会了简单的说话和数数。但这些小小的成功与失败却只增加了不明确性。失望之下，特吕弗饰演的这位医生决定孤注一掷，进行一次明确的测试来看维克多到底还是不是人类——这个孩子在遭到不公平的惩罚时，会不会反击？

由于知道维克多接受了惩罚（当他犯了一个错误时，被关在了衣橱里），所以特吕弗故意在他正确地完成任务后，还是将他关进了衣橱。维克多大力反抗。这位医生脸上现出了认同的高兴表情，他说，这个孩子身上还存有人之为人的重要元素。

这种元素是什么？这是一种以宁为玉碎、不为瓦全的态度，感觉到不公正并对抗不公正的能力。这是一种原始的愤怒，一种积聚起个人的所有力量来对抗所体验到的不公正的能力。[1] 虽然它有可能会被混淆、掩盖或伪装，但是，这种对抗不公正的基本能力，却依然是人类所特有的特征。简而言之，这是一种反叛的能力。

在当前这个时代，当许多人都陷于焦虑与无助时，他们在心理上就很容易变得冷漠，而且，不管是谁干扰了他们表面的平静，他们都会把他驱赶到城外去。具有讽刺意味的是，在最需要反叛者来补充新鲜血液的过渡时期，人们却最不能听进反叛者的心声。

但是，在驱逐反叛者时，我们也斩断了自己的生命线。因为反叛的功能是文化所需的生命之血，是文明的根基。

首先，我必须对反叛者和革命者做一个重要的区分。这二者之间的对立关系是根深蒂固的。革命者（revolutionary）寻求的是一种外在的政治变革，"推翻、弃绝一个政府或统治者，并用另一个政府或统治者来取而代之"。这个词的词根为 revolve，其字面意思是翻转，就像轮子转圈一样。当某个既定政府统治下的处境让人难以忍受时，一些团体就可能会推翻该政府，他们坚信任何一个新的政府都会比它好。然而，许多革命仅仅是用一个政府来取代另一个政府，而后一个政府并不比前一个好——这使得市民的处境相比以前更为糟糕，他们不得不忍受两个政府的过渡时期所不可避免的无政府状态。因此，革命所带来的伤害可能比好处还多。

而与此同时，反叛者则是"反对权威或压制的人，打破既定习俗或传统的人"[2]。反叛者的独有特征就在于他的永远不安定。他最为重要的目标是寻求一种内在的改变，也就是态度、情绪的改变，以及对他所奉献之人的观点的改变。从气质上看，他通常似乎无法接受成功并享受成功所带来的安逸；他总是在捅马蜂窝，当他征服了一个疆域后，很快就会不安于现状而开始寻找新的疆域。他常常被不安的心灵与精神吸引，因为他同样永远无法接受极其单调乏味的操控。[3] 他可能会像苏格拉底一样，称自己是政府的牛蝇——防止政府安于现状、自满自足，因为那是迈向堕落的第一步。不管反叛者表面上看起来是多么自我中心或"自吹自擂、自私自利"，这一切都只不过是幻觉；真正的反叛从本质上看是绝不轻率鲁莽的。

从真正的意义上说，反叛者唾弃权威，他主要寻求的并不是用一个政治体系来取代另一个政治体系。他也许会赞成这样的政治变革，但那不是他的主要目标。他之所以反叛，是为了实现一种他确信对他自己以及他的同胞而言都非常重要的生活和社会愿景。每一次反叛行动都不言而喻地预设了某种价值。革命者总是喜欢把权力聚拢到自己周围；而反叛者并不把对权力的追求当作目的，他也不怎么会运用权力，他喜欢分享自己的权力。就像第二次世界大战中法国的反抗军一样，反叛者的斗争不仅是为了解救同胞于水火之中，同时也为了维持自己的人格完整性。在他看来，这些不过就是同一个问题的两面而已。

杀死主人的奴隶，是革命者。他接下来所能做的只是取代主人的位置，并被后起的革命者杀害。但是，反叛者能够认识到，就算奴隶主没有奴隶那么痛苦，他同样也被困在了奴隶制度中；因此，他反抗的是那个造就了奴隶与奴隶主的体系。他的反抗一旦成功，就能将奴隶主从拥有奴隶的不光彩现实中拯救出来。[4]

1. 文明需要反叛者

反叛者的人道主义精神在于这一事实，即他们的行为促进了文明的发展。反叛者的功能在于撼动僵化的习俗和刻板的文明秩序；这种撼动虽然令人痛苦，但对于一个想要摆脱枯燥沉闷、情感淡漠的社会来说却很有必要。显然，我所指的并不是那些自称为反叛者的人，而仅仅是那些真正的反叛者。文明就是从这些人那里收获了第一枝花。

文明肇始于反叛。提坦诸神之一的普罗米修斯从奥林匹斯山诸神那里偷取火种，将之当作礼物送给了人类，而这标志着人类文明的诞生。作为对这一反叛行为的惩罚，宙斯判处用铁链把他锁在高加索山（Mount Caucasus）上，白天秃鹰飞来吃掉他的肝脏，夜晚肝脏又会长回去，而长回去只是为了第二天再被吃掉。这是一个富于创造性之人饱受煎熬痛苦的故事，他在夜间的休息只是为了让他可以恢复体力，以承受第二天的煎熬痛苦。

但是，我们也要指出一点，只有当某位神明愿意为了普罗米修斯而放弃永生，他才能解除痛苦。凯龙（Chiron）就这么做了。这是对人生多么鲜明的肯定啊，人生的本质特征之一是，我们每一个人都会在将来的某一天死去！有一句话是这么说的："我心甘情愿地放弃生命的不朽来肯定人性；我愿以死来肯定人类的文明。"就像马丁·海德格尔（Martin Heidegger）不止一次地说过，是死亡造就了人性。我们必死的事实，与我们的反叛以及我们创造的文明密切相关。这是一个只有反叛者才能完全明了的真理。

一种相似的反叛行为和一种对于必死事实的接受，在亚当和夏娃的神话故事这个关于文明开端的另一种叙述中，也非常重要。他们所做出之行为的本质是反叛，是受到毒蛇这个自然界中的原始生命力元素的鼓动而引发的。

普罗米修斯以及亚当和夏娃这两则故事的明显相似之处在于，诸神被描绘成了人类的敌人，它们试图让人类永远臣服。耶和华（Yahweh）害怕吃了善恶知识树上的果实的亚当和夏娃，会把永生之树的果子也吃下去。任何人都终将死亡这一事实再一次被提出，成为创造性与文明不可或缺的先决条件。是的，我们都渴望永生，都努力地形塑永生的象征，死亡的必然性让我们感到痛苦不已。狄兰·托马斯（Dylan Thomas）有一首诗是这么写的："不要温和地走进那个良夜……怒斥吧，怒斥光的消逝。"[5] 但是，如果我们不知道自己终将死去，那么，我们就不会比诸神更具创造性，而只会懒洋洋地躺在奥林匹斯山上打发着永无止境的日子，日复一日，每天无聊至极，只靠偶尔与人类发生恋情来消磨时光。

将焦虑、内疚与责任感包括在内的意识本身，是亚当和夏娃被逐出伊甸园时诞生的。而所有这一切都是在一次反叛行为中发生的。心理学对这一现象并不陌生：一个人如果不能说出"不"（no），那么，"是"（yes）便没有任何意义。意识需要个体发挥对抗意志；每个个体生活中所发生的冲突会唤起、激发起这种对抗意志，并使这种意志得到发展，生活中的冲突会迫使个体产生怀疑，并召唤出他并不知道自己已经拥有的力量。

我们再来看一看俄瑞斯忒斯（Orestes）的故事。这是一个人类为自己的生命负责的典型故事，为自己的生命负责同样也是文明的先决条件。从它们都描绘了人类朝向人性化发展的过程中迈出了一大步这个意义上说，它与普罗米修斯的故事、亚当和夏娃的故事非常相似；而我们不应该让俄瑞斯忒斯把自己等同于父亲的事实模糊了这个神话更着重强调的另一个事实，即个体的存在必定从反抗自己出生时和自己脐带相连的母亲开始。俄瑞斯忒斯在杀死亲生母亲，并与迈锡尼（Mycenae）断绝了联系后，一直忍受着复仇女神厄里倪厄斯（Erinyes）的迫害，后来真的被其逼疯了。同样，心理治疗中许多处于精神病边缘的来访者，都挣扎着想要获得自主性。在埃斯库罗斯三部曲的最后一部《欧墨尼德斯》（Eumenides）中，舞台上演出的是俄瑞斯忒斯的行为：他的内疚与赎罪、他为自己的行为而承担的责任，以及他最终在由人（而不是神）组成的法庭上得到了宽恕。这个故事揭示了为自己和同胞的生命而承担责任的能力对于反叛而言的重要性。

我们也注意到了历史上一个令人感到非常吃惊的规律：在某个时代牺牲的反叛者，到了下个世代通常会受到人们的崇拜，如苏格拉底、耶稣、威廉·布莱克（William Blake）、佛陀、奎师那（Krishna）等不胜枚举。如果我们更为仔细地看一下苏格拉底和耶稣，就会看到，反叛者常常以自己的视野来挑战大众。耶稣有句名言是这样说的："传统如是说……我却如是说……"苏格拉底不仅拒绝逃避法律，而且向法律发起了挑战："雅典人，我将遵从的是神，而不是你们，只要我活着，我就永远不会停止传授哲学。"这两个人都毫不掩饰地信奉反叛教义，他们都向社会的稳定性发起了挑战。一个社会只能在某种程度上容忍对其习俗、法律和既定方面造成的威胁。但是，如果文明只有属于它自己的习俗，没有注入新的东西来给它提供养分，促进它的成长，也就是说只有其既定的方面，那么，它就会失去活力，最终导致消极和冷漠。社会上惯用的方法是，反叛者在世时，把他处死，而当他死后，对他来说已经没有机会再改变自己的信息时（现在已经是既定的了），就把他从坟墓里挖出来，把他神化，最终把他视为崇拜的对象。

如果诸神总是专注于让人们臣服，那么我们为什么不干脆说"离开它们"？然后，我们就可以像历史上的理性主义者所做的那样，简单地把耶稣和苏格拉底看成敏感的人。但是，这样，就会对诸神的功能产生误解。从文化方面来说，诸神是我们渴望的理想与愿景的象征（象征包括形形色色的现实，同时它自己也是现实本身的一部分）。神是人们渴望得到但却不曾拥有的权力象征。我们总是把自己的洞察力与视野放大。简单地否认神在人类生活中的功能，会让我们的生活变得贫乏，尤其会使我们的理想和愿景变得空洞。但是，当我们放大并净化自己的洞察力（如关于公正的洞察力）和愿景（如关于一个更美好世界的愿景）时，我们也就扩大了诸神的象征。这就是我们会在《圣经·旧约》（Old Testament）中发现亚伯拉罕（Abraham）与神争论的奇怪现象的原因所在，他希望神不要毁了索多玛城（Sodom）和蛾摩拉城（Gomorrah），他说："这断不是你所行的。审判全地的主，岂不行公义吗？"（《创世记》18：25）他谴责神没有坚持自己的原则。在《旧约全书》中，一次又一次地出现那么一个人，他会根据自己对于神应该是什么样子、应该代表什么的新看法而反抗神。

如果我们把神界定为完美无缺、纯洁得无法形容，那么，这个奇怪的现象——许多神学家较劲的根源——就讲不通了。但是，当我们把神（我个人相信，层次较高的宗教一直都是这样看待神的）看成是明光或存在本源（Ground of Being，即生命的既定方面）与人类自身获得精神性洞察力的能力（个体的自主性方面）的汇聚点，这就完全可以理解了。反叛的最高机能在于以"神上之神"（God above God）的名义进行反叛。这正是保罗·蒂利希《存在的勇气》（*Courage to Be*）一书最后部分的标题，它是证明我的观点的极佳的例子。

2. 反叛与社会：一种辩证关系

反叛者坚称，他的同一性必须受到尊重；为了保持自己在知性与精神性方面的完整性，他会起而反抗社会对他的压迫。他必定会让自己与那些盲从、顺应、泯灭自身独创性与心声的团体保持距离。在整个人类历史以及我们每一个人的生命历程中，这种存在于个体与社会、个人与团体，以及个人与共同体之间的辩证过程，一直都持续着。这个辩证关系的任何一端被忽略，人格都会变得贫乏。每一个人都不时地会产生想做点惊世骇俗之举的冲动，也会产生激怒邻居的遐想。自相矛盾的是，一个人若要常保心理活力，还得仰赖于此。同样自相矛盾的是，虽然共同体会谴责愤怒的表现，但它自身却也从这种愤怒的表现中获得健康、活力和新的成长。这再一次表明，人类的发展并不是以单维度的方式朝着某种"越来越好"的方向前进，相反，它是一个正反辩证的动态过程。它们在"向上"发展时，也会"向下"伸展，当它们长得更高时，也会发展得更深。

伊甸园神话描绘的是人类对神的反叛。而实际上，它反对的是权威、现状，以及任何墨守过去的价值观而不是展望未来的东西。在对此次反叛的解说中没有点明的是，反叛的结果不是非此即彼，而是一种辩证的互动：有权威的存在，我们才能反抗权威。我们用来反抗文化的语言和知识，正是从这种文化中习得的；我们反抗自己的父母，但我们同时也爱他们。

反叛者也需要属于自己的社会。他的语言、概念以及与他人互动的方式，都来自他此刻正在反抗的这种文化。他出生于这个社会，同时也批判这个社会，并与那些试图改革这个社会的人站在同一阵线；而与此同时，他也是他所反抗的这种文化中的一员。如果我们认为，杀死先知的文明是忘恩负义的，那么，我们同时也会看到，在反叛行为中，谈论感恩与否的问题是完全荒谬的。这也就是我把这种关系称作辩证关系的原因所在。它是一种动态的相互关系，在这种相互关系中，两端彼此依存——一端发生变化，另一端也会发生变化。

雅各布·布罗诺夫斯基说得好：

> 因此，人们有理由害怕，社会可能会将他们去势。如果没有像希腊或意大利城邦国家这样有助于改善局面的社会，个人想要充分发挥自己的天赋则是不可能的。自我的动物驱力就像自然界中的丛林，总是在等待着机会想要瓦解它的城市。然而，虽然这股势力是反社会的，但它并非全然不相容或不好。驱动它的心（mind）装满了人类的愿望。希腊人都记得，不论好坏，每个人的心都是从我们的动物躯体中获得力量的。[6]

对个体加以压制，是社会的本质。汉娜·阿伦特指出了这一点，并对人们经常以为团体的行为应该各不相同而深感惊讶。从赖希到弗洛姆等这些当代作家，提到社会就愤愤不平，他们常用"官僚的""使人盲目崇拜的""过于强调技术的"这类字眼来宣泄愤怒，似乎我们今日的处境全都是社会的过错。一方面，这出于一种乌托邦的理想或期望，即当我们发展出一个能够恰当合理地教导我们的社会时，我们就会过得不错。另一方面，这就好像是一个小孩因为父母不比自己高，或其他某个方面与自己没什么不同而哄骗他们一样。所有这些都不是我们可以寄望于社会的。因为从某个层面上讲，社会也就是我们自己。反叛者拥有一种分裂的人格，因为他知道是社会在养育他，满足他的需要，并给他提供安全的空间让他发展出潜能；但是，他同时也饱受社会钳制之苦，觉得社会是令人窒息的。

反叛者不断地努力把社会转变成共同体。正如加缪所说："我反叛——所以我们存在。"[7] 在我们这个特殊的时代，反叛者之所以会对抗机械化的官僚制度，不是因为它们本身邪恶，而是因为它们是使现代人非人化、使人丧失完整性和使人受辱的最重要途径。同时，反叛者也出于相似的理由而反对富足，因为他知道"财富的充足可能会腐蚀权力，富有对共和政体的福祉来说……尤其危险"[8]。

反叛者也可能是服饰绚丽（虽然有时候有点破烂）的离经叛道者。这些年轻人因为在越战、污染以及伴随科技的巨大进步而来的非人化现象中，确实感觉到了对其价值观与生命的威胁，所以暂时脱离社会一段时间。他们的行动除了抗议社会的死板僵化之外，也让他们拥有了一段可以发现自我的时间。佛陀和耶稣在从事圣职之前，也都曾退隐山野，寻求内心的完整性。这与作为中世纪学生教育所必需之部分的流浪期（period of wandering），也有相似的地方。

诚然，离经叛道者不能全盘否定自己的文化，也无法完全割断自己的脐带。他的语言中所包含的思维方式，甚至作为他所反抗的对象，会一直跟随着他去高山或沙漠。不过，他在退隐期间，可以获得新的视角，对自己会产生新的觉察，这在日后可能对他大有帮助。我与嬉皮士交谈后得到的印象是：对他们当中有些人而言，正是这一年左右"脱离社会"的时间，保护他们免受精神病的侵扰。从幼儿园、小学、高中、大学到研究院期间，一连串沉重的负担早已让他们当中的许多人面临着真实的窒息危险，而这个"脱离社会"期给了他们一段喘息的时间。脱离社会往往可以达到与精神分析类似的目的。所有人都会认为，脱离社会是人们所选择的一种比住精神病院更为令人满意的解决问题的方式，更不要说住精神病院还要付昂贵的费用了。在这趟看似轻松的流浪之旅后，他完全有可能以全新的认真态度来看待自己与所属社会的关系。

在心理学教科书中，我们可以找到许多实验，实验的被试透过隔壁房间的玻璃窗可以看到他们的行动"受害人"痛苦地扭曲着，但却依然"服从"指令去"伤害"甚至"杀害"他们。这些显然是受到操纵的实验。[9] 有人可能因此而得出结论说，通过条件作用，可以把人类塑造成服从于任何事物的纳粹，或成为蚂蚁般的殖民组织。但是，我们同时不要忘了，有些人确实会不时地让自己脱离大众团体，他们是大胆冒险的反叛者，必要的时候，即使入狱也在所不惜。这时，贝里根兄弟和朋霍费尔（Bonhoffer）马上就浮现在了我们的脑海中。丹尼尔·埃尔斯伯格（Daniel Ellsberg）公开五角大楼机密文件的决定，便是他觉得这样可以减少越战中无意义杀戮而采取的实际行动。

是什么使得某一个体脱离制约他的大众团体而成为一位反叛者呢？从埃尔斯伯格的案例中，我们可以找到许多不那么片面的答案：他对越南人所遭受的苦难，尤其是在越南旅行期间所看到的无助孩子的苦难有深切体会；他因为无法有效引起麦克纳马拉（McNamara）及其他有权采取行动阻止战争者的注意，所以感到很受挫；事实上，他自己的风格、他的浮夸，以及他为求得心理完整性而进行的长期斗争等都是原因。但是，不管你认为他的行为动机为何，事实都是：埃尔斯伯格确实站了出来。他确实表现出了对抗"法律和秩序"力量的行动。在揭露事情的真相时，埃尔斯伯格所占据之位置的原型是普罗米修斯。埃尔斯伯格是典型的现代英雄，因为在我们这样一个一切讲究科技、盲从而情感淡漠的时代，他却站了出来，运用大众传媒和现代科技来为他的反叛行为服务。

个人与社会之间的辩证性冲突，是我们不可避免都要面对的。我们所能做的要么就是以建设性的、热情的和有尊严的态度来面对，要么就是浪费自己的能量和财富，去对抗一个不根据人们的喜好组织而成的世界。不论社会怎样改变——其中许多改变得祈求上苍来完成——都依然存在着个性化对抗社会之盲从、均化趋势的根本辩证情境。

有些社会已经认可其公民的破坏、抗议、追求无政府主义的需要，并留给其一定的余地。酒神式的狂饮、嘉年华以及各种类型的暴乱式恣意喧闹等，都是诸如此类的见证。古希腊人的例证多如流水，包括：厄琉息斯（Eleusinian）的秘密仪式、山顶的狂乐乱舞（Corybantic dances，有些只能妇女参加），以及《对话录》（*Symposium*）中苏格拉底与柏拉图在朋友的酒宴上，用酒来帮助灵感自然流露的简单方法等。这就是酒神（Dionysus）代表的东西：

在跳舞、欢乐、混乱的恶作剧，以及压抑的释放中，尽情揶揄所有的权威，让原始生命力彻底舞动起来。如果一个社会没有酒神式的释放，将生命活力赋予形式和秩序，那么又怎会有一个健康的阿波罗的面貌（Apollonian aspect）呢？在美国 [只有在新奥尔良的狂欢节（Mardi gras，基督教忏悔星期二当天、大斋期前一日的狂欢活动）中，还奄奄一息地残存着这类古老的庆典]，人们难以认识到，对于古代社会和现代社会来说，这些嘉年华节庆究竟有怎样的助益。化装舞会（在化装舞会上，个人的责任被暂时地搁置一旁）具有匿名性，这种匿名性不仅可能是亚个体的，同时也可能是超个体的。大部分欧洲国家，尤其是天主教国家，在安定下来专心于大斋期（Lent①）的艰苦斋戒之前，都要恣情纵欲地狂欢一番。

我们需要属于自己的揶揄权威的方式。我们有万圣节与愚人节。但是，我们还需要以自己的方式来舒解自己想要凌辱邻居、丑化镇上教父的隐秘的梦，简而言之，就是以象征性的方式表现出我们想要对这个挫败、限制我们的社会进行报复的梦。在这个方面，有一个有趣的例子，有一位被当作替罪羊的国王，他知道自己将在某次暴乱（在这场暴乱中，所有的权威都将遭到愚弄）中被杀死，但他依然接受了王位。我们可以想一下在神子耶稣被钉上十字架这件事中，终极的宗教权威又是怎样被嘲弄的。在汉德尔（Handel）的《弥赛亚》（*Messiah*）中，当我们说他（Him）被人类责备、辱骂和掌掴时，我们所表现出来的乃是人类表达其由来已久之轻蔑的

---

① 指复活节前的四十天。——译者注

原型仪式，而被钉在十字架上的神子则代替我们接受了这一切。我们表现出自己的鄙视与嘲弄的做法——事实上，我们所表现出来的是所有所谓消极的、破坏性的情绪——使得我们能够更为清楚地看到、体验到宗教信念的积极面。我们可以改变人性中这些积极面和消极面的形式（form），但是，要改变有关它们的事实（fact），就必须截除一部分人类经验，而使自己变得贫乏。

在美国人的生活中，各种暴行——其中之一便是暴力——难道不是和缺乏酒神仪式有关吗？侦探小说、认同匪徒电影中的英雄的做法，以及20世纪30年代禁酒令后神化罪犯的做法等所有这些都是因为我们没有合理的机会来释放出自己"想要对这个挫败、限制我们的社会进行报复的梦"而导致的症状。

> 事实上，在我们这样一个机械化的世界中，你无法抑制这些深切的抗议情绪，也无法认为你可以通过做作的惊悚片和逃避法律秩序的方式，随意地将它们吸走……在我们这样一个等级社会中，反社会的情绪首先是一种权力，其次是一些不择手段的领导者借以成名的商品，于是它就成了所有受迫害者暴力之梦的代言人。[10]

承认反叛者的价值，把原始生命力导向建设性的方向，将还有一段很长的路要走。

因为反叛者所做的，是我们其他人想做但却不敢做的事情。注意，基督心甘情愿地（willingly）背负起了人们的原罪和鄙视；他的行动、生活与死亡，都是代替我们其他人而为的。这就是为什么说他是一位反叛者。结果，反叛者和救世主成了同一个人。反叛者通过他的反叛行为拯救了我们。在这里，我们看到了对我前面所论述之主题的又一次验证——文明需要反叛者。

3. 反叛的艺术家

初到巴黎圣母院大教堂，看到屋顶下那些身倾睨视一切的滴水嘴兽，有谁不感到惊奇与困惑呢？这些半人半兽的怪物会吃其他活着的动物。大白天里坐观巴黎，雕刻的石像露出轻蔑的表情，朝着底下城市广场上熙来攘往的人潮吐舌头——难道巴黎人在某个意义上说是魔鬼的人质吗？答案再清楚不过了。这是我们所有人内在紧张的表现，是光明与黑暗、善与恶之间的一种辩证关系。对于法国这个国家能够建造出如此美丽的大教堂这一事实来说，原始生命力的这些表现非常关键。因为点亮我们世界的艺术家，就像那些雕刻家一样，是与原始生命力一起生活、一起呼吸的。如果我们切断与这个下层世界的联系，那么，我们通常称为美（beauty）的事物（奥登提醒我们说，在我们这个时代，不应该太经常使用"美"这个字眼）就不可能存在了。

在"十诫"（Ten Commandments）的第二诫"不可为自己雕刻偶像，也不可作什么形象，仿佛上天、下地和地底下、水中的百物"中，艺术家面临着一个古老的、强有力的禁令。这是一个反对偶像崇拜的禁令。同时，这也是一种反对把不可思议的魔力置于古希伯来人身上的禁令，不准他们把动物或人的肖像画在沙上施法。居住在地中海沿岸地区的农民至今对照相仍然感到害怕——这显然是早期感受的延续，他们认为，如果有人用照相机拍下，或者用彩笔或涂料画下他们的影像，那么他们灵魂的一部分就会被虏获。所谓"偶像"（graven image），必定与人的形体有关，这种形体在他看来，对自己的自主性而言非常关键。虽然我把它说成是一种"原始的"观念，但它事实上也是一种复杂的洞见。因为任何有才能的艺术家所画出的肖像画，与画中人物的外貌并没有太大的关联，而与艺术家在这个人身上所看到的东西（这些东西即是后者潜在的形体）关系比较密切。不论我们怎样谈论这个问题，它都是一个人想要成为艺术家首先需要之勇气的表现。他必须有相当大的反叛性，才能对抗这一原型禁令。

艺术是暴力的替代品。驱使人们做出暴力行为的冲动——对意义的渴望、对狂喜的需要，以及冒险的冲动——也会驱使着艺术家进行创作。他们天生就是人类最伟大的反叛者。我的意思不是说艺术是一种反抗社会的武器：艺术可以是反抗社会的武器，就像德拉克洛瓦（Delacroix）用艺术来反抗社会一样，而且艺术家几乎总是站在社会思潮的最前列。我真正想要说的意思是，艺术家的整个作品，其实就是对社会现状的一种反叛，而维持现状会让社会变得陈腐、顺从、停滞不前。通常情况下，这会表现为对艺术本身之中的学术传统的反叛，可参见梵·高（van Gogh）、塞尚（Cézanne）、毕加索（Picasso）等。但是，反叛的本质在于以新的方式看待自然与生命。艺术包括两个部分：发现这种新的看待自然与生命的方式，以及表现这种方式。而这将与艺术家的原创性、他的新异感和新鲜感，以及他根据未来的可能性而对过去和当前所做的批判密不可分。

阿尔弗雷德·阿德勒过去常常说，艺术家通常会教人们如何去看。不过，艺术家也教我们认识各种新形式的可能性。他向我们展现了感知世界、对世界做出反应的新选择，而且，在他看到并指出这些新选择之前，我们并不知道这些选择的存在。他不像思想家那样，把形式（form）强加在一个混乱的世界之上；他存在于这个形式之内。因此，用克莱夫·贝尔（Clive Bell）评论塞尚的画作时所说的话，它成了"有意义的形式"。

只要艺术家还能创作，他就不需要诉诸暴力。作为一个人，他总的来说不是一个好战分子，也没有什么攻击性，平日抱着"善者吾善之，不善者吾亦善之"的态度生活，尽管我们会看到，在激烈的讨论中，他可能会很固执，而且会表现出像其他人在做出暴力行为时所表现出来的一样高的热情。

因此，在我们这样的过渡时期，艺术家的工作相应会更难一些。比如说，他的工作会比医生更难，因为医生的工作对象（人类的身躯），即使在社会剧变的时期，相对而言也还是稳定不变的。[11]当代艺术家可能已敏锐地感觉到这种困难，这在他们的言谈中已现端倪。几年前，罗伯特·马塞维尔（Robert Motherwell）便说过，在这个时代，艺术家们第一次必须创造属于他们自己的共同体。但是，现在有一些艺术家会说，没有一个有意义的社会可以让他们融入。他们没有自己的共同体。这个社会看似尊崇艺术家，但实际上这是虚假的；事实上，当代社会只是把艺术家当成买卖，任何人只要有钱，就可以购买艺术家的全部画作，然后把它们丢弃到野外的一个山洞里。

社会可以为艺术家加冕，这很像布罗诺夫斯基谈到的那个替罪羊国王的情形。这种情况确实曾发生在杰克逊·波洛克（Jackson Pollock）的身上。他出现在了《生活》（Life）杂志——大众传播刚出现时的最高"王位"——的封面上，有一行斗大的标题写着："波洛克是美国最伟大的画家？"他被公认为具有伟大的成就，而这种公认是他难以承受的。不久之后，他便开车翻落路旁而死。马克·罗斯科（Mark Rothko）也是在经济上取得成功之后，便自杀了。这些艺术家以及其他许多艺术家的自杀可能有很多原因。但是，他们似乎也支持了我的艺术家朋友的看法，即社会看重艺术家仅仅是一种假象。艺术家事实上是次等公民；他被当成"装饰性的糖霜"，而不是生命所需的面包。我们这个时代推崇艺术，是把它作为一种经济投资，于是便快乐地继续走着它耍弄科技花招的道路。不需要看太远，我们就可看到这样的景况：曾经是现代世界奇迹之一的纽约天际线，已经慢慢地被大财团毁掉了，他们随意将竖立起来的摩天大楼堆叠挤撞在一起，完全看不出有任何整体的形式或外观。没错，这些大楼都是以玻璃、铝合金，以及其他各种有趣的建材建造而成的。但是，我们也可以拿这些有趣的材料来盖一个粪坑。

当代艺术家发现自己被奇怪的东西绑住了，而且很容易就陷入绝望之中。譬如，有些艺术家说，虽然蒙德里安把反叛发挥到了极致，但是他的反叛却没有对任何人产生有价值的影响。他们还指出，越战太过触目惊心，村庄被炸，土地被毁，而大家却只是无动于衷地接受了这一切。你如何才能迫使人们去看——这种看是艺术家的功能——这种竞争呢？不管我们多么频繁地强调查尔斯·曼森（Charles Manson）用在监狱服刑 13 年期间所接受的关于犯罪的"研究生教育"（postgraduate training）来粉饰他的晚期暴力，他对撒旦的狂热崇拜已经说明，谋杀犯自己是怎样像艺术体验般地将自己的真实犯案过程记录在影片和音乐之中的。

人们可以也必须记下这些事情。没错，我认为艺术家是反叛者的观点，的确可以被夸大到病态的程度，尤其当暴力发生在一种科技文明中，每天在每个城市的马路上、汽车内，以及想象性的电视暴力节目中都会出现时更是如此。但是，某些事实可以发展到病态极端的程度，并不能就使其成为常规，违反常规的论证同样不能成立。我们并不能以性犯罪来反对健康的性爱经验。

这些让人烦恼的事实使得认为艺术家是反叛者的论点，变得更加重要，也更加真切。身为反叛者的艺术家是文化的牛虻。他的任务是，继续发挥他的感知天赋，并把这些新的形式展示给我们，以便我们也可以认识、体验周围的世界。如果我们想要知晓新世界的精神性内容为何的话，就必须关注艺术家。

4. 反叛者的局限

大多数人在知道反叛者的行动有很多固有的限制时，都感到很惊讶。事实上，这就是他与革命者的主要区别，后者关注的是政治变革，只会体验到外在的限制。但是，反叛者关注的是人们的态度与动机，因此会有内在的局限。他所提议的秩序，有其内在的边界，这就是他所受到的限制。在描述这些局限时，我会以最恰当的词汇来厘清我的观点。

首先是反叛者愿景的普遍性问题。他的生活理想最先催生了他的反叛，这种理想不仅适用于他自己，同时也适用于其他人；而这些其他人中必定也包括他的敌人。再用一次我在前面曾用过的比喻，如果奴隶杀了主人，那么他便只好篡取主人的位子，而且他自己也将会被他人杀死；我们在以血还血的报复中不断循环，比如苏丹的宫闱惨变。自我发展旅程中的兴奋与激动，对反叛者而言是次要的；他最关心的是自己的愿景。在这种世界愿景中，存在着一些对他的行动的限制。苏格拉底不得与斯巴达（Sparta）进行秘密交易，这种限制不是出自判他死刑的雅典人，而是他个人所选择之伦理的要求。耶稣如果拿起剑来，就违反了他自己的世界愿景。

反叛者鄙视为了个人而报复的动机（事实上，这指的是被排斥感、他自身受伤的自尊心——虽然足够真实，但却不是真正反叛行动的基础）。他没有要求报复的权利，而且，也没有时间这么做。反叛者的本质特征就在于，他有能力超越自己特定的受伤的自尊，而认同他的民众以及他的普世理想。

其次是反叛者的怜悯之心（compassion）。就像我们在丹尼尔·埃尔斯伯格的案例中所注意到的，反叛者的怜悯之心是他成为反叛者最为重要的原因之一。他认同受难者，并且怀抱热情的愿望，想为这些受难者做点事情。这源自他对其他人的敏感与共情，而这种敏感和共情则又预示了他的愿景。没错，反叛者有时候会非常专注于普遍推行自己的理想，以致忽略了自己的家庭。当然，他就像我们所有人一样，是一个既具有善的特质也具有恶的特质的人。他的共情能力使得他对大众更有怜悯之心——不是仅仅对自己的家人如此——并使得他能够形成自己的愿景。

产生这些局限的原因也在于这一事实，反叛者与他人之间的心灵交流。他人对现实的看法，既限制了他的观点，也使他的眼光变得更为敏锐；从双方的交流中，他们为彼此找到了更有价值的东西。这就是为什么说对话对于反叛者而言非常重要。对话包括在任何真实的互动中所发生的情绪、气质以及不同目标的碰撞。真正的反叛者知道，让对手沉默是他最不愿意看到的事情：对手的灭绝，将会剥夺他和其他所有活着的人的独特性、原创性以及这些敌人——也是人——所拥有且能够与他分享的洞见。如果我们希望自己的敌人都死去，那么，我们就无从谈起人类的共同体了。如果失去与敌人对话的机会，那我们将会变得更为贫乏。我们失去的将不只是敌人的好观念，还有他们对我们的限制。

反叛者致力于给世界提供一种形式和模式。这种模式的产生，是因为反叛者具有一颗不屈服的心；此心从世界上大量毫无意义的资料中，形塑出了秩序和形式。波兰小说家维托尔德·贡布洛维奇（Witold Gombrowicz）写道："虽然我们自混沌中诞生，但为何却从来都不能与它发生关联？一旦我们注视着混沌，秩序、模式和形状就在我们眼前诞生了。"[12] 这不仅对小说家是如此，对画家、工程师、知识分子，也是如此——事实上，对我们所有人都是如此。世界的形成开始于感知（perception）这一简单的动作，而感知则把事物排列成了对我们有意义的完形。建立秩序的是我们。它是人心在这个世界上不断寻求意义的产物，而在这个世界上，意义绝不能脱离我们的心而存在。是的，自然的白天黑夜的确自有其规律；它确有其平衡与协调、酷暑与寒冬。但是，当我写下"酷暑与寒冬"时，我则赋予了它人心的特质；没有我们的模式，功能只是盲目而无意义的重复。然而，一旦人心注视着这片混沌，秩序就诞生了。当人心与自然界的混沌相遇时，某种意义就会出现，而我们正是凭借这种意义来指引自己的方向。

反叛者是能够超越大众、明确地抓住这个意义的人。加缪写道："从'反叛者'的角度看，反叛行动似乎就像是一种对于明确和统一的要求。""矛盾的是，最基本的反叛形式所表达出来的，乃是一种对秩序的渴望。"[13]那些手握政治权力的人可能不会相信反叛者的愿景，并以自己的权力反对之。但是，在这个新的愿景中，即在这种模式与秩序中，反叛者自身的局限因素就显现出来了。当一位诗人写下一首十四行诗或其他诗作，他所选择的形式对他产生的局限，就好像河岸对河流的限制一样。不然的话，创造性便会毫无章法地四处乱流，河水也就消失在沙里了。

即使是自我实现这样一个个人的目标，也有其局限。在美国，人类潜能运动便受到了盛行的无知形式（即越来越强调更高的道德完美）的限制。时时行善并不会使我们成为伦理上的巨人，反而会让我们成为自命不凡者。[14]相反，我们的成长应该朝着对善和恶都有更大的敏感性方向发展才对。道德生活是善与恶之间的一种辩证过程。

特别是在理解暴力时，我们必须认识到，在我们每个人身上既存在善的一面，也存在恶的一面。正如加缪所说：

> 不论我们怎么做，在人心孤明之处，一直都还保有些许的狂放。我们的内心一直为自我的放逐、犯罪与破坏性预留了一片天地。但是，我们的任务是不让它们任意奔流到这个世界上来；要在自我和他人中与之奋战。反叛，不向俗世投降……直到今日，依然是奋斗的基础。作为形式的起源、真实生活的来源，它使我们在野蛮、无形的历史运动中，一直卓然挺立。[15]

所有人身上都既存在善的一面，也存在恶的一面这一事实，使得我们不致堕入道德傲慢之中。没有人可以坚持使他自己具有道德上的优越性。正是由于有这种限制感，宽恕（forgiveness）才变得可能。

注释

[1] 我在这一章中提出的核心观念，已经得到了许多心理学家的肯定。下面这段话摘自 Frank X. Barron [*Creativity and Psychological Health*: *Origins of Personal Vitality and Creative Freedom*（ Princeton：Van Nostrand, 1963 ）, p. 144]：
……反叛——抗拒粗鄙无文化，拒绝"适应"，坚持自我与个性的重要

性——通常是健康人格的标志。如果规则要剥夺你一部分的自我，那么，你最好不守规则。社会不赞同的表现便是不法行为，而大多数的不法行为无疑不过是完全搞不清状况，或者是盲目地对错误的敌人大打出手；不过，有一些不法行为背后是有证据的，我们不应该太草率地给那些让我们不好过的事情安上恶名。伟大的人道主义者通常都有引以为傲的拒绝行为，他们会对卑劣、华而不实、不公正的事情感到激愤，而这些事情在社会上似乎多得令人震惊。社会之道自是粗暴，也就难怪那些打掉牙齿和血吞的人被称为"硬汉"（tough guys）了。我认为，许多与不法行为有关的研究和社会行动，若能承认不法者的恣意性格中所具有的潜在价值，那么将会更为明智一些。一个在年少时期既不怕羞也不叛逆的人，到了生理成熟时，很可能对他自己或其他任何人而言都没有什么价值可言。

[2] 这个定义出自《韦氏大词典》（*Webster's Third New International Dictionary*, Springfield, Mass.: G. & C. Merriam, 1961）。

[3] 托马斯·杰斐逊（Thomas Jefferson）的话"我已在神坛前起誓，永远敌视任何形式的奴役人心的暴政"，几乎成了反叛者的入场密码。

[4] 在《反叛者》（*The Rebel*）中，加缪针对这一区别，提出了强有力且富有洞见的观点。我论证奴隶的主要观点，就是从他那里借用来的。

[5] Dylan Thomas, *Collected Poems*（New York: New Directions, 1939）, p. 128.

[6] Jacob Bronowski, *The Face of Violence: An Essay with a Play*, new and enlarged ed.（Cleveland: World, 1967）, p. 4.

[7] Albert Camus, *The Rebel*（New York: Vintage, 1956）, p. 295.

[8] Hannah Arendt, *On Violence*（New York: Harcourt Brace Javonovich, 1970）, p. 10.

[9] 我在阅读这些实验介绍时，一直觉得事实远比实验者眼中看到的多得多。被试与实验者之间的关系——被试对实验者的信任，以及被试无意识地交

付给了实验者的责任是否被忽略了呢？事实上，被试在接受这样一个实验之时，一开始就会谈到有关他的个人责任的问题。我还记得在读大四时曾参加过一项心理实验，实验者要求我做各种各样的事情。虽然我暂时地把自己交付给了实验者，但是对于他的实验，我却有一百零一个自己的个人想法。要发现事情的真相而不是表象，我们就需要了解所有这些主观的东西。

[10] Bronowski, pp. 64, 65.

[11] 我显然不是要把医生工作的价值或困难与艺术家工作的价值或困难相提并论。我只是想说，生理是相对稳定的，而共同体及其各种形式——艺术家工作的对象——却一直处于剧烈的变化之中。

[12] Quoted by Peter Nettl, "Power and the Intellectuals," in *Power and Consciousness*, ed. Conner Cruise O'Brien and William Dean Vanech（New York：New York University Press, 1969）, p. 32.

[13] Camus, p. 23.

[14] 这种道德傲慢曾出现在早期的精神分析中。"我们为极少数人能选择正确的道路而感到庆幸"这句话，初学者常常挂在嘴边，或常常说出隐含这种意思的话语。

[15] Camus, p. 301.

第十二章
迈向新共同体

我们无法避免

使用权力，

无法逃避给世界带来痛苦

的强制力，

因此，让我们措辞谨慎

并在矛盾中变得强大，

炽烈地爱。

——马丁·布伯，摘自《权力与爱》（Power and Love）

1. 告别无知

如果我们希望减少暴力，就必须对症下药。为什么大多数减少暴力的提议，都让人觉得挠不到问题的痒处呢？

例如，很多人都高喊"电视有罪"。其中，最大声疾呼的代表是精神病学家弗雷德里克·沃瑟姆（Frederic Wertham），他相信，暴力"受社会制约，同时也可以从社会层面上来加以预防"[1]。他坚持认为，大众传播媒体要在很大程度上为暴力的蔓延负责，因为这些媒体激发了孩子们的暴力思想，让人们习惯于暴力，并创造了美国"冷酷的"一代，他们热衷于竞争，麻木不仁，认为暴力是一种生活方式。

但是，这个论断假定，50年前大众传播媒体诞生时，暴力才随之登上美国的舞台，因此暴力出现在美国可以说是相对近期的事情，而这与事实相差甚远。在美国，暴力问题自始至终一直存在：随便问一问现存的印第安人，或使用残忍武力掌权、施行统治的拓荒者，就会明白了。难道沃瑟姆医生会希望电视不再报道越战？电视当然不是恶魔，战争才是。大众传播媒体为我们举起了一面镜子，难道像沃瑟姆医生这样辩论的人是想打破镜子，让我们对人类自身的破坏性永远保持幸福的无知吗？海迪·布金（Hedy Bookin）在批评沃瑟姆医生的观点时写道："他的整个观点属于一种'原始的无知'（original innocence）。""如果不是大众传播媒体这条毒蛇以无知的禁果诱之，人类就永远不可能这么邪恶。"[2]

沃瑟姆的论证若能针对电视的消极性，就会比较有力，因为电视的固定收视带来的不是观众的参与，而是冷眼旁观。这样，它就可能会带来一种真实的无能感，而无能又很可能带来暴力。

专家提出的其他实用建议，往往让人觉得不错，但却不够深入。康拉德·劳伦兹建议多举办一些国际体育竞赛，以削弱国家之间的竞争，这个建议本身听起来不错。但它主要处理的还是一种症状。美国与中国之间的乒乓球赛，更多的是两国态度转变的结果——这是在尼克松总统已经计划访华之后发生的事。安东尼·斯托尔提出的更努力节制生育与接受安乐死的建议，也有其价值所在，这两条建议都旨在缓解全球人口迅速增长的压力，后者还旨在允许老人能够有尊严地离世。但是，问题同样如此，我们必须寻求方法来应对西方世界中已经存在的攻击与暴力。

暴力是一种疾病症状。这种疾病有多种表现，如无能、无意义、不公正，简而言之，就是认定自己不是人，在这个世界上无家可归。为了方便起见，我将此疾病简称为无能为力（impotence），我完全了解，暴力很可能会随之出现，但绝望通常伴随着希望，当事人会以为状况必定会因为自己的痛苦或死亡而有所改善。

要直捣这种疾病的核心，我们就必须先处理无能为力的问题。理想的做法是，我们必须找到方法来分享和分配权力，这样，我们这个社会任何领域中的每一个人，都可以感觉到自己是有价值的，自己能对同胞产生影响，自己不会被当成微不足道的人而被社会抛弃，弃置在冰冷肮脏的地方。

权力是每个人生来就拥有的。它是个体自尊的源泉，也是个体相信自己在人际关系中很重要的根基。不论是黑人、女性、罪犯、精神病院患者、面对越战溃败的学生，还是面临人口过剩和环境污染的学生，这个问题大体上都是相同的，就是要让个体觉得他是有价值的，他有重要的作用，他将"会受到注意"。我说的不是使人成为独立个体的外在机会——过去两百年来的各种发明，已经逐渐地解放了人类。我说的是，个人在内心相信自己的意义，在心理和精神上看重自己，也受到别人的重视。

我想举例说明一下权力分配何以可能，以及它是如何减轻暴力问题的。当许多其他大学饱受暴力摧残之际，俄克拉荷马州立大学（University of Oklahoma）却避免了校园暴动，而且是以一种具有创造性而非镇压的方式。1967 年 9 月，在新任校长 J. 赫伯特·霍洛曼（J. Herbert Holloman）的领导下，该校制订了调查整个教育方案和校园重整的计划。为了达成这个目标，受学校管辖的所有团体组成了 23 个委员会。成员包括教师、学生、行政人员、一般民众、校友和立法者。对学生而言，这并不仅仅是象征性的代表。他们的意见是该研究的重要部分。

当肯特州立大学发生枪击事件，学生暴动横扫美国的学院和大学时，俄克拉荷马州立大学也发生了骚动，但没有暴力事件发生。学校熟悉内情的人士表示，他们学校之所以没有发生暴力事件，主要是因为学生在学校改造计划中占有重要地位。这就是权力的分配——不是家长统治式的权力施舍，而是真的赋予学生权力。学生的判断受到了重视、鼓励，并被采用，实际上，就好像如果没有学生的参与，改造计划就不能成功一样。这是一种负责任的权力，它和当事人（即学生）的发展水平相一致。[3] 责任与权力相当。这样，当威胁真的发生时，便不会升级为暴力事件。学生为什么要暴力相向呢？他们又不是无能为力；事实已经证明，他们在学校的发展方向决策上已经有了发言权。

当时发生的一件趣事，表明了该校氛围的转变。就在肯特州立大学发生枪击事件后几天，一群激进的学生举着一面北越旗帜，骑摩托车穿过游行队伍。然后在预备役军官训练营的大楼外示威抗议。那一刻，气氛紧张到接近引爆点。负责预备役军官训练营的上校和大家一样也感觉到了紧张的气氛。这样一种紧绷的状态，不是导致行动的出现，就是导致暴力事件的爆发。怎么办？当看到自己办公室里有一个大咖啡壶时，他眼睛顿时一亮。他端着那壶咖啡走了出去，找几个人帮忙倒咖啡给抗争的学生喝。当时就在附近的一位教员说，上校此举"温暖了我的心"；而且，此举让抗争的学生印象深刻，现场的紧张气氛大大缓和了，最终，暴力事件没有发生。于是，他们才有进行沟通的可能。

我后来曾与这位上校交谈，他不是个特别有想象力的人，他说他没有想过采用什么非暴力的或利他的策略来化解危机，他甚至没有有意识地希望自己的举动会产生什么效果。他只是觉得自己必须做点什么，而那壶咖啡只是举手之劳。这是一个有趣的例证，几乎已达引爆点的能量积累，竟然能在爆发之前，被导向建设性而非破坏性的方向。

2."如果我能说出我心里的话"

沟通必须有权力。要在一群冷漠或敌意的人面前挺身而出，说出心里的话，或是对朋友诚实地说出刺伤人心的真相——这些都需要自我肯定、自我坚持，有时候甚至还需要一点攻击性。这个观点不证自明，以至于它常常被人们忽略。因此，布伯才会要我们"在矛盾中强大"。我的心理治疗经验使我相信，不受愤怒驱使，以简单真诚的方式和他人沟通自己最深刻的想法，是需要极大勇气的。通常情况下，我们只有跟自己权力相当的人，才能非常坦诚地沟通。

暴力本身就是一种沟通。对于像比利·巴德这样的无产阶级者，这更是真理，因为他们无法用语言来沟通，所以诉诸暴力。不管暴力多么粗浅、原始，它都仍然是一种语言，在某些状况下使用非常恰当，在其他一些状况下也很有必要。

非洲黑人很暴力，是因为他们没有与人沟通所必需的自尊。他们无法站出来把自己的感受告诉殖民者；事实上，他们无法系统地陈述自己的感受，他们不确定自己真正的感受是什么。只要白人殖民者回心转意，不再剥削他们以获利，并且关心黑人作为人的权利，暴力就会减少。

弗朗兹·法农指出，相比食物与武器，强国还有更为重要的东西要送给弱国，那就是诗人。因为诗人（以及一般意义上的作家）精于沟通。他们能够以通用的形式说话，任何肤色、国籍的人都能听得懂。他们说的是关乎意识、尊严的语言，与种族、肤色无关；他们能够为黑人培育出健全的人格，以及做人所必不可少的其他特质。因为他们知道，没有沟通就没有共同体，而只有拥有了共同体，人类才能为了心理、生理、精神的滋养而共同生活在一起。

当比利·巴德因谋杀罪而被带到船长室接受船上的军官审判时说道，要是他能开口说话，就不会动手杀死克雷加特了。这句话是什么意思？他找不到的这番"话"是什么？显然不是纯粹的说话——不是为了填补空虚，让人们免于恐惧的无意义闲聊。梅尔维尔透过比利的话，所指的必定是那种可以克服暴力冲动、让人们彼此联结的沟通。这是一种具有调解和恢复健康作用的交谈。

在心理治疗中，我们发现，一个人在夫妻关系中所体验到的困难，可以从彼此在沟通中所受困扰的程度粗略地估算出来。当夫妻二人有一方听不懂另一方在说（或不说）什么的时候，我们就可以认定这二人失和了。当事人根本没有（或者很可能不想）调整到和对方相同的频道上。理智化或把话说得艰涩抽象，也是相同问题的症状——当事人不想沟通真实的感受，把整个自我都封闭了起来。当敌意渐增时，投射也就跟着增加。双方很容易争辩，距离越来越远，这些都是敌意增加的象征。到了这个时候，我们知道自己离暴力的阶段已经不远了。心理治疗致力于扭转这个过程，以便双方可以在相同的频道上对话。即使这对夫妻决定离婚，至少也是他们一起决定的，而且，这个过程有多得多的共同体意识。

沟通在一个新的层次上恢复了人类原初的"我群状态"（we-ness）。真正的沟通取决于真诚的语言。真诚的谈话是有机的整体的——说话的人不只用话语来沟通，还用身体来沟通；他的姿态、动作、表情、声调，传达的都是和话语相同的内容。他所说的不是一种脱离肉体的声音，而是一个有机的整体。

除非我们看重对方，认为他值得对话，值得我们努力地向他说清楚我们的想法，否则就不会与他沟通。这种沟通不是要说大话压倒对方，也不是屈尊俯就。沟通背后隐含了阿德勒所谓的"社会兴趣"。你必须先对他人有兴趣，然后才值得花时间去倾听他说话。这意味着一个人与他人发生关联的方式，不是把他人当作宣泄性欲的对象或是用来排遣寂寞的存在，也不是把他人当成客体，而是要在完整的意义上把对方当成一个人。沟通通常会产生共同体，也就是说，沟通会带来理解、亲近，以及过去所缺乏的相互重视。

我们可以简单地把共同体定义为能够自由交谈的团体。共同体是可以把我们内心深处的想法与他人分享的地方，它可以让我们表达内心深处的感受，而且确知将会得到他人的理解。当代人狂热追寻共同体的现象，部分原因是人类的共同体经验在很大程度上已经烟消云散，这让我们感到非常孤独。从共同体（community）这个词语衍生出的词很多，这些词语都具有强有力的含义。譬如，公社（commune）是一个具有正面意味的相对较新的词语；宗教教派（communion）是一个带有新义的古老词语，对我们许多人而言，这个词语甚至更具正向的意义。此外，还有一个同源词，许多人都以负面的态度来对待这个词语，这个词就是共产主义（communism）。所有这些词的词根都是一样的。

破坏性的暴力会摧毁共同体。如果我像该隐（Cain）一样杀了人，那我就必须逃入沙漠，为自己杀了亲兄弟亚伯（Abel）而深感内疚；这样，我和其他共同体成员之间便出现了裂缝。从这个意义上说，我的世界缩小了，我杀死了自己的一部分。

在共同体中，我需要有敌人的存在。他让我保持警觉，充满活力。我需要他的批评。说来奇怪，我需要他来与我对抗。莱辛（Lessing）曾说："我愿意长途跋涉去见我最痛恨的敌人，只要我能从他那里学到点什么。"但是，除了我们从敌人那里学到的具体内容以外，在情绪上我们也需要他们：没有他们，我们的心理系统就不能很好地运行。人们常常评论说，他们觉得很奇怪，为什么当自己的敌人去世或丧失能力时，自己会感到非常空虚。所有这些都表明，对我们来说，敌人就像朋友一样不可或缺。真正的共同体必然少不了朋友和敌人这二者。

共同体是人们能够接受自己的孤独的地方，而孤独分两部分：一部分是可以克服的，而另一部分是无所遁逃的。共同体是人们可以仰赖同胞支持的团体；它是人们生理勇气的部分来源，因为人们知道自己可以依赖他人，而自己也保证他人可以依靠自己。在共同体中，人们的道德勇气（这种道德勇气包括反对所在共同体的其他成员）甚至可以得到反对者的支持。

3. 爱与权力

普瑞希拉告诉我，她的家乡有人自杀了。她说如果"那个镇上有其他人了解他就好了"，这样他就不会自杀了。她这么说是什么意思？我认为她要表达的意思是，这个人没有可以倾诉的对象，没有人愿意听他说话，也没有人注意他。她要说的是，没有人对他有怜悯之心，而这种怜悯之心将是他建立自尊的基础。如果有这样一个人对他表示怜悯，那么，他便会认为自己活着有价值，而不会自杀。

她还提到了一点（尽管她并不自知），了解（knowing）和关爱（loving）之间没有分明的界限。这二者是融合在一起的。我如果很了解某个人，就自然会对他有怜悯之心；而当我对某人有怜悯之心时，就会试着去对他做更多的了解。这就是为什么当你不喜欢的人说话时，你几乎不可能去倾听、接受和理解他所说的内容。我们如果不能捂住耳朵，也会自然地关上心门，即把我们不喜欢的人关在心门之外。

权力的发展不仅是沟通的前提，也是表达怜悯之心的前提。在心理治疗初期，来访者在人际关系中通常没有什么权力，以致他们几乎无法对他人表达怜悯之心。普瑞希拉曾经就无法引导自己为他人付出点什么。表达怜悯之心需要有一定的安全感，以及拥有可以赋予他人关心的某种权力才行。如果一个人少了自尊和自我肯定，那他可以付出的东西便所剩无几了。一个人在付出以前，必须先要有东西可以"注入活力"才行。

对于一些同事的观点，我不太赞同，他们认为人有两种：追求爱的人和追求权力的人。我认为，这是一种一分为二的做法，会把我们带回过往的幻觉中，也就是说，一个人只能拥有"没有权力的爱"，或者"没有爱的权力"（属于这种类型的人通常不是我们所喜欢的）。

在这一点上，我与马丁·布伯的立场一致，他说："不要反抗，'只要让爱来统治即可'！"他继续说道：

> 你能证明它是真的吗？
> 只有下定决心：每天早晨
> 我都要重新在
> 对爱说是和对权力说不之间抉择

并且尊重现实，奋力前行。[4]

如果我们要"尊重现实"，就必须认识到，权力与爱之间有可能是一种辩证关系，它们彼此哺育、滋养着对方。我们必须把注意力转移到爱与权力之间的相互作用上，而且，我们还要注意这一事实，即权力需要爱，否则就是滥情，爱也需要权力，否则就会被操控。不具仁爱宽容的权力最终将会以残酷收场。破坏性的权力通常来自那些曾被严重剥夺的人，如奥利弗，他因为在华盛顿的抗议活动没有什么效果而感到非常绝望，于是幻想着用枪扫射在超市买东西的老人。而建设性的权力如滋养型权力和整合型权力，只有在个人内心已经建立起某种自尊和自我肯定时才会出现。

在确立了权力与爱之间的关系后，现在，我要说的是一种爱超越权力的经验。这在歌德的戏剧《浮士德》中有所体现，剧中，浮士德与魔鬼靡菲斯特组成同盟，以拥有无限的知识和无限的感官经验。靡菲斯特只能给他权力，也确实把权力给了他。浮士德曾深爱玛格丽特（Margarete）和特洛伊的海伦（Helen of Troy），他以为自己很容易就可以随随便便地把她们抛诸脑后。但是，当浮士德从逻辑上应该将灵魂交给魔鬼时，他却因为玛格丽特的爱而获救。"母亲们"（the mothers）再次出现在舞台上，带着每个人与自然和人类相连接的脐带。

这个关于爱战胜权力的类比，所揭示的乃是人类经验的一个原型，它以各种不同的方式向我们所有人说明了这一点。我们可以再体会一下布伯在同一首诗中写下的下面这几句话的含义：

我不知道我们还剩下些什么，

如果爱不是改观的权力

而权力也不是迷失的爱的话。

我们人类的爱不断地迷失而成为权力，而权力偶尔也会因为爱而改观。只有在一种情况下，我不同意布伯的主张，那就是它被用来逃避权力的现实，而且不愿意承认我们所有人都以某种方式参与进了社会的权力结构之中。

怜悯之心所指的就是那种基于彼此了解、彼此理解的爱。怜悯之心是指认识到我们所有人都在同一条船上，生死与共。怜悯之心来自对共同体的认同。怜悯之心让我们认识到，所有人都是兄弟姐妹，尽管要在行动中践行这个信念，我们还需要好好地训练一下自己的本能才行。怜悯之心是我们对他人的情感联结，但不是因为他"实现了他的潜能"（就算有人曾经如此！），而是因为他没有实现他的潜能。换句话说，他和你我一样都是凡夫俗子，永远在潜能的实现与否之间挣扎着。于是，我们为了让自己加入人类群体，共享人类的苦难与命运，而放弃了让自己变得神圣的需求。就像雅各布·布罗诺夫斯基所说："凡人皆孤独……因为孤独，所以我们学会了彼此怜惜。我们也认识到，除了怜悯之心以外，再也没有什么可以发掘的了。"[5]

怜悯之心便是接受这样一个信念，即人性的一切我都不陌生。因此，我能明白，如果我的敌人被杀死，那么人性将随之消失。纵然过去两千年来总体的残酷性并没有明显减少——孩子们仍然会因为与他们无关的事情而受苦，我们也不需要象征性的成功。正是在面对这样一种两难困境之时，人类对抗残酷的现实但不考虑实际的成功，于是他们在自己的深层人格中发现了自己。

怜悯之心为我们提供了到达人性状态（其中既包括权力，也包括爱）的基础。怜悯之心与暴力相对立；暴力会将敌意的意象投射到对手身上，而怜悯之心却接纳自我的这种原始生命力冲动。它让我们以不加谴责的方式去评判他人。虽然爱自己的敌人需要神的恩典，但对敌人怀有怜悯之心，却是可能实现的人性。

我们的怜悯之心会像丹尼尔·埃尔斯伯格一样被越战点燃吗？我们当中有许多人因为无力阻止这场残酷的大屠杀，采取不了任何有效的措施，而在其他可行的选择中苦苦挣扎，绝望之情一直找不到发泄的出口。这场战争几乎举世憎恨，大多数人都想尽可能地忘了它。不论我们怎样抗议，战争还在继续，它会逐渐消耗掉我们的诚实感、对他人的信任，甚至是语言。但是，就算我们继续竭尽所能地想要尽快结束这场战争，越南很可能终究会长期受制于美国——我们这样说，没有任何不敬的意思。在越南出现的种种邪恶确实是魔鬼般的行径，但对美国来说，这也是一个机会可以让它获得对生命的洞察，而这种洞察对其将来非常重要。获得一种悲剧感可以让我们产生这种洞察，觉察到我们与邪恶共谋以及我们自己也参与了机械化、非人性的破坏这一点，也可以让我们产生这样的洞察。过去两次世界大战所没能做到的，可能会由这个小国完成，虽然这个小国的权力显然不及美国，但是不管我们让它遭受多少苦难，它依然能够自我坚持。我们所感受到的内疚无疑是一种正常的内疚，这或许是美国从一个青涩的国家转变为成熟负责的国家的开端。到目前为止，虽然历经种种负向的教训，我们却依然保持无知。让我们期待，这一悲惨的事件能让我们就此挥别无知。

4. 走向一种新伦理

本书第三部分的论证引导着我们走向一种新伦理，这是一种与新时代走向契合的新伦理。简单地说，这是一种意向的伦理。它以这样一种假设为基础，即每个人都必须为他的行动后果负责。

现在，让我们来谈一谈比利·巴德的悲剧性缺陷：虽然老水手丹斯克一直努力地提醒比利，大副克雷加特对他的敌意渐增，但比利对于自己对克雷加特所产生的影响却仍浑然不觉。比利试图保持自己的无知。事实上，他的无知正是对于这种重要觉知的防御——他可以拿无知当盾牌，躲在后面让自己幼稚。他的浑然不觉不可避免地让他杀死了克雷加特，也使他自己被判绞刑。

同样，我们这个时代最大的邪恶，就蕴含在个体不需要承担此种责任的情境之中，如被派去校园镇压抗议活动的国民兵，以及越战中受命枪杀无辜百姓的士兵，等等。不过，也有一些善战胜了邪恶的情境，如驾驶直升机降落迈莱，用枪制止卡利中尉继续屠杀的美国士兵便是如此。

人类的未来就掌握在这些作为个体生存的男女手中，他们能够在人类的团体意识中保持清醒。然后，他们会把个体与团体之间的张力，当成是自己发展伦理创造性的源泉。到目前为止，我们已经学会了其中之一。我们已经学会了为自己的信念负责；但是，这样是不够的。我们已经学会了为自己行动的真挚性负责；但是，这样也不够。这两种做法都是个人主义的——二者都是发源于文艺复兴时期的伦理的一部分。我们需要提醒自己的是，我们可以非常真挚、坚定地坚持自己的信念，也可以完全错误地去坚持。我们必须为自己的对错负责。但愿我们不要双手沾满鲜血，在炸死威斯康星大学麦迪逊分校的数学家，以及在越战中杀戮成千上万无辜百姓后，才学会这一点。

我们可以挥霍着个人主义，过着自己健全独立的生活；或者，我们也可以凸显团体，认同某个群体或团体，由它为我们做出决定，并按照它的规则行事。不管选择前者还是后者，都会让我们误入歧途。不过，若能保持平衡，这两种立场就都会成为伦理选择的基础。对于第一个立场，我们应该保留它的个体意识元素，这对所有伦理来说都是必需的；而对于第二个立场，我们则应该保留它的人际责任元素，这也是所有伦理所必需的。

下面，让我们将上述伦理与心理学家中最为常见的取向即成长的伦理做比较。我们经常会听到人类的"无限潜能"这个词语，而且，我们也被要求尽可能地去"实现这种潜能"。但是，我们却往往忽略了这样一种认识，那就是除非在其自身的局限内加以经验，否则，这种潜能永远无法发挥作用。我们的错误在于，以为潜能完全没有局限，就好像生命的历程永远都是"向前和向上"发展一样。我们以为只要每天进步一点点，便会变得"越来越好"的幻想，是从科技走私过来的教条，且成了伦理中的信条，而事实上，它根本就不适用于伦理领域。这是科技的历程；但是在伦理、美学，以及其他有关精神的问题中，那个意义上的进步是没有任何地位的。现代人在伦理上不见得比苏格拉底或希腊人更为优越，虽然我们建造的大楼形式各异，但也不会盖得比帕台农（Parthenon）神庙更美。

我们在会心小组的活动公告中，最常见到这种错误：上面会列着"创造性会心"（Creative Encounter）课程，然后在下一次公告中就会列上"高级创造性会心"（Advanced Creative Encounter）课程。或者，会先列上"享乐"（Joy）课程，然后下一期课程就是"更多享乐"（More Joy）。之后，你还能走向哪里？这就好像人生是罗马式悬吊蜡烛，你可以把它悬吊得越来越高，高出地球之外，还可永远不断地升高。但是，一旦它爆裂熄灭，你又当如何？人们好像完全忘记了这一点，即欢乐越大，悲伤也会越大。人们似乎也忘记了威廉·布莱克的智慧：

> 人为悲喜生，
>
> 会当悟此门，
>
> 天涯过无痕，
>
> 悲喜巧交集，
>
> 灵魂披圣衣。[6]

能够觉察到人是悲喜交织的存在，是能够为自己的意图所导致之结果负责的先决条件。我的意图有时候是邪恶的，我内心的龙怪或斯芬克斯有时候吵吵嚷嚷，有时候会表现出来；但是，我应该竭尽所能接受它是我的一部分，而不是把它投射到你的身上去。

成长不可能是伦理的基础，因为成长既有善的一面，也有恶的一面。每一天，我们都在不断地走近病痛与死亡。许多神经症患者比我们正常人更能看清这一点：他害怕变得更加成熟，因为他认识到（当然是以一种神经症的方式），每前进一步就会让他更接近死亡。癌症是一种成长，它是一些细胞不成比例地疯狂成长。阳光通常对身体有益，但如果一个人患有结核病，那么就必须把受感染的部分遮盖起来，因为阳光会让结核菌滋生。不管何时，当我们发现自己必须用一种元素来平衡另一种元素时，就会需要比单一维度的成长伦理更为深刻的标准。

这将会产生一个问题：我们在此所提出的伦理与当今的基督教伦理系统有何关系？我们必须以现实的态度，根据它的现状而不是它的理想状况来看待基督教。基督教的伦理是从《圣经·旧约》早期"以眼还眼，以牙还牙"的正义系统演化而来，也就是说，正义的概念来自邪恶的平衡。后来，基督教与希伯来的伦理把关注的焦点转移到了内在态度上："一个人心里想什么，他就是个什么样的人。"爱的伦理最终成为标准，甚至发展成理想的戒律——"爱你的敌人"。

但是，在这一发展过程中，我们却忘了，爱自己的敌人是一个有关宽恕的问题。用莱因霍尔德·尼布尔（Reinhold Neibuhr）的话来说，这是"一种不可能的可能性"，除了宽恕之外，我们无法在真正的意义上实现它。因此，我必须要有宽恕的精神才能去爱希特勒；但是，当前我绝不想拥有这样的宽恕。少了宽恕这一元素，"爱你的敌人"这条戒律就成了一种说教：它提倡，个体只要努力修身，就可以达到这样的状态，这是道德努力的结果。于是，结果差了十万八千里，变成了一种过度简化和虚伪的伦理形式。这将导致道德软弱，这种道德软弱的基础使我们阻断了自己对现实的觉察，而这会妨碍促进社会改良的真正有价值的行动。缺乏"毒蛇智慧"的宗教无知者，可能会在无意间造成相当大的伤害。

我们似乎总是忘了，自《圣经·旧约》以来，原始生命力一直存在。丹尼尔·贝里根（Daniel Berrigan）在谈到耶利米（Jeremiah）时，用优美的语言表达了我的观点：

> "拔除，拆毁，毁灭，倾覆，建立，栽植"这些字眼在现代人听来，似乎具有一种不可思议的"破坏性"。但是，对耶利米说的这番话，却是所有渐进主义（gradualism）者的敌人，渐进主义只是那些认为善会不断提升的历史观……
>
> 这是真的吗？上帝不是精神急流，让自己幼稚的舒适汹涌而出，冲到那些道德与人性都中立的人身上，而这些人却面无表情地承受这种幼稚的滋养……"因此，我会与你斗争"（上帝对耶利米这么说）。这是上帝的最高称赞，也是人生戏剧化磨难的保证。[7]

文化演进过程中还发生了另外一件事，那就是在我们这个时代，尤其是过去的 500 年来，基督教伦理已经与始于文艺复兴的个人主义整合到了一起。这越来越成为孤立个体的伦理，他们在孤立的处境中勇敢挺立，保持着自我封闭的完整性。个人主义强调对自己的信念保持真诚。这一点在美国新教中更是如此。拓荒生活中所孕育的个人主义，给了它强有力的支持。于是，真诚（sincerity）便成了美国人生活信念的重点。我们把亨利·戴维·梭罗（Henry David Thoreau）这样的人理想化了，他们应当能够做到这一点。因而，美国人对个体的性格发展也特别强调，它一直以来似乎都隐含着一种道德的意味。托马斯·伍德罗·威尔逊（Thomas Woodrow Wilson）称此为"让他人无法忍受的性格"。伦理与宗教在很大程度上成了星期天的事，工作日则是赚钱的日子——其实人们一直都在用不致玷污性格的方式赚钱。于是，我们便看到一种奇怪的情况：性格无瑕的工厂老板无节制地剥削成千上万的劳工。有趣的是，宗教激进主义（最强调个人性格习惯的新教形式）往往也是最具民族主义色彩和战争心态最浓的教派，其对促进与苏联或中国之间的相互了解的任何形式，都激烈地反对。

对于这一伦理发展的主要批评是，它没有真正地把人类的团结性（solidarity）包括在内。它所谓的"群众"（crowd）在个体的道德发展过程的重要性，只是个体所反对的对象，或是个体训练他的自我不受其影响的事物罢了。身为乐于助人的群居动物，我们的"伦理"成就竟然只是从丰富的资产中拿出杯水车薪换来的什一税。既然这种"性格发展"与资本主义体系以及赚钱的习惯相符，于是，有社会地位的人便永远不会忘记自己有责任与"相比不那么富裕的人"分享其财富。但是，这很少能骗到相比不那么富裕的人，也永远无法让我们脱离自己的个人主义躯壳。

我们所欠缺的是对他人真正的共情，也就是无法认同那些被剥夺权力之人——黑人、罪犯、穷人——的苦与乐。关心社会团结性的马克思主义者，自然符合无产阶级的利益，而不是专注于中上阶层的利益，于是赢得了大量的追随者。难怪强调国际主义、兄弟情谊和同志关系的马克思主义者，会虏获这个世界的想象和感动，因为这正是人心所向。

我们不需要——事实上也绝不可以——放弃我们对完整性以及重视个体之价值的关注。我认为，文艺复兴以来，我们在个人主义所得之收益，与我们新的社会团结性以及我们愿意为同胞承担责任的意愿已经取得了一定程度的平衡。在当今这个大众传媒时代，我们再也不能忽略他们的需要了；忽略他们就是在表达我们自己的憎恨。相比理想之爱，理解（understanding）是人类有可能做到的事情——不仅理解我们的朋友，也理解我们的敌人。理解是怜悯之心、同情、仁慈的开始。

人类的潜能不只通过向上发展，同时也通过往下拓展范围得以实现。就像丹尼尔·贝里根所说："每往前跨出一步，同时也往人所能到达的深处进了一步。"我们将不再觉得，美德只能通过远离邪恶来获得；而沿着伦理阶梯往上攀升的距离，也不是由我们远离了什么来决定的。否则，善不再是善，而只是个体性格中的自以为是。同样，如果恶不靠善的能力来加以平衡，我们就会变得枯燥乏味、陈腐平庸、怯懦冷漠。事实上，我们每过一天都会变得对善恶更加敏感；而这种辩证关系是人类创造性的根本。

坦白承认，我们作恶的能力通常取决于我们对虚假无知的突破。只要我们维持单向性的思维，我们就会用无知来掩饰我们的行为。这种反潮流地逃避良知的做法已不再可能。我们要为自己行动的后果负责，也要尽可能对这些后果保持警觉。

当善的能力增加时，恶的潜能也会随之增加，对于这样一个事实，处于心理治疗中的患者特别难以接受。一直以来，患者们已经习惯于认定自己是无能为力的，不管是像普瑞希拉那样的真正无能，还是像奥利弗那样把它当成必要的策略。直接地察觉到权力，会让他们的生活方向失衡，他们也不知道如果承认了自己的邪恶应该怎么办。对普瑞希拉来说，伤害他人和我这位治疗师，似乎是无法想象的事情，她一直都习惯于被他人伤害。默西迪斯只有小时候在贫民窟的打斗和歇斯底里中，或是对丈夫抓狂时，才有可能伤害别人。但是，疯狂和歇斯底里，正是不愿意意识到自己正在做什么的逃避方式。

一个人若能认识到自己像其他所有人一样，也具有不好的一面，明白原始生命力既可以为善也可以为恶，而且知道自己不能否认它，没有它就无法生活，那么，这就是相当大的恩惠了。同样，当他逐渐地认识到，自己的成就多半与由原始生命力所引发的冲突密不可分时，也是一件受益匪浅的事情。生命是善恶的混合，没有纯粹的善。如果没有恶的潜能，也就没有善的潜能，这些都是人的经验之所在。人生不是脱离恶，才能成就善，而是尽管有恶，依然为善。

注释

[1] Quoted by Hedy Bookin, "The Medium Is the Mirror," in *Dialogue on Violence*, ed. Robert Theobald（New York：Bobbs-Merrill, 1968）, p. 58.

[2] Ibid.

[3] University of Oklahoma Executive Planning Committee, *The Future of the University：A Report to the People*, ed. Gordon A. Christenson（Norman, Okla：University of Oklahoma Press, 1969）. 这些委员会的计划非常有趣，因为每个委员会研究的都不是自己在大学里的特定领域，如人文学科或法律，而是其他的领域。组织者相信，对于那些不辩自明的主题，各小组能够处理得最好。因此，他们把权力中的大量竞争性都拿掉了。

[4] Martin Buber, "Power and Love," in *A Believing Humanism*（New York：Simon & Schuster, 1967）, p. 45.

[5] Jacob Bronowski, *The Face of Violence：An Essay with a Play*, new and enlarged ed.（Cleveland：World, 1967）, pp. 161-162. 他又补充说："多年的绝望生活快要结束时，在你的内心，只有人性长得像草叶片一样高。"

[6] From Complete Poetry and Selected Prose of John Donne and Complete Poetry of William Blake（New York：Modern Library, 1941）, p. 598.

[7] Daniel Berrigan, *No Bars to Manhood*（New York：Bantam Books, 1971）, p. 97.

译后记

《权力与无知——寻求暴力的根源》（以下简称《权力与无知》）是罗洛·梅探讨暴力问题的一部力作，也是作者探讨存在主题的系列著作之一。与对爱、意志、创造力、神话等主题的研究相比，这部著作因更加贴近社会现实而独具特色。该书 1972 年面世之时，正值越南战争即将结束之际，所以它在很大程度上是对当时美国社会现实的一种回应。作者在书中多次提及越战等社会问题，例如："美国已有超过五万名年轻人在越战中牺牲了，如果再加上越南人（当然，我们必须把他们算进去），牺牲的人数就会达百万以上。……焦土政策、火烧坦克、遍地硝烟弥漫、国家风雨飘摇，而且实际上还包括对越南人民的大屠杀……我们内心有太多的攻击性和暴力需要投射出来。……我们以后依然会继续这么做。"

《权力与无知》书名本身就体现了其核心观点，从"权力"和"无知"的视角探究"暴力"的根源：权力乃是暴力的根本所在；无知则是暴力横行的重要现实条件。暴力本是人存在深处的原始生命力（权力）的一种体现，但在现实生活中，人们往往远离自身的存在，回避自身的权力，处于无知的境地，反而导致暴力横行。因此，要探讨暴力，就需要摆脱无知，深入到人的权力乃至存在的根基之处，提出新的正视暴力的立场与出路。

《权力与无知》一书共分为三部分，以正题、反题和合题的逻辑依次展开：第一部分为反题，从无知探讨暴力；第二部分为正题，从权力探讨暴力；第三部分为合题，探讨面对暴力的新的可能性。

第一部分是从无知的视角来考察暴力的。罗洛·梅开宗明义地点出现代人存在的基本处境：一方面，人们误将权力视作邪恶力量，从而疏远了权力；另一方面，人们却无法忍受由于权力丧失而带来的无能感。人们为了躲避无能感，甚至不惜以暴力的形式来证明自身的存在。不过，现代人发展出了一种策略，即以无知的态度将无能视作一种美德。这种无知其实是对人的生存现实的否认与逃避。人无视自己的生存现实，将会助长暴力的滋生与蔓延。作者举例说，美国社会出于无知，会以法律为庇护所，甚至以法律的名义，对黑人等群体行使暴力。

第二部分是从权力的视角来考察暴力的。权力是导致改变或阻止改变的能力，它具有五种类型和四个层面。五种类型分别是：（1）剥削型权力，即支配他人、让他人臣服的权力，如奴隶主掌控奴隶的一切，这种权力最具毁灭性；（2）操纵型权力，即凌驾于另一个人之上的权力，如行为主义心理学家斯金纳通过操作性条件作用来控制动物与精神病患者等的生活，这种权力会忽视人的自由与尊严；（3）竞争型权力，即反对他人的权力，如学生在评分制度下不断竞争，这种权力给人提供了活力，但会导致合作不断减少；（4）滋养型权力，即利他的权力，如父母对孩子的关怀；（5）整合型权力，即与他人有关的权力、能够助长他人的权力，如甘地的非暴力斗争活动。人们都会拥有这五种权力，问题就在于如何根据情境适宜地运用不同的权力。罗洛·梅还将权力比作光谱，从中区分出四个层面：（1）存在的权力，指人出生时就具有的生存的本能力量；（2）自我肯定，指通过他人认可来获得意义；（3）自我坚持，指人在行不通时通过聚集自己的权力来抗衡；（4）攻击性，指人无法抑制住攻击从而产生暴力的权力。罗洛·梅由此过渡到对暴力的进一步探讨。暴力其实是阻碍个人自尊、行动与成长的破坏性驱力的爆发，虽然具有破坏性，但也能通过统合人的自我表现出建设性。

第三部分探讨了面对暴力的新的可能性。罗洛·梅认为，人类的无知态度助长了暴力，正如在西方传说中，人类不断将无知的童男童女献祭给象征暴力的龙怪，使得"古老的龙怪到了现代，竟然在像越战这样的事件中重新复活，真是令人感到神奇"。在面对暴力问题上，作者区分出革命者和反叛者两种不同的立场：革命者寻求外在的政治变革，但并不能建立更好的政权，反而给人民带来更大的伤害；反叛者则寻求内在的改变，他像苏格拉底一样，称自己是政府的牛蝇，在类似普罗米修斯的盗火行动中，不断推动文明的进步。作者由此提倡一种新的成长伦理的生活方式，要求每个人觉知本心，正视当下，为自己的行动承担责任，过一种与恶共存的向善生活："人生不是脱离恶，才能成就善，而是尽管有恶，依然为善。"

《权力与无知》一书在专业研究领域上提供了新的思路，在大众文化领域中具有引导价值。首先，罗洛·梅提出了暴力研究的新思路。暴力研究的主流观点采取自然科学立场，将暴力视作封闭之"物"，从各种影响因素出发，探究暴力与其他因素的因果关联，从而找到控制暴力的种种途径。这种做法显然忽视了暴力与人自身的内在关联，这种研究本身隐含着对暴力的无知态度。作者则将暴力拉回到人的自身存在上，主张研究者能够直面暴力、洞察暴力的本质，进而提出暴力的类型与结构，为暴力研究打开新的天地。美国另一位著名的存在心理学家布根塔尔（James F. T. Bugental）对该书的评价是："娴熟整合了经典和当代材料，为研究这些关键性的人类经验和从事这方面的工作提供了广泛的基础。"其次，在大众文化领域，该书提倡一种新的社会伦理观。作者坚守存在立场，为大众提供了诸多有关暴力、攻击、权力、无知、无能、革命、反叛等存在主题的见解。在此基础上，该书提倡一种成长伦理的生活方式，宣扬与恶共存的向善生活，对于革新大众文化具有重要引导作用。正是在这种意义上，约翰逊（Roger N. Johnson）基于主流研究的立场，对该书评论道："相比专业人士，《权力与无知》将受到那些有兴趣的外行人的不同的欢迎。……虽然对多数人来说，这种研究取向可能没有说服力，但其核心理念依然是重要且具有挑战性的。"

当然，该书也存在不足之处。例如，虽然罗洛·梅直面人的生存实际，但他还是在一定程度上忽视了宏观因素，如社会结构、社会制度等因素在暴力上的重要作用。再如，他对革命者行为的解释也是错误的。这些都是值得读者注意的。

本书由方红和我翻译，我们的翻译工作得到了中国人民大学出版社编辑们的指导和督促，特此致谢。

郭本禹

2013 年 3 月 20 日

于南京郑和宝船遗址公园·海德卫城

罗洛·梅文集

Rollo May

图书在版编目（CIP）数据

权力与无知：寻求暴力的根源 /（美）罗洛·梅著；
郭本禹，方红译 . -- 北京：中国人民大学出版社，
2025. 4. --（罗洛·梅文集 / 郭本禹，杨韶刚主编）.
ISBN 978-7-300-33625-1

Ⅰ . D588
中国国家版本馆 CIP 数据核字第 2025XV3293 号

罗洛·梅文集

郭本禹　杨韶刚　主编

权力与无知：寻求暴力的根源

［美］罗洛·梅　著

郭本禹　方红　译

Quanli yu Wuzhi: Xunqiu Baoli de Genyuan

出版发行	中国人民大学出版社		
社　　址	北京中关村大街 31 号	**邮政编码**	100080
电　　话	010-62511242（总编室）		010-62511770（质管部）
	010-82501766（邮购部）		010-62514148（门市部）
	010-62515195（发行公司）		010-62515275（盗版举报）
网　　址	http://www.crup.com.cn		
经　　销	新华书店		
印　　刷	涿州市星河印刷有限公司		
开　　本	890 mm×1240 mm　1/32	**版　　次**	2025 年 4 月第 1 版
印　　张	10.125 插页 3	**印　　次**	2025 年 5 月第 2 次印刷
字　　数	213 000	**定　　价**	69.00 元